21世纪大学文科教材
复旦博学·哲学系列

王德峰 著
ZHEXUEDAOLUN

哲学导论

复旦大学出版社
www.fudanpress.com.cn

目　　录

前言 …………………………………………………………… 1

一、哲学:人类文明精神的精华 …………………………… 1
  1. 哲学的定义问题 ………………………………………… 1
  2. 文明与自然 ……………………………………………… 4
  3. 精神与自然意识 ………………………………………… 9
  4. 精神的本性 ……………………………………………… 14
  5. 观念的真实性问题 ……………………………………… 17
  6. 由实际到真际:哲学证明人的理想 …………………… 24
  7. 哲学问题的基本性质 …………………………………… 29

二、哲学的诞生 ……………………………………………… 36
  8. 泰勒斯:古希腊第一个哲学家 ………………………… 36
  9. "穷神知化":中国哲学的起源 ………………………… 39
  10. 哲学的民族性与世界性 ……………………………… 45

三、本体论与形而上学 ……………………………………… 51
  11. ontologie 及其汉译问题 ……………………………… 51
  12. 世界本原学说 ………………………………………… 54
  13. 本体论的开创 ………………………………………… 57
  14. 思维与存在 …………………………………………… 64
  15. 一元论与二元论 ……………………………………… 70
  16. 道与名器 ……………………………………………… 75
  17. 死亡问题与终极关怀 ………………………………… 84
  18. 克服虚无的道路:哲学与宗教 ……………………… 91

19. "形而上学"释义 …………………………………………… 101
20. 自由与决定论 …………………………………………… 106
21. 目的论与决定论 ………………………………………… 109
22. 身与心 …………………………………………………… 113

四、认识论与先验哲学 ……………………………………… 120
23. 真理与认识论问题 ……………………………………… 120
24. 通达真理之路：感觉？抑或理智？ …………………… 124
25. "休谟问题" ……………………………………………… 132
26. 理性的隐秘判断 ………………………………………… 139
27. 现象界与智思界的二分 ………………………………… 149

五、历史哲学 ………………………………………………… 161
28. 世界之为真理的过程 …………………………………… 161
29. 历史与逻辑 ……………………………………………… 171
30. 历史中的偶然与必然 …………………………………… 177
31. 历史与自然 ……………………………………………… 185

结束语：哲学的当代变革 ………………………………… 194
主要参考文献 ……………………………………………… 206

后记 ………………………………………………………… 207

前　　言

在人类追求真理的努力所成就的分门别类的学问中，哲学总是戴着神秘的面纱。若有人问道：你学的专业是什么？答曰：哲学。于是，常有一个让你难堪的问题紧随其后：什么是"哲学"？尽管你可能已把多年的精力奉献于哲学，这问题却仍使你困惑。不要以为，你是因为迄今为止还未成为"哲学家"，才答不了这个问题，你的苦恼其实也是不少卓有成就的大哲学家同样具有的。他们在长期的哲学探讨中时时向自己提出这样的问题：哲学的真正使命究竟是什么？她究竟能否引导我们达到确凿无疑的真理？现代著名的德国哲学家胡塞尔，其毕生努力归根到底围绕着他向自己提出的这样一个问题：我如何才能成为一个有价值的哲学家？物理学家没有这种扰人心绪的困惑，他确信自己学科的真实价值，他知道他若发现一条定律，其意义便是无可争辩的。但哲学家却是这么一个人：他必须经常保持着对自己的思想和信念的批判态度，对他说来，一切未被证明的信念都必然表明着他的内在的自我确信的缺失。

然而，正是在哲学家的自我怀疑中，我们看到哲学因其最深刻的诚挚而拥有的高贵。哲学家在他有可能向众人解释何谓哲学之前，已经无数次地拿这个问题拷问了自己。

因此，下述两种对于哲学的正相反对的极端看法都是不正确的。一种看法认为，哲学在人类知识体系中居于君主地位，哲学是"科学的科学"，是最高真理的揭示者，是"科学之王"。另一种看法则以为，哲学是不着边际的玄想，是脱离实际的抽象思辨，是"不能烤面包"的高谈阔论，是学问和修养的表面装饰。这两种看法都是对哲学的误解。哲学从不放弃对真理的严肃追求，但始终对每一次追求所得抱着严格的批判态度。她并不自诩真理在握，只等着人们的朝拜，而是虚怀若谷地迎接着更进一步的探索。她意味着新境域的不断打开，她是通向智慧道路的不停息的开拓者。

值得庆幸的是，上述两种对哲学的误解在当今年轻一代的学子中正愈见其稀。他们对哲学正开始形成真诚的渴望。他们或许并不以哲学为专业，他们研究历史、语言等人文科学，或者研究诸如经济学、政治学这样的社会科学，或研究数学、自然科学，但对哲学却产生了相当浓厚的兴趣，表现出了关注和热情。我们目前还无法准确地估量这种现象的全部意义和前景，但有一点是明确的，那就是，哲学以她对人类文明精神之根的追问和对人的真实价值的探求，正代表了当代人内心最深刻的需要，而这种需要惟在年轻而纯真的心灵中才最易生长出来。

    但哲学并非直接就能满足人们的这种需要。哲学是人类非常独特的思想努力，她是学问，却又不像其他学问那样有现成的、公认的知识体系和研究方法；她展示思想迄今为止曾经达到的境界，但这些境界又同时要求着进一步的思想探险；她既无坚实可靠的地基可供我们在上面构筑真理的高楼大厦，也没有某种事先已被确知的目的地在前面引领我们。她展示通达智慧的可能性，因此而令我们向往，但又从不允诺我们一定能够达到智慧。她只是不断地召唤我们进入她的王国，然后向我们指示什么是真正的挑战和风险，要求我们自己去承当。

    如果我们只是向往确实无疑的知识，以便在其中获得理智上的愉悦，或者我们向往那些有稳妥可靠的路径可循的研究领域，那么我们可以选择某些具有这种性质的具体学科，在其中奉献和安顿我们的智力兴趣。不过，在这些具体的学科中，我们必须小心翼翼地约束我们过分的好奇心和追根究底的脾气，倘若做不到这一点，我们就会在逐渐熟识某种学问的同时又受到哲学的诱惑：竟然试图追问正被研习的学问之基本前提的可靠性和最终根据问题。

    如果你不慎踏入了哲学的领地，你心智中固有的"形而上的倾向"会驱使你去领略一个你从未见过的新天地——那里，时而风和日丽，时而乌云翻滚；时而宁静深远，时而硝烟弥漫。这一切都将测试你的思想勇气和精神趣味。

    当然，对于哲学，你可以保持一个随意涉猎者的身份，例如可以兴之所至地翻阅某些哲学大师的原著，浏览一番，收获自然也会不少，但在此种情况下，你对大师的思想真能领会的恐怕只是十之二三而已。若能满足于此，倒也罢了，只怕你还想进一步求得哲学上较为系统全面的修养，这时，你就会去读一些哲学史方面的著述。

    一旦进入哲学史，你就进入了一个哲学学说史的知识领域，你须依着时间的顺序逐一了解历史上前后相继的一系列哲学学说和学派,它们的时代背景、思想缘起、代表人物、主要著述、学说体系、基本概念、范畴和命题,它们之间的前后继承和批判关系等等。一部哲学史读下来,你的头脑中装填了许许多多的史料以及关于各种学说的丰富"知识",但对于其中每一种学说本身,你却只有一些皮相之知而未曾入其堂奥。或许你会有一种意外的收获,即从哲学史的作者那里学得了一种无往不胜的"理论批判"能力:原来,每一种哲学学说都有其偏颇和漏洞,只要凭借清醒的理智和巧妙的论辩,就足以给它以决定性的驳斥。于是,你的最高的哲学修养便成了"准确的哲学史知识"加上"精巧的论辩力"。但这种所谓"修养",恰好缺失了哲学修养之本义——了悟人类问题之根柢及与之相应的思想境界之提升。

这显然是一种失败的哲学学习,在高校哲学专业的学生中,这种情况并不少见。多年来的高校哲学教学实践,使我们深感救治此弊的必要性,因此,为哲学专业的学生写一部"哲学导论"的任务就被提到了议事日程上来。

但这却是一项会使任何一个哲学研究者都感到艰难的任务。如果认为可以像写一部"力学导论"或"化学导论"那样为哲学写一部导论,那是一种荒唐的想法。哲学不像其他学科那样拥有一整套被公认的统一的基础理论,以及一种帮助形成"科学共同体"的统一的理论规范和研究方法。哲学作为无设定前提地去探索真理的事业,在其存在条件本身中即包含思想的自由和永无止境的怀疑、批判精神。哲学在其历史中从未真正出现过"大一统"的局面,哲学是在互相竞争的诸学派中存在的,过去如此,现在如此,将来也必定如此。

这样说来,写出一部真正合适的"哲学导论",就是不可能的了?严格说来,确实如此,因为没有超越各家各派的"一般哲学"。然而,对于"导论"的需要又一直存在着,尤其是在教学上需要有一门哲学的入门课程。这就让哲学的"教书匠"们颇感尴尬。本书作者正是这样一个教书匠,知难以为之而又欲勉强为之。

既欲勉强为之,就应探索一种比较合适的写法。

国内学界对哲学"导论"或"概论"写作的探索工作,在好几年前即有学者在进行了,其中有些已发表了他们的作品。应该说这些作品都各具特色和长处,不可以优劣论之。这种情况本身又一次表明了哲学学科的独特性。因此,本书作者认为,最好的态度应是把"哲学导论"的写作也看作是哲学研究范围内的一种努力。在这种努力中会有不同"哲学观"的竞争,这自然也体现了哲学的本来精神。

作为诸种"导论"探索中的一种,本书采取了如下的写作思路。

1. 作者认为,使哲学与人类其他的精神活动领域区分开来的,乃是"哲学性的问题"本身,因此,"导论"写作的主导线索,就是使哲学的几大问题域依其内在关联而顺次展开。这几大问题域分别是:本体论、形而上学、认识论、先验哲学和历史哲学。对这几大问题域的介绍和讨论,构成本书的主干部分。

2. 本书对哲学的介绍既然围绕哲学的问题域而进行,它的叙述自然是尽可能充分地向读者提示哲学问题的缘起、性质、意义、求解的动力与途径,以及这些问题与人类生活体系的关系。因此,这本"导论"不注重关于哲学之知识的面面俱到的一般介绍。关于哲学学科的较全面的一般知识,人们可以到"哲学百科全书"这类著作中去寻求。

3. 本书的目标虽然是仅仅说明哲学问题本身,但同时也意识到哲学问题的奇异特征,即我们无法抛开一切观点、视角而让哲学问题自身赤裸裸地显露出来。哲学问题是由一定的哲学思考角度或方式所造成的。哲学思想的历史告诉我们,若不进入某一种思想境域,那么,一方面,由我们素朴的心智所自发地形成的世界观问题不会转变为真正的哲学问题;另一方面,我们也不会发现与一定的思考方式内在相联的哲学问题,或者,即使知道了它们,我们也不能理解它们的真正意义。所以,尽管我们的叙述仅仅是要摆出、阐释和辨析一系列哲学问题,但在这样做时,不免同时也输入了有关这些问题的一定的哲学思想。要把问题与思想区分开来,是不可能的,也因此,在问题阐明中排除哲学思想史上的材料是不可能的。读者若能注意到这一点,就不会误把本书当作一部哲学简史。

4. 本书正因其不注重对哲学知识的一般介绍,所以才得以把精力集中于哲学问题及其引致的各种基本思考上。这种注意力的集中导致了对问题本身的深入的讨论,甚至在明知读者的某些准备性的知识背景可能不足的情况下,仍尽可能地坚持深入。这种执拗,是决心不放弃哲学思辨的水准,不打算将哲学学说简化为通俗的观点。这看来是很不体恤正在入门的读者的,但是,恰如严羽在谈论学诗时所说的那样,"夫学诗者以识为主:入门须正,立志须高","若自退屈,即有下劣诗魔入其肺腑之间;由立志之不高也。行有未至,可加工力,路头一差,愈骛愈远;由入门之不正也"[①]。导论哲学,

---

[①] 见《沧浪诗话校释》,人民文学出版社,1983年,第1页。

不同一般,原是言境界之事,非关"哲学知识"的"稳妥概括"。明白无误的各种哲学"定论",在以往许多哲学原理教本中自可见到,表面上非常好懂,却有误导之虞,读者常会将这些简明的"哲学原理"同化到自己原有的常识框架中去,以为如此便是真懂了它们,却丝毫未曾见到它们原本有着开蒙启智和思想革命之伟力,于是对哲学终于浅尝辄止,以为不过如此而已。至于言境界,即是从"识"入手,这是入哲学之门的正路。愿本书的读者一方面不畏艰难,一方面也宽容作者的笨拙,视本书为引玉之砖,常将哲学问题及其相关的思想境域酝酿胸中,同时阅读哲学史方面的好作品以及那些千古不朽的大师的原著,久而久之,必有自己的真切解悟。其实,在这一点上,作者的处境也正与读者相类似,在作者一方面,也依然是学有未至,只是借此"导论"邀请读者在哲学的入门之路上相伴而行罢了。

5. 本书虽说对问题的讨论求其在思想境域上的深入,但并非在细节上都是详尽的,有许多学术上的要点满足于"点到为止"。这样做,虽说是缘于作者自身学养的局限性,但同时也有不妨碍读者自己去进一步探讨的好处。此外,对于愿意采用本书讲授路数的教学者来说,这本很"概要的"作品也为他们提供了发挥自己学术成果与心得的宽广舞台。

作者相信,一部若算得上不辱使命的"哲学导论",至少应当能够让读者开始真正地思考,而不是使他们停止思考。因此,本书中凡为了阐明问题而不得不叙述出来的哲学观点,均无要强加给读者的意思。对于"哲学导论",可以有的最高期待,无非是希望它能激发起读者自己对真理的主动探求,使读者初步领会人类思想事业的引人入胜与高尚价值,同时为他们的进一步研究提供学理上的必要准备。本书若能在这一点上差强人意,便是作者最大的欣慰了。

一、哲学:人类文明精神的精华

1. 哲学的定义问题

本书既为"哲学导论",自然应当从"何谓哲学"这一问题讲起,但它却是哲学中最难讲的问题之一。

哲学从来都是在诸体系和诸学派的竞争中存在的,并无超越各家各说的"一般哲学"。每种体系、每种学派都包含其各自的"哲学观",这是哲学的历史和现状。

本书不是哲学上某一体系、某一学派或某家某说的"导论",自然不可能断然地为哲学下一定义。然而,要说明哲学究为何物,却也恰是本书全部叙述的最后目的。这样,看起来就有一个矛盾:一方面,无法给出一个普适的定义,适合于哲学的各家各说,一方面又要说明何谓哲学。

但这只是表面的矛盾。定义固然不可取,说明却还是可能的。哲学毕竟是一个被公认的精神活动领域,与人类其他的精神活动领域在性质、方式、范围、目标乃至功用上都不同。这些不同归根到底又源自哲学问题的独特性质。这些具有独特性质的问题千百年来一直推动着哲学的进展,哪怕它们当中没有一个得到最终的解决,却由于试图解决它们的种种努力或对它们的提法的改变,人类的思想不断得到了滋养而不致衰竭。

因而,说明哲学为何物,从说明哲学问题的缘起和性质入手,就是可能的。当然这样的说明,仍不是便捷和容易的,而且在说明之时仍难免融入某些特定的哲学见解。归根到底,人们一旦谈论哲学,即使仅仅作介绍,也就进入了哲学本身,即进入了一定的观点和思想境域,这是免不了的。欲有所明,终有所蔽,不应畏惧。我们不妨暂且从无尽的争论中超拔出来,坦然前行,分析哲学之问题,思考哲学之意义,展示哲学之类型,领受哲学之境界,或许真可以体会到哲学的引人入胜也未可知。

"哲学"一词,汉语中本来没有,日本近代学者西周首先用它来译西语 philosophia 一词。此词源自希腊语,是 philein(爱)加上 sophia(智慧)构成的,意即"爱智慧"。照此意,哲学就是求智慧的学问。智慧何义?智慧何为?智慧如何求得?这三个问题都很大,是哲学研究本身试图回答的问题,在这里无法用三两句话讲清楚。但是我们仍可以先通过区分智慧与具体的经验知识,把"智慧"的意思稍稍透露出来。

知识这个概念,含义原初极为广泛。后辈从前辈那里获得,或在自己的生活实践中形成的一切经验、技艺、典章、礼仪、观念、信仰都可算作知识。照此,初民社会所用的巫术亦可算人类最初的知识之一种。只是到了近代西方,知识才通过取得了巨大成功的自然科学而确立了自己的涵义、标准和典型形态。如今,知识通过科学的样式把巫术、宗教、工艺、艺术乃至哲学都从它那里排除了出去。

哲学与科学的分野,在西方是经历了一个很长的历史过程的,但到今天已是确定下来了,我们现在已经不再把哲学理论等同于科学知识了。任何科学理论都关乎特定的、具体的经验领域,并且常能以数学的精确性来描述和预测自然现象或某些社会现象。在这一点上,哲学显然不是科学。哲学并不去精确地刻画经验,也绝不去预测某种具体的现象,因此也就不能具体地指导人们改造、控制自然或干预某些社会过程的实践。所以,哲学并不提供有实际效用的知识。

但哲学研究的成果毕竟是理论。既是理论,就必定属于理性之作品,这一点是各派哲学家都得承认的。即使是非理性主义或反理性主义的哲学家们,仍然需要对他们的非理性主义或反理性主义主张作论证,其论证方法及其所提供出来的"主义"本身,必定还是属于理性的。于是,一个有意思的结论就出来了:理性可以有另一种产品,一种不同于科学知识的产品。但这是一种怎样的产品呢?

科学和哲学,同属理性之运用,其产品却不一样,这是因为运用的方式不同。

科学总是必须把理性运用于具体的经验对象上,以便将日常经验提升为有普遍效准的知识,这也就是说,科学必须在它的分门别类的学科中针对一定范围的经验领域。

说起经验,我们要说,凡经验都源自人在他的世界里的人性的活动。不同的经验领域,是人性活动之不同的方面,亦即人类文明之不同的方面。说科学要以经验作基础,这就等于说,要以人性的活动作基础。科学若离开人性的活动便不会获得自己的对象。这本来就是在哲学研究中要讲的一个大道理,我们之所以在这里先提出来,是为了一开始就从根本上区分哲学与科学。

如果理性不是把它的目光对准经验对象,而是对准产生出经验对象的人性的活动本身的话,理性就是在对人性的活动,或者说对人类文明本身作反思。相对于科学而言,我们可以说,理性在这时候是对科学本身奠立其上的人类生活基础作反思。

在人类生活基础中活动着的是人的文化创造力,在这种创造力中既有理性的成分,也有非理性的成分。反思这样的基础,也就包括对理性和非理性的反思。理性的与非理性的文化创造力,合起来,可概而言之为人的"精神"。所以反思文化创造力,也就是反思"精神"。对精神的反思,本身也是精神,故而可以说,这种反思就是让本已活动在人的文化创造中的精神去认识它自己,也即去达到自觉。这就是哲学的活动。

哲学作为这样的活动,其产品不会是关于具体的经验对象的知识,而是关于精神自身、关于文明之根基、关于人的文化创造之原动力的"知识"。我们称这种知识为"智慧"。智慧就是精神之达到自觉。

精神之达到自觉,未必只在哲学反思的形式中。在某些伟大的艺术作品中,或在某些伟大的宗教观念中,精神也曾达到了自觉,就是说,在伟大的艺术和深邃的宗教思想中也包含智慧。智慧并非只能采取理性反思的形式(即采取哲学)来表达。它可以表达在艺术的情感形象中,也可以表达在宗教的超验境界中。艺术、宗教,也如哲学一样,不产生具体的实用知识,而是表达人心对人类生活的体会,在这种体会中传达出文明赖以作基础的人的自我形象。这形象统一了一定时期中人类文明的诸方面,展示出文化创造在该时期中的基本动力。所以在德国近代哲学家黑格尔看来,艺术和宗教皆以真理("绝对精神")为内容,故可与哲学并置。在黑格尔的体系中,艺术、宗教、哲学三者共同构成精神发展的最高阶段。

那么,哲学同艺术、宗教的区别何在呢?区别在于精神达成自觉的途径、方式不同。艺术以感性直观的方式观照文明体系之内在的人性质素,宗教则将这种人性的质素表象为一种超验的神性,哲学则把文明中的人性质素作为文明的意义基础,将其阐发为"纯粹的思"。

纯粹的思是相对于在经验中的思而言的。对具体事物的感悟和认识活动，是"在经验中的思"；实际地改变或制作具体事物（包括自然事物和社会事物）的实践活动，若单就其本质的方面而言，其实也是"在经验中的思"。而哲学的认识则是对经验中的思再作思，即拿思想本身来作一番"思"，用古希腊哲学家亚里士多德的话说，就是"思想思想"。因为所谓"经验中的思"，正是文明活动中的人性质素，所以，"思想思想"就是对人性质素本身作理性的考察。考察所得，即是"纯粹的思"。

　　黑格尔因其体系的需要，视"纯粹的思"（哲学）高于"感性直观的思"（艺术）和"超验表象的思"（宗教），我们并不一定要跟着他这么来看，但我们总还是承认，哲学因为是"思想思想"，所以确实能够赋予精神的自觉以最高的纯粹性。

　　精神的自觉，在哲学反思的形式中，就是人性质素本身被理性地思过了。在艺术和宗教的形式中，人性质素确实已从实际展开的杂多的文明活动中被提取出来了，你也可以说这就是被思过了。故而在艺术和宗教的核心深处必定已有哲学的要素。但是，人性质素在这些形式中尚未用一种理论体系来被彻底地思，而哲学所做的工作，就是这样彻底的思。

　　对人性质素本身作彻底的思，就是要达成人的自我认识。古希腊神庙中的格言"认识你自己"，在古希腊哲人苏格拉底的思想中第一次成为哲学上的自觉要求，并且被他规定为哲学的最高使命。从此，这项使命一直为西方哲学往后的一切伟大体系和学派所承袭，不管这些体系或学派在趋近这一使命时所循的路途是多么大相径庭。若把目光转向东方，看一看那些为东方民族的精神生活确定方向的古代先贤们的学说，我们同样发现，"认识你自己"也是佛学、儒家和道家学说的根本主题。

思考题

迄今为止人类精神在其中达到自觉的基本形态有哪些？

2. 文明与自然

　　哲学既以文明体系内在的人性质素为认识对象，就要先说明文明与自然的关系。

这个关系固然也特别是文化科学的课题,但是,哲学的研究角度却与文化科学不一样。文化科学先承认文明是一自主的存在领域,在此前提下考察自然与文明这两个领域的相互关系、相互作用,目的在于描述文明的一般结构和规律。哲学则要说明文明能否成为以及何以成为自主的领域,对文明与自然作区分的根据何在。

文明是人的生存方式。这句话意味着:人的生存方式不是自在的自然自身的一种形式。文明意味着超出自在的自然,包含着自在的自然不可能有的新的东西。对文明之超出自在自然的性质进行考察,就进入了哲学的领域。

文明的起源和性质问题,其实是人的起源和性质的问题,因为文明是人的生存方式。以文明的方式生存的存在物,表明他与其他存在物有不同之处。对此不同之处的研究和解释,构成人学问题。

在19世纪赢得了普遍声誉和影响力的达尔文进化论学说,把物种起源学说也用于解释人的起源。这种解释以科学的原则强有力地参与了反对宗教和神学的思想运动。人不是上帝的造物。人来自动物,特别是来自类人猿。人与类人猿在生物构造上有着确定的联系。类人猿是人的祖先。人从类人猿进化而来,代表着自然进化阶梯上的最高阶位。这种进化论的人之起源说已被普遍接受。按照这种学说,人并无什么神秘之处,人是自然的一部分,人的来源可以追溯到最原始的单细胞生物。这种学说以科学的原则强调了人与其他自然存在物的统一性、一致性,在人的问题上彻底贯彻了自然主义。

但是,这种关于人的起源的进化学说,仍然面对一个基本难题:人之作为生物存在的自然起源,不可直接说明人之作为有文明创造力的存在物的起源。人固然是最高级的灵长类动物,但此处所谓"最高级",仍不过是就生物学的观点来看的,这种观点,充其量是把人的大脑智能看成是自在自然自身最高级的形式。但是,人的大脑智能本身并不等于文明的创造力。若把人类幼体与社会世界相隔离,他即使生长到成年,他的天生智能的实际发挥不会超出聪明的类人猿。

所以,当涉及文明起源问题时,达尔文进化论的自然主义解释原则就是不适用的。而且,不仅不适用,甚至要求对达尔文的从低级到高级的单纯进化的原理进行修正。

一种富有意义的观察表明:人与动物的相似,最突出之处在人与幼年类人猿的相似上。幼年类人猿比成年类人猿更像人:幼小的类人猿的头盖骨、前肢和后肢与人十分相近,它们的毛发和色素也较少;在心智上,幼小的类人猿比墨守成规的成年类人猿更富好奇心、更有尝试和学习的能力。这种类人猿幼体,从进化论的生物学观点看,是尚未完成的类型,是灵长类的原初类型,是从不成熟的结构向成熟的结构的过渡阶段,类人猿仅仅在其年幼时还表现出这种阶段上的特征。

从这一点可以引出一个富有意义的重要启发:人并不是从完成了的类人猿进化而来的,相反,人非但没有完成自然所要求的进化,却是固执了一个未成型的过渡阶段,类人猿才真正超出了过渡阶段而前进了。从生物学的原则看,相比人,类人猿才是更进一步进化了的物种。

这样说的根据,是生物进化论原则本身所提供的。进化论原理是自然选择、适者生存。所谓适者生存,就是大自然要求各个物种的器官适应它们各自所处的特定的生活环境,这就是生物器官的专门化。器官对特定的外部自然条件的适应能力,构成动物的本能,而本能则规定了动物在每一种场合中的行为。因此,高度专门化的器官构造及其适应一定环境条件的生活能力,依大自然的原则,是物种完善性的标志。例如老鹰眼睛的构造所具有的敏锐的视力、它的尖锐有力的爪子和它的适合于消化肉类食物的胃,使它成为典型的食肉类猛禽。

与动物相比,人的器官未曾达到高度的专门化,相应地,人在本能装备方面也相当贫乏。例如,人的牙齿既不是专吃植物的,也不是专吃肉类的,因此,自然没有规定人是草食动物或肉食动物;再如,人的生育并无季节上的限定,人的性活动也无特定的时期。凡此都表明,就大自然自身的尺度而言,人在本能装备上是不完善的。作为一个物种,人具有未完成性。大自然似乎把人只造到一半就推他上路了,让人自己去完成那另一半。在这一点上,人就已经同单纯作为自然造物的其他动物区别开来了。他要么由于器官的非专门化和本能上的贫乏而被自然作为一个怪种而淘汰,要么由他自己形成一种生产性的、创造性的能力去适应外部自然条件而存活下去。这种生产和创造,不可能是人去改变自己的生物本性(这件事只有自然能做),而是根据外部条件去形成和改变自己的生活类型。这项由大自然交给人自己去做的工作,即是文化,即是文明的创造活动。因此,人要么作为一个怪种而灭绝,要么去保持和发展幼年类人猿所具有的尝试和学习的能力,并且把尝试和学习看作是自己永远的任务。

正是在这一点上,我们看到了文明与自然的契合点之所在。自然在一个物种身上作为一种不完善性而为该物种准备好了尝试和学习的潜能,并用生存要求这一自然压力迫使该物种通过发展尝试和学习能力去形成一种超越自然本能的生存方式。这样,非专门化和本能方面的缺陷,就由不利的、否定的因素转变为有利的、肯定的因素。

也正是在文明与自然的这一契合点上,我们同样看到了文明之区别于自然的根据所在。文明作为人以改变生活类型的方式来适应外部条件的创造性活动,是在本能贫乏这种生存之否定性的基础上,达到生产性的自我决定的自由。因此人就必须不仅生活在自然界中,而且生活在由他自己所创造的文化世界中。文明的创造,作为一种必然性,植根于人本身的存在结构中。在这个意义上,确实可以说,人是被罚为自由的。动物不对自己的生活负责,它不能高于自然为它所选定的形式,也不能低于这种形式。但自然却未曾为人规定任何确定的生活形式,人必须在自己的文明创造中寻求确定的生活形式。

这就是人的自由的出发点,也即文明起源的必然性。

在这个出发点上,我们区分开了文明与自然,更严格地说,是区分开了文明与自在的自然。

这一区分的根本意义在于指明:作为人的人,乃是文明的作品,同时又是文明的创造者。

现在如果我们问:如何可能有这样一种存在者,它既是被造就的,又是这一造就活动的发出者?或者说,它依靠什么来达到自我创造和自我规定?这是哲学中最根本的问题。

如果说,我们在上面的讨论,是从关于自然自身的科学原理出发,揭示了文明起源的外在必然性(这一必然性表明:离开文明,人这一未完成的、不完善的物种必定被淘汰),那么,它还未曾揭示文明之所以必然形成的内在根据。

文明即是人所生活于其中的文化世界。自有人类社会以来的一个基本事实是:人必须生活在自然界中,但人只有通过生活在文化世界中才能真正生活在自然界中。我们在上面的讨论已经说明,文明不是自然自身的一种形式,不是盲目的自然力的哪怕最高级的形式。但是,即使如此,对于人类个体的能思维的自觉意识而言,文明的产生和发展却仍然是一个非自觉的自发过程。人必须自由,才能创生文明,但此创生过程又在实际上并非是自由自觉的。这是一个多么大的悖论！恰是这个悖论构成了人之谜。人之谜,亦即文明之谜,历史之谜。

文明的创造,对于自然自身的盲目必然性而言,无疑属于自由的范畴,但对于人心构造自身之理想状况的能力而言,它仍落在必然王国的范围之内。若用一种象征性的表述,人会对自己这样说:我做了自然未曾教导我如何去做的事,但我却也并未由自己预先设计好这件所做之事,就好像我在混沌无意义的自在自然的荒漠上走出一条路来的,但我却感到是在一种我所不知的力量的推动下走出这条路来的,我对这条如此走来的路径以及它目前所至的境地感到十分惊讶。

正是在这个意义上,马克思认为,人类的社会世界迄今为止仍属于必然王国的领域。马克思曾经这样写道:

> 人类是自然的主宰,但人又是人的奴隶,是他自己的卑贱的奴隶。甚至科学的纯粹之光似乎也只能在愚昧无知的黑暗的背景前面生辉。我们的一切发明和进步的成果,似乎仅仅赋予精神的生命以物质的力量,而抽掉了人的生存,使之贬低成一种物质的力量。[①]

在此可以清楚地看出,马克思所认为的人的生存,不是一种物质的活动,而是一种文化生命,在此生命中包含人性的精神质素。若把人性的精神质素贬低成一种物质的力量,这就是精神的力量被偷换为盲目的自然必然性,或者说精神的力量走向了自身的反面。

但是哲学不是仅限于揭明这一点,以醒世人,更重要的是,要说明这一点是怎么发生的。此种说明当从指出文明之必然发生的内在根据入手,而后由此出发去认识人类精神之达到自觉的艰难道路。

思考题

1. 为什么可以在一种比喻的说法上说:"大自然把人只造到一半就推他上路了"?
2. 迄今为止,文明自身的悖论是什么?

[①] 转引自施密特:《马克思的自然概念》,商务印书馆,1988年,第1页。

3. 精神与自然意识

我们在上面提到了精神。何谓"精神"?"精神"一词在日常语言中常与"意识"、"思维"这类词语混用。但"精神"一词的真正所指,须在哲学上予以辨明。

并非只有人脑才能对外界事物形成反映。具有高级神经系统的动物,在其生存活动中,都有对于外界事物的复杂的反映。这种反映都可说是"意识"。若说人的意识比动物的意识更复杂、更高级,固然没错,但问题是,这样说,只是说出了两者之间程度上的差别,并未划出它们之间的真正界线。在量上区分各种动物之意识的等级差别,仍然是在自然界本身的范围内谈论意识,所谈论的只是"自然意识",是作为高级的物质形态之功能的意识。

人的精神不等于更高级一点的"自然意识"。我们试想一下,假如可以将人的精神看作更高级一点的自然意识,那么,人的精神就不再可能被理解为文明创造的力量,因为自然本身不可能包含超越自己的力量。

不过,精神毕竟仍是意识,即便它不是"自然意识",却以较高级的"自然意识"能力的存在为前提,或者说,较高级的"自然意识",乃是精神有可能发生的自然基础。

一句话,精神虽以较高级的"自然意识"的存在为其生物学的基础,但不等于较高级的"自然意识"。

那么,精神与自然意识的本质差别是什么,以及这种差别是如何可能的?要回答这一问题,我们必须首先比较一下动物在自然界中的存活方式与人在自然界中的存活方式的区别。这一区别就是本能活动与劳动的区别。

我们在前面曾经论及人作为一个物种在生物学尺度中的不完善性:人的肉体器官未达到充分的专门化,人的本能装备也非常不完备。因此,可以说,大自然仿佛只把人造到一半,就推他上路了,人必须靠自己来完成另一半。那另一半,就是须由人自己来寻得的合适的"生存方式"或"生活类型"。这种寻求的活动,超出自然界赋予人的本能,它就是文化之创造。最具基础性的文化创造活动,就是劳动。人首先必须通过劳动来维持和发展自己的生命,然后才有在这个基础上的文化世界之建构。

何谓"劳动"？根据人类学的一般定义，劳动是制造和使用工具的活动。这个定义是正确的，因为它在一般的外部标志上，把人类谋取生活资料的活动同动物本能的谋生活动区别开来了。确实，在动物界，我们几乎不能发现动物利用工具有意识地改变自然物和重新安排环境的活动。工蜂制造蜂房的精巧活动，可谓令人赞叹，甚至可以让蹩脚的人类建筑师感到汗颜，但这活动尽管很是精巧，却全然出自工蜂的本能，既未制造和使用工具，亦未包含任何学习和尝试的过程，所以不是有意识、有目的的活动。

不过，上述劳动之定义，并未深入地揭示出劳动对于建构人类文明的根本意义，因为，光是高度发达的天然智力本身，并不构成制造和使用工具之活动的本质要素。制造和使用工具的本质要素，只有通过对劳动的哲学分析才能得到阐发。这里，很值得一提的是黑格尔在其《精神现象学》中对劳动活动之意义的精辟阐发：

> 劳动是受到限制或节制的欲望，亦即延迟了的满足的消逝，换句话说，劳动陶冶事物。对于对象的否定关系成为对象的形式并且成为一种有持久性的东西，这正是因为对象对于那劳动者来说是有独立性的。这个否定的中介过程或陶冶的行动同时就是意识的个别性或意识的纯粹自为存在，这种意识现在在劳动中外在化自己，进入到持久的状态。因此那劳动着的意识便达到了以独立存在为自己本身的直观。[①]

黑格尔对于劳动的这一番分析正是指出了劳动与本能活动的本质区别。他用纯粹而清晰的哲学语言来描述这一区别。本能活动和劳动都构成对于现成对象的否定，本能活动对于对象的否定，是直接消灭掉对象以满足自然的欲望（消耗物品），而劳动对于对象的否定，则是欲望的节制或限制，是推迟欲望的满足，因为劳动不是消耗或消灭物品，而是陶冶、塑造事物。消耗与陶冶，是对于对象的不同的否定关系。前者随着欲望的满足而消失，后者在陶冶过程中止后却成了对象自身持久的形式。对象还在，并且带上了劳动者对于对象的否定关系，对于劳动者仍具有独立性。因此，这两种否定即是两种不同的意识：前一种意识是自在的自然意识，后一种意识是自为的意识，确切地说，是"否定"本身的自我认识。所以，这个否定（陶冶的行动——劳动）同时就是意识，但是是自为的意识，或曰："意识的个别性"或

[①] 黑格尔：《精神现象学》上卷，商务印书馆，1979年，第130页。

"意识的自为存在"。只有当意识不是去直接肯定欲望的满足,而是去把对于对象的否定关系本身实现在某一自然物上(制作工具)时,意识才摆脱了它的直接自然性,成了自为的个别性,或者说,成了"意识的纯粹自为存在"。

更为重要的是,这个摆脱了直接自然性的意识,这个陶冶的行动,不是心理上个别的主观性,而是摆脱了自然欲望牵累的意识之具有普遍性的存在,它"在劳动中外化自己,进入到持久的状态",成为对象的恒久的形式。原先自在的自然物,现在成了劳动的产品,而那"劳动着的意识"则在这个产品上成为可以由意识来直观到的"独立存在",这就是说,自为的意识得以直观自己本身。此一直观,乃真正的是劳动之为文明创造活动的本质要素。这是黑格尔对劳动的哲学阐明最富意义的地方。

正是在这里,我们可以理解劳动对于自然意识之上升为精神的奠基作用。这个奠基作用就是劳动把自然意识"教化"为精神。意识惟有通过自己的对象性存在才可能达到自我认识,意识只有达到自我认识,它才同自然意识本质地区别开来而成为精神,而这一点正是也只能是通过劳动才达到的。

劳动通过其感性直观的成果,即通过使自己对对象的否定关系成为对象自身持久的形式,让意识能够直观自身,这产生了一个重要的结果:意识开始摆脱直接性和本能性的东西,开始能够自由地对待对象,并且在观照作为产品之对象时,发现了自己本身的主体性地位。这种结果的确切意义正是"教化"。

"教化"一词,在德语中是 Bildung,该词还有"文化"、"修养"等含义,故而在英语中就用"culture"来译这个词。但若在哲学的上下文中用 culture 来译 Bildung,就是不准确的,因为 Bildung 的本义是"构成"、"塑造",而英语 culture 并无此义,把 Bildung 与 culture 等同起来,易引起把"教化"与"文化修养"等同的错误。culture 的原义是"耕作"、"培养",由此引申为"文化修养"。耕作或培养的意思,是把本已具备的潜在因素、潜在素质、潜在能力发掘、发挥出来,即是发展某种被给予的东西。所以,对自然素质进行培养的文化修养、文化训练,只是一种为了达到一定目的的单纯手段。至于教化,就不是这样了。教化不是手段,而是目的本身。这是其一。其二,教化不是从某种现成的基础性要素中开发、发展出它的成熟形态来,也就是说,它不是发展某种被给予的东西,倒可以说,它是无中生有,因为教化的结果,乃是某种具有自主性的东西的形成、构成。

举例而言,一个初入人世的孩童,其最初所拥有的一切,无非是种种天然的禀赋、天然的欲望和意向。就此而言,他是一个自然的存在物,他沉陷在直接性和本能性的行为方式中,他按照他的欲求指引的方向行事,环境中的每一个他物,对他而言都是异己的东西,而当这些东西是他欲求的对象时,更是与他的生存紧密相关的异己物,他需要这些异己物,但正因为它们是异己的,所以他也就完全受制于它们。文化世界给予这个素朴的孩童的影响和作用,有两个方面。其一是训练出他的聪明和机巧,即用种种方式诱发他天赋的才智,使他赢得更好的手段来达到自然欲求赋予他的目的。这就是文化世界对纯朴孩童的"耕作"和"培养"。其二,是对他颁布一些规范和命令,这些规范和命令,不管其具体内容如何多样,至少在这样一个性质上是共同的,即对其天然的欲望施行某种限制,让他逐步学会节制和谨慎。节制和谨慎的理由,来自某种具有普遍性的东西,比如保持健康的必要性。规范和命令,对于这个孩童来说,显然是一种来自外部的强制性力量(因为伴随着来自成人世界的奖惩),但是,这种外部力量,即成人的意志,所要体现的内容却是一些具有普遍性的原则。问题的关键正在于此。包含普遍原则的成人意志,不是一种自然暴力。自然暴力(某些任性的父母出于私利而对孩童的粗暴,亦属自然暴力之列)固然也使孩童因恐惧而退却,但却并未因此而使他放弃欲望的直接性和需求的私利性,并没有使他学会去认识具有普遍性的价值、原则。反之,包含普遍原则的规范和命令,在施予孩童之时,就是促使他去认识超出个别性、直接性的普遍的东西,从而学会为遵循普遍原则而放弃自然欲求的直接性。这一步一经达到,在这个孩童身上就发生了一种具有根本重要性的变化:他首次获得了一种他从来不曾有过的东西,一种即使以潜在的形式也不曾有过的东西,即,对于自然必然性,他第一次赢得了主体性,第一次在某一方面使自己从个别的自然存在上升为普遍的精神存在。这一步就是教化之实现。

由此可见,教化确实在根本上有别于培植或培养,对于现成的、个别的作为自然存在物的人来说,它确实完成了一种无中生有的过程:这个个人,作为受到教化的人而言,被构成、被塑造成了主体性的存在,这种存在超出任何先已存在的天然素质。

自然意识,无论发展到怎样高级、怎样复杂的程度,在其中仍不可能有任何主体性。这是区分精神与自然意识的关键之点。人并非只是更聪明一点的动物,人之为人,乃在于人的主体性。而惟独精神才赋予人以主体性。至于精神形成之根据,我们在前面的论述已经予以指出,那就是劳动的教化作用。而且,只有根据劳动的教化作用,我们才能在正确而充分的意义上理解马克思关于人在劳动中自我诞生的原理。

对于这一原理,曾有一种误解,以为马克思所讲的劳动创造人,是劳动使人从猿猴进化为人。这种理解所以是一种误解,在于它包含了两个基本错误。第一个错误属于逻辑上的循环悖论:倘若猿猴通过劳动进化为人,则必须先假定猿猴也能劳动,但能劳动的猿猴,我们还能称其为"猿猴"吗?有人为了解除这一悖论,发明了一个概念,叫"前劳动",意思是说,猿猴的活动方式是人类劳动的萌芽形态,"前劳动"逐渐过渡到"真正的劳动",就使猿猴进化为人。但问题在于,我们并未因此而在对付上述悖论方面前进了一步,我们仍然需要解释"前劳动"是怎么过渡到"真正的劳动"的。假如猿猴从事的活动是"前劳动",那么它就只能"前劳动",即使这种活动与"真正的劳动"是多么相似,就像我们现在在类人猿那里仍然可以发现的那种相似性。但是,不同事物之间的相似性并不能掩盖本质的差别,不能凭借相似性就断言两个相似事物之间的必然过渡。

对劳动创造人的原理的这种理解的第二个错误在于它包含了拉马克的进化论。拉马克的进化论以后天获得性状能够遗传的假设为基础来说明物种的进化。按照拉马克的观点,生物个体因其生活环境的影响所获得的个体性状可以遗传给该个体的后代,个体的后天获得性状通过遗传可以被积累、被强化,最终导致新物种的形成。然而,这个假设是错误的,摩尔根学派已经证明它的错误所在。能够被遗传的个体变异必须是在基因中发生的变异,这种变异并非得自个体在后天环境中的影响和活动。其实,即使对于不专门研究生物遗传学的人来说,拉马克的错误也是一目了然的。试想,倘若生物个体后天形成的性状能够遗传,那就意味着,一个因长期晒太阳而皮肤黝黑的人所生的后代也必然是皮肤黝黑的;或者,一个跳高运动员所生的孩子应该生而就有很强的弹跳能力。但这种说法显然毫无来自经验事实的支持。认为猿猴的"劳动"可以把猿逐渐变成人,所依据的正是这种拉马克式的进化论假设:由于猿猴的"劳动",猿猴的前肢变得逐渐灵巧起来,最后进化为"人手",而猿脑也是这样进化成了人脑,等等。

对马克思的劳动创造人的原理的误解,归根到底是由于不理解马克思在此原理中所指谓的人,并不是在生物学意义上作为一个自然物种的人;马克思并没有说劳动可以改变人的生物构造和形态,而是说,作为人的人所具有的主体性的地位,他的存在的普遍性,他对于自然界的自由的关系,都是劳动的产物、结果。人通过劳动把自身"教化"成为主体性的存在者。在这种意义上的"人",有一部自己的产生史,这部产生史就是以劳动作基础的社会历史。

与自然意识有本质差别的精神,并非凭空而来,它是劳动造成的。正是在此意义上,马克思对黑格尔关于劳动的哲学分析予以高度的评价:"他抓住了劳动的本质,把对象性的人、真正的因而是现实的人理解为他自己的劳动的结果①。"

思考题

1. 如何理解劳动的"教化"作用?在此作用中,自然意识如何上升为精神?
2. 如何正确地解释马克思关于劳动创造人的原理?

4. 精神的本性

以上我们区分了精神与自然意识,说明了在根本上使精神与自然意识相区别的要点:在外部对象身上达到了自我直观或自我认识的意识,具有主体性,也因此摆脱了直接性、个别性而具有普遍性。现在我们要对超出自然意识的精神的本性作进一步的讨论。

文明活动所包含的一切人性的质素,都属于人的精神存在。而人的精神存在的根本基础在于劳动的教化作用。因此,正是在这一根本基础当中,我们才可能阐发出精神的本质特征。

劳动之所以在根本上不同于本能的活动,是因为本能活动之对象,对于伴随本能活动的意识(在较高级的动物那里通常有这种伴随的意识)来说,始终是一个异己的他物。这个他物是这种自然意识所需要、所欲求的对象,因而这种意识本身便受制于对这个对象的需要,换言之,受制于这个对象本身。这种意识因其对象总觉得是一个它所需要、所依赖的东西,所以它就不得自由,即使它成功地获取并消耗掉这对象,这对象仍是自在的,而不是"为我的"。在这里,"主观性"与"客观性"保持着僵硬的对立。而凡是被"客

---

① 马克思:《1844年经济学—哲学手稿》,人民出版社,1979年,第116页。

观性"所制约的"主观性",都不得不是个别的主观性,不能达到普遍性。

劳动则突破了这种个别的主观性的制限。伴随劳动的意识,即"劳动着的意识",不是把它的对象当作它直接需要、直接满足的对象看,而当作要在它身上实现自身的对象看。劳动作为对事物的陶冶,并不直接消耗掉这个他物,而是要把这个他物做成"为我之物",即扬弃它的异己性质,使作为对现成他物的否定关系的意识,变成这个他物自身的持久的存在形式。换句话说,劳动在这个他物上建立了"劳动着的意识"自己的家园。

这整个过程说明什么?说明劳动着的意识确实是从他物出发的,即从异己的感性事物出发,但却通过这个他物又返回了自身。然而,重要的是,在此一定要注意,这次返回,绝非返回原先的纯粹主观性和个别性,而是通过意识在对象身上的直观存在,返回了"劳动着的意识"的自为的普遍存在。对象于是不再是那个自在的他物或自在的异己之物,而是使意识借以达到自我直观的客观存在,即成为精神的客观存在。对象一旦被"劳动着的意识"所规定,并且通过陶冶的中介过程完成此规定,它对于意识就不再是绝对的他物,而是意识的"为我之物"。精神正由此诞生。精神之本性也由此揭明:所谓精神,"就是在异己的东西里认识自己本身,在异己的东西里感到是在自己的家里"①。

如此述说精神之本性,似乎还是过于抽象,过于思辨化,那就让我们试试通过简单的事例来述说。比如教一个小孩学会数数和算术,总是必须从具体可感的事物出发,即从感性的他物出发,如教他先数自己的手指。这时数的抽象观念是同具体感性事物融合在一起的,仿佛数也是一种具有感性特质的事物。但慢慢地就必须使他懂得区分数与具体事物,让他学会摆脱具体感性事物而去运算数本身。他一旦无困难地做到这一点,他就第一次学会了去处理非感性观察到的、"可能的"或纯属"假设的"事物,这用哲学上更纯粹的表述来讲,就是处理"自为的意识"本身。在因残疾而致精神成长受阻的特殊儿童的事例中,我们发现了区分抽象观念与感性事物的困难。在《劳拉·布里奇曼》这本书中有这样一段描写:"几天以前,当她的教师拿着一本算术教科书给她念一道算术题时,她问道:'写这本书的人怎么会知道我在这里?'给她的这道题是这样的:'如果你用四美元可以买一桶苹果汁,那么你用一美元可以买多少?'她对这个问题的第一个评论是:'我不能

---

① 伽达默尔:《真理与方法》上卷,上海译文出版社,1992年,第17页。

用很多钱买苹果汁,因为它太酸了。'"这个事例很能帮助我们在此对精神之本性的讨论,它具有典型的范例价值。如果说,在学习数学和自然科学的过程中,总是首先要从感性的异己之物出发,那么,学习能否成功的关键,恰在于能否从异己之物那里向自为的意识返回,即,将那种异己之物看作是被自为的意识所规定之物。若能实现这一返回,便是精神兴趣之形成,而惟有精神兴趣之形成,才是数学、自然科学或其他科学理论之学习的真正基础。布里奇曼的困难表明她尚未形成精神的兴趣,因为她尚不能在苹果汁的数量规定与苹果汁的感性存在之间作出区分,从而无法理解那道算术应用题的真正意义。她不知道,在那道题中,苹果汁的感性特质是无关题旨的,苹果汁是可以由任何他物来取代的,任何被用来取代苹果汁的他物,在此都只是那被视为有自主存在的数量规定和数量关系的载体,真正被运算的是作为"自为的意识"的数量规定和数量关系;在每一道算术应用题中,被提及的感性事物,都只是作为单纯地被数量观念所规定之物才有意义,而在这种意义中,这些感性的他物,对于数学意识而言已不再是"他物",不再是异己之物,它们被解除了与直接的、个别的自然意识之间的对峙关系。

数学的本质是精神之本性的一个简明的例证。数学无疑地起始于人们在感性世界中计量感性事物的实践需要,但数学之成长为一门纯粹理性的学问,却要求精神在数量意识的领域中觉醒,也即,数量意识必须达到自为的存在,然后在这种"自为的数量意识"(数之精神)本身中,摆脱对具体感性存在物的依赖,逐次展开仅属自己的内容。这一展开过程,就是数学知识的进展。即使在最简单的算术中,情形也是如此。举例而言,我们除了只能在有限的范围内实际地数数以外,有谁可能真正去数像十万、百万、千万乃至亿兆这样的大数呢?但是我们每个理性的存在者都能在思想中领会和把握这样的大数。这个简单的例子说明,即使是要理解无法实际数出的大数,已经要求意识上升到理性的精神,即认识到数的观念的自为性质。

综上所述,人类在劳动的基础上赢得了自身作为主体性的精神存在,因为"劳动着的意识"及其行动过程本身体现了精神的本性:从他物出发,向自身返回。劳动使人学会摆脱自然意识与异己他物的对峙关系,学会使异己之物成为为我之物,这就使意识可能去超出狭隘的直接性与个别性,去处理一些非直接性的、可能和假设的事物,学会容忍异己的东西,从而去寻找普遍的观点,不带"私心"地去看待事物,在外部事物上去把握自为意识的客观规定。整个人类文明即奠基在由劳动教化而成的精神存在中。

思考题

为什么说劳动的过程与精神的本性是一致的？

5. 观念的真实性问题

我们在前面几节中的论述，其实已经表明，如果说人在生物构造上的不完善性，在自然必然性的意义上指明了文明起端之根据，那么，劳动则由于它建构了精神与自然意识的分野，提供了文明必然形成的内在根据。

这种说法暗示了这样一点：文明的本质要素是精神。但这种对文明的理解，似有唯心主义之嫌。有人或许会问：按照马克思的原理，整个人类文明不是以物质生产为基础的吗？人的精神生产和精神产品不是对社会物质生产的现实关系和发展水平的观念反映和表达吗？然而，我们在这里必须澄清两种意义上的精神概念。渗透在人的一切文明创造活动（包括物质生产活动）中的"精神"，与作为对社会物质生产的反映和表达的"精神"，不是同一层次上的概念。后一种"精神"，是在物质劳动与精神劳动发生分工的前提下才形成的，在这种分工发生之后，精神才能摆脱世界而去构造"纯粹的"理论、神学、哲学等，这就是对"意识形态"的构造，其真正基础确实正是马克思的唯物史观所指出的"社会物质生产的关系和发展水平"。但是，社会物质生产本身绝非一个无精神的过程，相反这个过程只有通过不断地把精神作为自己的本质要素建构起来，它才能保持自己为"人的社会活动"。更具体地说，在这一过程中被建构的精神，把人对于自在自然的主体性以及人与人之间的关系不断地再生产出来。如果没有这种再生产，社会物质生产就不可能继续。这种再生产恰恰就是我们在前面几节中讨论的作为文明的本质要素的"精神"之活动。

由此可见，制造"意识形态"的精神，出生于在社会物质生产中被建构的精神，前者与后者不在同一个层面上，后者是前者的基础。前者之所以会从后者那里分离出来，是由于物质劳动与精神劳动的分工。对此，马克思、恩格斯在《德意志意识形态》中说得很分明：

思想、观念、意识的生产最初是直接与人们的物质活动，与人们的

物质交往,与现实生活的语言交织在一起的。……①

分工只是从物质劳动和精神劳动分离的时候起才开始成为真实的分工。从这时候起意识才能真实地这样想象:它是某种和现存实践的意识不同的东西;它不用想象某种真实的东西而能够真实地想象某种东西。从这时候起,意识才能摆脱世界而去构造"纯粹的"理论、神学、哲学、道德等等。②

所以,在马克思的学说中,本来也区分了两种"精神",一为"意识形态",一为"实践的意识"。而我们在前面作为文明的本质要素来讨论的"精神",乃是马克思所说的"实践的意识"。

在做了如上的澄清工作之后,我们现在来关注一个在哲学中具有根本重要性的问题,即观念的真实性问题。

我们既然说精神是文明的本质要素,既然把这要素同自然意识区别开来,我们其实就不是把精神当作物质自然本身的一种形态,也就是说,它是非物质的。那么,自然而然地,当我们按照常识的信念把唯一的实在性(reality)归诸自然物质的时候,我们就必然要问,非物质的精神有实在性吗?因为,我们似乎难以把实在性同时归诸两种本质上不同的东西,否则我们就会进入二元论,而这与我们在形而上的思考中通常习惯于采取的一元论思维方式相悖。但这是一个很困难、很复杂的问题,在本书的最初部分就展开对此问题的讨论,并不适宜。其实,更恰当的做法是先不把"精神"这一主词同"实在性"这一谓词相连,而宁愿改变问题的提法,我们可以问:精神既不是物质的东西,而是观念的东西,那么,观念有无真实性呢?也就是说,我们现在宁愿先讨论"观念"这一主词能否同"真实性"这一谓词相连以及若能相连、在何种意义上相连的问题。这样做,并不是为了逃避唯物、唯心的对立问题,而是因为"实在性"作为一个本体论范畴,在不同派别的本体论学说那里有很大的歧义,贸然将之用来指谓(或不指谓)在人类文明体系中具基础性地位的观念,会严重地损害我们在此将要进行的富有意义的讨论。

我们将要进行的讨论,不是关于宇宙的统一性之基础的问题,而是关于人类文明世界的统一性之基础的问题。我们所要讨论的是这一基础的真实性问题,而不是它在世界本原学说意义上的"实在性"问题。

---

① 《马克思恩格斯选集》第1卷,人民出版社,1972年,第30页。
② 同上书,第36页。

文明既然不是以自然界自身的尺度为基础的,也即不是盲目的、无意识的自然力的一个表现形态,那么文明显然就是以人对自然界的一定的关系作基础的,这种关系不可能不是一种观念的东西(当然未必一定是理性的概念)。诚如马克思所说:

> 凡是有某种关系存在的地方,这种关系都是为我而存在的;动物不对什么东西发生"关系",而且根本没有"关系";对于动物说来,它对他物的关系不是作为关系存在的。①

所谓"为我而存在的",就是为自为的意识而存在,动物之所以不能说出一个"我"字,是因为动物的意识是自在的自然意识,而不是自为的意识。人之所以可能对自然发生关系,正是因为劳动在实际地改变对象世界的时候使人具有了自为的意识。我们在前面已经说明了这种意识具有精神性质,现在我们完全可以肯定地说,人的文明创造活动所依凭的尺度,是精神的尺度,而精神尺度才是文明世界的统一性之基础。

精神的尺度其实是构成一个统一的文化世界之基础的若干最基本的观念。在这些最基本的观念中包含了人的自我形象。人的自我形象,在人类历史的早期阶段,最初被表达在原始的宗教观念和艺术观念中,而后才开始以理论的形式被表达在哲学观念中。

既然人为自己创设的自我形象被表达在观念里,而这些观念,作为文明之根基,对于一定的文化世界来说是命运攸关的,那就不可避免地会发生关于这些观念的真实性问题。这些基本观念显然不在个体主观意识的心理层面上,即不能被理解为个别个体的直接愿望、直接意志、直接感受、直接体验,而应被理解为超出心理层面的普遍观念,也即,是一种普遍的精神。那么要问:这种对个别的直接意识的超出,其真实性何在?为什么整个文明体系或文化世界能以这类普遍的观念存在为基础?

让我们再一次从人与动物的区别方面来试着回答上述问题。

关于人区别于动物的真正标志是什么的问题,是人类学家和研究动物心理的学者们所特别关注的。"人是能制造和使用工具的动物"这一定义,通常被认为是一个足以把人与动物区别开来的相当完美的定义。倘若个别高级灵长类动物也能使用工具,那么,至少它们不会制造工具,惟独人才能制

---

① 《马克思恩格斯选集》第1卷,第35页。

造工具，人们通常相信这一点。但是，沃尔夫冈·库勒(Wolfgang Kohler)在一篇题为《类人猿的心理》的关于黑猩猩的观察报告中，却向人们提供了类人猿确实也会制造工具的事实材料。根据库勒的观察，黑猩猩在许多情况下显示出发明创造工具的能力，它们能够把原材料加工制作成它们所需要的形状，然后借助经过加工的物体达到一定的目的，这表明黑猩猩对于自己的活动过程具有理解和预测的能力。库勒观察过一只被称为萨坦的黑猩猩，它把竹竿的一头插入另一竹竿的空穴，连接成一根较长的竹竿，以获取远处的食物；假如一根竹竿的一端过大，不能插入另一根竹竿，它就会把竹竿的一头咬碎，直至能够插入。这一活动不能不说是一种制造和使用工具的活动，尽管它十分原始、简单，却真正的是改变现成自然物，以达到一定目的的活动。据观察报告，黑猩猩还会把木箱堆放起来，堆到好几层高，以获得悬挂在高处的食物[1]。它显示了重新安排和改变自然物的能力，表现了根据物体的自然特性，把一物与另一物及与一个目的联系起来的能力——这正是工具活动过程的本质特征。这些观察报告不能不引起人们的惊诧：动物也能制造工具！原先被相信可以把人与动物最终区别开来的"能制造工具"之定义不适用了！

看来，我们不得不重新考虑区分动物与人的根本之点。既然类人猿制造工具的活动也体现了工具活动的本质特征，那么，我们也必须承认类人猿的头脑有相当的"判断和推理"的能力，表现出一定程度上的从事发明和创造的"智力"。但是，为什么类人猿没能在这种智力的基础上发展起物质文化来呢？为什么它们始终只能偶尔地表现出工具活动的意识，而没有使工具的制造与使用成为一个不断积累和进步的过程呢？一句话，为什么类人猿不像人那样以工具的制造与使用作为自己在自然界中的生活的恒久的基础呢？为了回答这一问题，我们必须进一步考察类人猿的工具活动的内部的主观方面。诚然，类人猿的工具活动在主观方面也同人的工具活动有非常相似的地方，包含判断、推理、预见和回顾。但是，这种高级的智力活动，在类人猿的意识中只是一个片断的、非连续性的心理过程，只是对于偶然的、一次性的"工具情境"的应对。"工具情境"是有限的感觉知觉范围，在此范围内，类人猿能够去估量情势，形成计划，付诸行动，解决问题。问题解决之后，事情也就随之结束。所以，类人猿对于工具的需要属于一次性的情境

---

[1] 见怀特：《文化科学——人和文明的研究》，浙江人民出版社，1988年，第38—39页。

性需要,工具对于它的存在也仅限于这种外部感性显现的范围。这就非常明显地指示出工具活动在类人猿那里完全受制于类人猿心理生活的根本特征。在类人猿的心理生活中尽管已有某些预见和记忆的萌芽,但在根本上无法摆脱 out of sight, out of mind(在视野之外,即在心智之外)的基本状况。这正是问题的关键所在[①]。

在人的哪怕最原始的工具活动中,即使这种活动在其外部特征上看来并不比类人猿的活动高明,人的活动也无限地高于类人猿的活动,这是因为,工具对于人与对于类人猿是两种不同意义上的存在。固然,在人那里,工具也必须是可感的外部物体,必须具有感觉形象,但是,工具不限于这种感性的存在,它更是人的心智中的观念。这"观念"并不是指工具的感性外观在人的记忆中的心理表象,而是指人的活动与自然物的"关系"在人的心智中的存在。为人的心智所把握的这种"关系"构成人的观念。这样,当人从事工具活动时,他实际上生活在两个不同的世界中:一个是可感的物理世界,一个是非感性的观念世界。当工具活动结束时,作为"工具情境"的物理界随之消失,但作为物理存在的工具之离开视野,并不等于作为观念存在的工具之消逝,因为后者是非感性的,它属于人生活于其内的非时间的内在世界的成员,它是人的心智中的观念。观念之为观念,即在于它不是在时间过程中被感知的外部自然之物,它是超越感性的、非时间的因而是不朽的东西。

在外部感觉世界中的成员,都是在种种因缘机遇中生成、变化、消灭的东西,而对这种东西的感性经验也就随生随灭。动物因为仅有这类经验,所以它们所有的发明创造只能是一次性的、情境性的,它们各自独立,互不相关。人的工具活动在其外部表现上,固然也决不可能是持续不断的,人也是使用工具而后又放下工具,但作为观念存在之工具却始终存活在人的观念世界中。

实际被制作而成的工具之感性的存在,正因为它是感性的,所以不可能保持住自己,即使对它的使用不发生任何磨损,它也必然在自然力的作用下逐渐消蚀。但是这一点对于作为普遍的精神存在的人来说,是无关紧要的。工具在感性外观上的变化、消失,不会使工具在人的心智中消失。作为观念存在的工具是不朽的。如此看来,人所生活于其中的观念世界比他同样生活于其中的外部感觉世界更真实。

---

① 参见怀特:《文化科学——人和文明的研究》,浙江人民出版社,1988年,第43—44页。

这一点立即使我们看到了古希腊哲学家柏拉图的理念论所包含的真理性因素。按照柏拉图的看法，有两个世界，一个是理念的世界，一个是感性事物的世界。前一个世界是超感性的、非时间的，因此是真实而不朽的。另一个世界由具体的感性事物所组成。具体的感性事物都是理念的不完善的、易逝的显现。用柏拉图的语言来说，理念是原型，能够被感知的具体事物则是这种原型的摹本。例如，世界上的每一匹马都是感性具体的，不是白马，就是黑马或其他什么马，其中没有任何一匹可以算得上是马之为马的原型。马之为马，乃是一理念。作为理念而存在的马，是没有具体的感性外观的，但却是使某一类感性外观可以被赋予马之名称的根据，所以是马的原型。具体的感性的马，之所以可称为马，是因为它"分有"了马之理念。"分有"不是"等于"，故而不完善。不完善因事物的感性物质性而起。感性物质性是变化的、易逝的，是对理念的干扰。理念固然只有通过物质性的材料（基质）才能有感性的显现，但也在这显现中遭受损害，所以感性物质性因素是事物不完善的根源。

这种学说表面看来是一种独断的唯心主义，但若认真去想一想，可以发现其中的真理因素。

从本体论角度看，这种学说固然相当粗糙，并且可以说是相当武断的，因为它径直设定理念之自在自为的超验存在，而未去说明一个独立的彼岸的理念世界何以可能。但是，它明确地把人与外部自然界的关系的基础，不是确立在易逝的感觉世界之中，而是确立在不朽的观念世界之中，这是有真知灼见的。这种见识把人与动物在根本之点上区别开来了。比如，工具的制造和使用之所以成为人类文明的恒久的基础，正因为工具在人那里是不朽的观念存在。倘若锤子之为锤子，全然依赖于它的特定的感性外观，那么，当这种特定的感性外观消失（它是肯定会消失的）之后，锤子对于人就不再存在了。幸好，锤子对于人，作为一种实现敲打作用的中介物，是一种观念的存在，所以当某一种特定的锤子在人的视野中消失时，任何一样可用以敲打的东西都是锤子。我们不能说哪一把具体的锤子必须被看作锤子之典型，全世界所有制造锤子的人都不能这么说，谁都不能把自己手中的那把锤子说成是真正的、标准的锤子，其他锤子只是近似物。此民族发现彼民族所用的某种工具是锤子，并不是因为发现彼此所用的锤子在外观上一致，而是因为彼民族所用的那个东西符合此民族的人心中关于锤子的观念。

由此还可以进一步来解释人类在工具上的进步。正因为每一种特定的感性的工具都不是工具本身,而是其特定的感性显现,用柏拉图的话说,是工具本身之不完善的摹本,所以人们必定要不断地去改变工具的感性特征,使之尽可能地接近于工具的观念原型。这就表现为工具的一个进步过程。人类之所以永远不会在工具的一种特定的感性特征上停留下来,正是由于这个缘故。这里还必须强调的一点是,所谓工具之观念的原型,绝不可误解为这种原型是在人心中的工具表象,表象还是感性的东西,只不过是在记忆和想象中的感性。观念之为观念,不是指这种东西,而是指对一种特定的"关系"之在意识中的把握。工具的进步,其实是力图让物体的感性特征更接近于实现对这种"关系"之在意识中的把握。

上面这些讨论可以帮助我们具体地理解,为何说人类文明的本质要素是精神。人对外部世界的感觉,尽管可以有真实性,文明却并不以之为基础。文明不是奠立在人对外部世界的感觉知觉上,而是奠立在关于自身活动与外部自然的"关系"的自为意识上,这种自为意识就是观念。柏拉图把这种观念说成是不朽的理念,其合理的地方在于强调了一种比感觉的真实性更高的真实性,即观念的真实性。观念的真实性之所以比感觉的真实性更高,是因为感觉的真实性单凭自身是没有意义的,即对于文明没有实质的意义;而观念的真实性却使动物的感觉提升为人的感觉,使对于外部自然的动物式的应对提升为对于自然的精神的态度。

不过,像柏拉图这样区分两个世界——理念世界和感觉世界,并且在两者之间划下了鸿沟,也就留下了一个根本的问题未曾解决:观念真实性之起源。借用佛学中的话,如果人对外物的有限认识是谓"识知",那么对于超经验的对象的认识就是"智知"。承认有智知,就是承认人有"无限心",而对于有限外物行经验认识之心,只是有限的心。有限心根据于无限心,经验的认识根据于理念的认识。这是柏拉图主张的。但是,无限心是如何可能的?并且,那有待无限心去认识的超验的理念又是如何可能的? 柏拉图的解决方案十分独断:理念本不在时空之中,对于感性世界,它乃是一超验的彼岸世界,故不探讨它的起源;人心,作为灵魂,曾居住于理念世界中,故本有无限心,投身凡世后,这无限心被感性所遮蔽,遗忘了对理念的了解;但感性另一方面也刺激灵魂去回忆理念("学习只不过是回忆");不过,感性也仅在刺激回忆方面有作用,一旦有了回忆,感性又只是对回忆的消极的干扰因素,必须加以克服。

这种解决方案不能令人满意。第一,那使人去赢得普遍的精神存在的劳动,完全被撇开了;第二,人的感性在观念的真实性之起源中,仅有消极作用,只有被动性,甚至只是有待克服的干扰因素,无任何积极意义。由于这两点,柏拉图的理念论才有了神话痕迹。

不过,我们也恰是因为柏拉图理念论所留下的困难,要感谢他。他以极端肯定的方式摆明了观念的真实性,然后把探讨此种真实性之起源的任务留给了后人。

神话式的解决既是不通之路,那么非神话的解决之路就必须开拓。人类哲学思想的进展因此问题而获得长久的动力。西方近代哲学中的大师,如笛卡尔、康德,以探讨理性的先验本性的方式来追问观念真实性之起源,马克思在感性活动的社会性中揭示"实践的意识"对普遍观念的生成作用。现象学哲学,如胡塞尔的理论,则在感性的领域中探寻普遍观念之真实性在逻辑前的起源。凡此种种,依佛学的说法,均为"转识成智"的努力。智知要从穷尽地探究识知而来,是谓"穷识见智"。有超验规范力的、更真实的普遍之观念,本已蕴涵在人与自然的感性关系(感性的活动,感性的经验、体验,如前所说,都是"关系",已是精神性的)中,由此,观念的真实性才有根柢。发现此根柢,是为了明见文明的动力本身,即了解人的"无限心"是如何被开发出来的。一种文化、一种文明,倘若长久地沉溺于识知之中,而不见智知所达之境域,便有生命衰竭之虞。

此正是所以说观念的真实性问题是哲学中有根本重要性的问题之缘由。

思考题

1. 为什么马克思认为"关系是为我而存在的"?
2. 柏拉图"理念论"的真理性因素是什么?
3. 柏拉图"理念论"留下的难题是什么?探讨这一难题的意义何在?

6. 由实际到真际:哲学证明人的理想

上面的讨论,已把我们导向去理解哲学的根本旨趣。穷识见智,是哲学的根本任务。为什么要见智,如何去见?上面已经说了一些,但还说得不太清楚和充分,在此我们试更作申说。

识之为识,关乎实际中的事物;智之为智,关乎真际中的道理。穷识见智,就是要由实际进入真际。这里所谓"实际"与"真际"的说法,取自中国现代哲学家冯友兰先生。他在《新理学》一书的"绪论"中论述了实际与真际之关系,为的是说明哲学的本务。他说得非常好,我们可以借用。

大凡人们在日常生活中与之打交道的事物,都是实际的事物,对实际的事物形成经验,就是"识知"(见闻之知)。识知总是对于外部事物的经验的判断,例如,判断"这是方的"。这一判断要能形成,自然先要有感觉材料,要有外物在人的心灵中留下感性印象。但这一堆感觉材料本身是杂乱无章的(它由视觉、触觉等组成),这外物究为何物,是无法仅凭这些感觉材料来判断的。感觉本身不作判断,它只是形成对于外物的印象。说出"这是方的",必包含非得自感觉的理解,即把这一组感觉材料同"方"的观念联系起来,然后才把杂乱的感觉构成一个别的此物,并将它判断为"方的事物"。现在这一实际事物被发现了,此一发现,就是识知。日常生活中的经验,大都由这些对个别实际事物的判断所构成。

倘若更进一步问:我为什么把此物判断为"方"? 我们可以对此进行思考,而后得出结论:"凡方的事物都有四个直角"。这又是一个判断。不过,这个判断和上面那个判断已有所不同,因为它不是针对一个别事物,而是针对一类事物,这类事物都具有"方性"。这类事物在实际中究竟有多少数目,不得而知,但思想知道有这类事物实际存在。它们所以被称为"方的",是因为"有四个直角"。这一判断既思及实际,又思及实际被如此判断的道理,即拿"方之理"去对一类实际有所肯定。这正是从日常经验判断上升到科学判断的例子,正是科学之为科学的特征。科学判断、科学命题,不是仅仅对个别事物有所肯定或否定,而是关涉一类实际。不过,科学判断总还在实际中,是对实际的肯定或否定。

假如我们还进一步,我们不问实际中有否与"方性"相应的事物,而仅仅思及"方性"本身,即仅仅思及方之所以为方的道理,而不顾及有否实际的方的事物存在,我们下此判断:"凡方必有四直角"。此时,我们把"方"看作是直角之为直角的道理本身的必然结果,即我们在纯粹思维(不牵涉经验对象的思维)中展开"方性"。这一展开,是不依赖任何来自实际的经验证实的。我们立即就明白了,这种思维就是几何学的思维。几何学思维纯然在数和形的"真际"中活动。在这一点上,哲学的本性正和几何学一致:它们都"不切实际"。

不喜欢哲学或对哲学有鄙视态度的某些务实主义者，通常批评哲学不切实际。假如他们真是在上述意义上讲哲学"不切实际"，他们就是完全正确的。可是，他们并不同时也说几何学、数学不切实际，反倒认为几何学、数学很实际，这便暴露了他们原来不懂哲学之"不切实际"是什么意思，同时也根本不懂几何学、数学的基本精神。须知，若要否定哲学，是须得连同几何学、数学一起都否定掉的。难怪柏拉图郑重其事地在他创立的学园的门口写上"不懂几何学的人不许入内"这样的话。

或有人进一步这样追问：不切实际的思，何以便可自诩是对"真际"的思呢？为什么不可以说，这种思，思的是"幻际"呢？对此驳难，极易答复。倘若所思为"幻际"，则它与使实际事物之所以如此向人呈现的那个"理"便毫无关涉。在"幻际"的"思"里面，所能有的只是与无根据的想象混杂在一起的"思"，比如我们可以想象狮身人首的怪物，也可以想象一座由黄金堆积而成的金山。这类想象其实是将实际中的感性材料作任意的组合罢了。倘若我们所思虽不切实际，却是切合相应的实际事物只要存在就必定不能逃脱的"理"，则这样的思，所思必是真际。例如，在几何学中，我们思纯粹的点、纯粹的线和纯粹的面，但在实际中谁也不可能找到不具面积和体积的点、线、面，故所思不切实际，但思的又却是实际中的点线面之所以是点线面的道理本身。几何学中思三角形之定理，其实是不在乎实际中有无三角形的事物的，但同时知道，如果有，它的三内角之和必是180度。你能说三角形定理属于幻际吗？牛顿发现万有引力定律，固然是因了成熟的苹果总是坠地而不是升空的启发，但哪怕世界上地球与苹果都消失了，或一切能体现万有引力定律的物体都消失了，这万有引力定律并不会消失，因为这定律本身是不朽的，它不经历时间中的变易，它在真际中。

由此我们亦可见实际与真际的关系：有实际，必有真际，如冯友兰所说，"实者必是无妄"；有真际，不必有实际，如冯友兰所说，"真者未必不虚"。在数学中可以推论出虚数，但在实际中找不到符合虚数之关系的事物；随着物理学的进展，可以发现虚数的物理意义，但是，作为对数量关系之真际行思的数学，并不顾及这一点，更不依赖这一点。于是，便有这样的结论：实际必蕴涵真际，真际可超出实际。也就是说，真际的范围大于实际。

我们可以进一步揭明这样一层意思：凡真际与实际重合之处，均为有实际事物存在的领域，是"实际所是"的领域；科学对"实际所是"行思，即是为了揭示其"所以是"，即由实际进入真际，这正如中国儒学所说的"由著知微"。在由著知微的基础上，还可更进一步，去知那"未著之微"，即知那真际超出实际的部分，这就是知"所应当是"。数学和哲学，都是在由著知微后更进一步，力图知"未著之微"。

"所应当是"，显然还不是"所是"，故还是虚的，但此"虚"却不是"幻"，而是理想。在此，理想与幻想要作严格区分。理想是由著知微后所知道的"应当"，故而是以真际之理作根据的"应当"；幻想之所以是幻想，因其由情绪和想象做成，无真际之根据。

由此可见人之能思的伟大。倘若人的意识总是那种面对着异己之物的自然意识，而不能达到普遍的精神存在，人就只能被实际事物所牢笼，跳不出去，如何还谈得上文化创造？人只是因为能由"所是"知"所以是"，进而知"所应当是"，才得以去树立理想。而正因为有理想，人才有文化生命。

西方有谚语说"哲学不能烤面包"，是揶揄哲学的意思。不错，哲学并不教会我们如何去做有实用价值的具体事，它在那里"空谈玄理"，实在说来毫无实际用途。不过，纯粹的数学和几何学（不是应用数学、应用几何学）也是这样的。几何学谈论"方之所以为方"的理，但"方"非我们所能用，能用的是方桌或方凳。然而，有哪一张方桌或方凳不是按了方之理才可能被造出来的呢？不光如此，方桌或方凳造出之后，其好坏优劣，不也是依方之理才获得其评价的吗？评价即包含尺度。尺度来自何处？来自对真际的了解。如果我们老是被困在实际中，又如何可能去了解真际呢？不了解真际，又如何能发生对实际事物的评价，并提出进一步努力的理想目标呢？由此看来，人类难道不该有一门学问专门去讨论"玄理"吗？

哲学之大用，正是在它的无用之中。它正因为没有在实际中的效用，才得以以追求真理本身为自己的目的。

真理对于作为人的人来说，是生死攸关的大事。作为人的人，是有文化创造力的人；有文化创造力，就是有文化生命；有文化生命，意味着有理想，有关于人的理想。动物不需要形成关于自己"应当是"什么样子的理想，动物之为动物，就是它实际所是的样子，它只有自然赋予它的生命和生命的样式。人则必须拥有文化生命，才能保持其为人。若一个民族的大多数成员失去了人生的理想，或只以动物式的欲望满足为"理想"（人欲横流之状态），那么他们就丧失了真正的人生奋斗，即丧失了把自己提升到人的高度和尊严的奋斗，这个民族的文化生命就处于衰竭之中。在欧洲和中国的历史上，都曾出现过这种状态。这时，哲学就从孤独中走出来，成为批判现状、为新的时代阐扬其真理的思想事业。如果它对真理的阐扬能够赋予社会基础中的盲目冲突和对抗以自觉的精神和意义,用马克思的话说,就是给予世界"一个真正的斗争口号","向世界指明它究竟为什么而斗争",那么,这个民族的文化生命就可能赢得自己的伟大复兴。

冯友兰先生说得好:哲学是"以心静观真际,可使我们对于真际,有一番理智底,同情底了解。对于真际之理智底了解,可以作为讲'人道'之根据。对于真际之同情底了解,可以作为入'圣域'之门路[①]"。讲"人道",就是讲人之理想;入"圣域",就是进入圣贤的境界。在冯友兰看来,第一,讲人的理想,要有根据,这根据就在真际中,即在关于人及其文明的根本道理的真际中;第二,对人及其文明的道理,不仅要了解,而且要心向往之,以为它是好的、善的,虽还不在实际中,却是值得每个人去追求的。有此两个方面,一个人就有希望获得人的最高成就:为圣为贤。中国的传统精神历来相信,人皆可成尧舜。佛学也相信,人人都有佛性。我们当代人似乎对于这种说法,不以为必要,认为过于沉重,或近乎荒唐。大家似乎都宁愿只做凡人,不愿意那么严格地反省自己,听到劝人向上向善的话,就认为是令人讨厌的说教,这种心态相当普遍,但实在不是好的现象。我们固为凡人,都难免错误,但总不应以错误为光荣,总不应以圣人的标准为可以嘲笑的对象。

人们建立各种各样的学问,都是为了讲事物的道理。物理学要讲物理现象的道理,化学要讲化学现象的道理,哲学要讲的是人的道理。人的道理是各种道理中最难讲和最难证明的,它不像科学的道理,可以由被给予的经验事实来证实。可以去证实哲学所讲的人之理想的,是人的生命实践,但这样的实践,不是从理论本身那里可以预先推断出来的,因此问题就复杂起来。所以,哲学不是求助于证实,而是求助于证明。证明是从既有的生命实践出发的,即从揭明使这种生命实践所以可能的根据这一点开始(这即是证明既有的实践所包含的人性质素),然后由此去发现在实践中隐含的人的发展的必然方向。哲学若能接近于做到这一点,便接近了智慧的境界。

思考题

1. 真际与幻际的根本区别是什么?
2. 哲学与人的生命实践的关系如何?

[①] 《阐旧邦以辅新命——冯友兰文选》,上海远东出版社,1994年,第10—11页。

7. 哲学问题的基本性质

任何学问,都从"问"开始。动物不会向自己提出问题,人类则是自我发问的动物。人类所面临的各种挑战,无论是来自外部自然的还是来自人自身的,在人那里,都以问题的形式出现。人的文明生活及其进程本身,就是由一系列的问题及其解答所构成的。文明对付挑战的第一步,就是把挑战恰当地转化为可被接纳到文明体系中去的一定性质的问题。

倘若我们试着把人类可能面对的问题作大致的分类,那么,可以分出五大类型:一是经验问题,二是形式问题,三是预测问题,四是抉择问题,五是超验问题。

先看经验问题。这类问题在日常生活中天天遇到。比如,问"那个冰箱里有没有牛奶?"这个问题如何解答?打开冰箱的门观察一下。前提当然是冰箱的门可以被打开,即允许作经验观察。比如,问"崇明岛上有无袋鼠?"此问题也不难解答,所费的是实地考察之功夫,也属经验观察的范围。再比如,问"上海市静安区有多少人口?"这个问题的回答也依据经验,只是要先确定特定的统计时间,把在这时间前后的人口因出生与死亡而有的变化排除在外。经验问题的基本特征是,它的解答最终要得到来自感性观察证据的支持。例如,我们固然可以根据袋鼠的生活习性所要求的自然环境来推测崇明岛上没有袋鼠,但这推测并不构成对此问题的最终解答。假如我昨天看到冰箱里有牛奶,并且确知冰箱后来一直未被打开过,我因此可以不凭观察就断言里面有牛奶,但很显然,此断言最终凭借的还是观察,只是加进了一个根据经验必然性(关于感性事物在短时间内不会自行消失的信念)所作的逻辑推论的因素。

再看形式问题。"方程式 $x^2=4$ 有多少个解?"这个问题显然无法通过经验观察来回答,因为此问题之所问不涉及任何感性对象。它的解答全然以数学对二次方程式的形式定义为前提,然后依据纯粹的逻辑推演来完成。再比如,问"何谓'眼科医生'?"回答此问题也不用任何观察,因为"眼科医生"是一个在医学实践体系中的分类概念,此概念本身涵括了一类医学实践者之活动的共同特征:专治目疾。所以,对此问题的解答,可以说就是先验地从此概念中分析出它的内涵来,它也是一个专凭形式推论来解决的问题。

还可再看一个例子。假设为一个新建成的住宅区造一个超市,规定此超市应设在使该住宅区各处的居民都能以最短的路程到达它的位置上。试想,这个问题是不是凭经验观察来解决的?初看起来仿佛是的。但我们有没有可能凭借一次又一次的实际的感性测量来找到这样一个位置呢?不可能,因为这样的感性测量可以进行无数次却不会有确凿无疑的答案。幸好,具有几何精神的人知道这个问题的唯一解决办法是诉诸几何学的逻辑论证:在几何公理及其定理和推论的体系中,这个问题的逻辑意义获得了明确的规定,并且拥有与此意义相应的形式推论方式。所以,这个问题并不落在经验观察的范围内,而是落在纯粹的形式推论的范围内。

第三类问题是预测问题。明天会不会下雨?甲、乙两国之间的这场外交冲突会不会演变为战争?中国的人口在21世纪中叶会达到多少?这类问题有一个共同的特征,就是根据以往的经验来预知未来的一项经验事实。它所问的对象不是当下呈现的实际事物,而是将来要出现的实际事物。这类问题如何解答?其方式根本之点在于根据过去来推知未来。就其根据着过去而言,它是经验观察;就其包含推论过程而言,它又是逻辑的分析和推演。所以它是经验观察和形式推论两者的结合。由过去推知未来,是根基于人的这样一条信念:未来必定符合过去。过去发生的事物包含某种必然性,在特定的条件再次形成的情况下,某种事项必将重演。

第四类问题是抉择问题。比如,我在或出卖同志以保全生命,或坚守秘密以保全组织的情况下该怎么做?这类问题与上一类问题是不同性质的问题,尽管它们有共同之处,即所问之对象都还不是事实。这类问题是在先已解决了预测问题的情况下才可能提出来的,亦即,选择此项或彼项的可能结果已被预知。所以,这类问题不是在于未来会发生什么,而是在于应该选择怎样的未来。前一类问题与这一类问题虽然都面对未来,但前者面对的是知识论意义上的未来,后者所面对的是价值论意义上的未来。这一类问题之所以会发生,有两个根本的前提。一是,人是有作出选择的责任的,这不是指人对未来有预知的责任,而是由于在某种未来之构成中包含了来自人的抉择而有责任。二是,人的抉择并不是由某种更高的力量所预先规定的,即它不是出于某种高出人之上的必然性,这也就是说,人是有自由的。确实,被选择者及要求选择之情势,非由个人所生成,它们来自规约个人行为的普遍原则,个人在这些原则面前没有自由,比如,保全生命是来自自然的普遍原则,牺牲个人以保全组织是某种伦理的普遍原则,但是,当这两种原则在某一特定的情境中直接冲突时,选择的责任立刻就被加之于个人,这时没有更高的力量帮助或规定这个人作出怎样的选择。在解答这类问题时,人可以得到怎样的指引呢?经验观察?形式推论?或经验观察加上形式推论?都不行。自由之为自由,正因为它既是超经验的,又是超形式的,它正是人的生命实践本身。因而,由自由而引起的抉择问题,在理论上无确定之解。

　　第五类问题是超验问题。"何谓'自由'?""何谓'正义'?""美是什么?""善是什么?""数(不是数字)是真实存在的吗?如果是,它是物质的,还是精神的?""时间是什么?有无开端?有无终结?""在宇宙中有没有既不在空间中、也不在时间中的实体?"诸如此类的问题,同前述四类问题显然大不相同。我们在日常生活中一般不会向自己提这类问题。这类问题的问之所向与问之所问很"不切实际":首先,它们的对象既不是经验上可观察到的事项,也不是逻辑思维所关注的纯形式;第二,它们所求的解答,既不是对感性世界的经验描述和预测,也不是感性世界之逻辑模型的建构。但它们却并不因此是空无内容的。它们之所向(内容)即由它们之所问构成。这是它们真正的独特之处。据此特点,我们称其为超验的问题。超验的问题构成了哲学的研究领域。

　　现在要问:这些超验问题是怎么会形成的?它们究竟有何意义?

　　让我们以"美是什么"这一问题为例。必须注意,它与"什么是美的"这一问题在性质上不同。"什么是美的"这一问题是一个经验问题,涉及的是审美经验。当我们在对外物作审美观照时,我们即是在回答这个问题。我们能够对艺术作品或非艺术作品作审美判断,这是一种经常发生的活动,在这种活动中,我们区分美的东西与不美的东西,所以,这是每一个有审美能力的人经常在回答的普通问题。不过,在能回答此问题的人之间经常会就同一个对象在审美判断上发生分歧,此人认为美,彼人未必认为美,如果意见分歧很大,引起了争论,往往会各执己见,相持不下。假如经过一番争论,争论双方发现关键问题在于各自心中各有不同的美之标准、美之尺度时,"什么是美的"这一问题中的主宾关系就会倒转,由询问"什么是美的"转变成追问"美是什么"。"美是什么"这个问题不会在经验中发生。在经验中,我们只是要判断何为美的。但是,当判断有了疑惑,也即经验问题不得解决之时,问题便转向超验。美之为美,之所以是一超验问题,因其所问是美的尺度本身。这一问题不再能依经验来索解,也不是纯逻辑的形式推论可以解决,在美之概念本身中无法先验地分析出美的经验内涵,因为这概念不是出自逻辑上的定义,不像"眼科医生"这个概念那样是一种逻辑上先行规定的一个分类概念。但是,这个问题却仍然不可避免地出现了。

　　是不是真的不可避免?有的哲学家认为,人向自己提出这类问题是一个错误,这类问题既不指称经验,又不关涉形式推论,所以是无意义的问题,是假问题。按照他们的见解,比如"美",只是指称一类经验的一个名称,它只有语义学上的意义,而无实在的意义,所以关于美的超验问题(对于美的哲学思考),应还原为关于审美命题的语义分析。不过,我们还是要问这些哲学家:如果承认审美经验乃是一类经验,是否也就应该承认这类经验有一个共同的根据呢?假如坚持认为并无什么共同的根据,有的只是经验事物之间的相似性,那么,随之而来的结论便是,经验本身便是直接的、自生的实在,知识的任务只是去忠实地描述它。但是,很明显:第一,经验总是人对外物的经验(暂时撇开人的内心体验这类经验不论),而不是自在之物本身;第二,经验是变化的,而不是一成不变的。拿审美经验来说,不仅会因时代、因民族而异,甚至会因个人而异。相异造成对相异之根源的探询。而这种探询本身即已设定了一个基本前提:经验的直接自在性乃是假象,经验是被建立起来的。哲学所探询的正是某种建立起经验的东西。建立起经验的东西,正是那使经验得以可能的根据。这根据不是经验本身,是经验之非经验的基础,因而是超验的,或曰"形而上的"。哲学问题的基本性质,正是在于对经验之形而上的基础进行追问。

　　然而,在此有必要立刻作一个补充性的说明:假如你接受了上述说法,切勿匆忙地就把经验之形而上的基础当作某种既定的实体,仿佛哲学所探究的对象本已现成地在某个地方,例如在柏拉图所说的超验的理念世界里,哲学就指向这类超验的实体。这种想法在古希腊的哲学家柏拉图和亚里士多德那里成为哲学的基本原理,但西方哲学在经过了近代阶段的发展之后已经扬弃了这种想法。关于这个扬弃过程及其缘由,本书将在后面的适当部分予以介绍和讨论。我们在此只是指出这样一点:哲学问题之"所向"(它的"对象"、"内容")正是由它之"所问"本身来构成的。这是哲学问题之基本性质的又一个极重要的方面。

　　哲学所探讨的对象,既为经验得以成立之根据,它就无法依傍经验方法来"证实"它的对象之存在。但这并不是说它可以超脱于经验之外来任意地设想经验的根据。它必须采取一定的方式来追问经验的基础。它或在思维的本性中,或在语言的本性中,或在物质的本性中,或在人与世界的经验前的感性关联中作此追问。追问方式的不同,就是追问之所向的内容不同。或换言之,哲学问题的提法本身,总是在先地决定了问题之研究的基本方法。

这里顺便谈一下哲学有无进步的问题,或能有助于更好地理解上面的说法。

哲学有一个和其他学科很不相同的地方。回顾哲学史,几乎看不出哲学有什么确凿的进步。如果说在化学中就燃烧的原因的研究,经历了从"燃素说"到"氧化说"的确定无疑的进步,那么,在哲学中,我们却看不到与此类似的进步。哲学在其早期阶段所提出的一系列问题直到今天一个都未曾得到最终的解决。我们在哲学中看到的是一个不断争论的历史舞台,看到的是不同学派、不同体系之间的争辩,而且,不同学派或体系之间的对立,大都可以在古代哲学中找到其渊源。这样看来,哲学是谈不上有什么进步了。但这是一个错觉。问题其实在于我们不能仿照科学来为哲学确定其进步的尺度。哲学的进步与科学的进步,是不同类型的进步。哲学进步并不在于它所提出的一系列问题逐次得到了解决,而是在于问题提法的改变。例如,古希腊的哲学家曾就存在与变化的对立发生争论,即,究竟存在是根本真实的,还是变化是根本真实的?爱利亚学派与赫拉克利特各执一端。尽管后来的德谟克利特用原子及其在虚空中的活动方式综合了存在原则与变化原则,但并未真正克服这两个原则之间的对立,而只是将此对立保持在一个体系的内部。直到康德,存在与变化的问题才以另一种方式被提出:存在与变化,作为两个先验范畴,它们之间的关系如何?这个新提法的意思是,存在与变化不是两个不同的实在领域,而是我们的经验知识的不同条件和预设,也就是说,它们是我们在逻辑上用以先验地规范感觉材料的不同范畴,这两个范畴都是我们的认识的普遍原理,所以它们之间的对立其实是假象,对立问题应转变为两个认识原理之间的关系问题。这个问题的新提法,之所以是进步,是因为它开辟了从理性的先验法则去理解人类经验之先决条件的新视野。的确,关于存在与变化的对立问题在哲学中还可以继续争论下去,但是,它已经不再能以"前康德的"方式来争论了。既然思想的境界已经提升,问题就不再可能以低于这一境界的水准来讨论。这就是哲学的进步。

所以,哲学的进步,不是某些问题之一劳永逸的解决,而是由问题提法的改变所导致的境界之提升。理解问题的境界之提升,意味着对既有的文明尺度要作重新的审视和批判,这便构成了对文明尺度与终极规范的追问,它正是人类之所以提出并力图解决超验问题的根本旨趣之所在。

但问题提法之改变是不是可以任意进行呢?问题提法改变所体现的进步是怎样被确认的呢?标准只有一个:看一看新的提法能否比以前的提法让我们更彻底地去揭示人类经验成立之根据。揭示得愈是彻底,愈能帮助人类摆脱违逆人性发展的文明病症,重新找到维护和发扬人的价值与尊严的精神家园。

因此,由哲学问题的性质可以看出哲学问题的意义。

哲学问题的超验性,在于它不能凭经验求解,但并不意味着它是完全超离于经验之外的玄思冥想。经验原是它的问题之源,也是它的解答成功与否的最终根据。既然哲学问题追问的是使如此这般的现实经验得以可能的根本前提,那么,它所揭示的前提当能表明:一旦此类前提消失,人所面对的经验世界会有另外的面貌,所以它的解答应能经受住人类经验之改变的历史检验,同时还应启示出人在未来克服文明之总病症的前景。

中国宋代时候的哲学家,就哲学之研究法,曾说了一句很好的概括的话:"不离日用常行内,直到先天未画前"。哲学所要揭示的道理,并不超脱人世,真理并不远在彼岸,而是就在我们的日常生活中,在我们的一言一行中;只是我们不曾觉悟到它,我们的日用常行本是依之而起的,但我们因为无知,常常任物役心,偏离本心,遮蔽真理,我们在经验中画地自牢,自我束缚,自泯本心。哲学要从日用常行中发现常行在根本上依之而起的"先天"之道(这"先天"不是时间上在先,而是指逻辑上的"先于经验")。这与我们上面所说的哲学揭示经验之超验的根据之道理正相一致。

这种"先天之道"正是文明精神之精华。倘若失却它,文明便不复可能,人就要沦为禽兽;假如揭示它、证明它,人类即使处在重重罪恶和困境中,却总还有着希望和未来。

每种文明都是在一定的经验之"器"("形而下者谓之器")中展开其先天之道的;对器之坚执乃至迷失于器中,必包含对道之偏离,于是,文明便不免显示出种种病症。抢劫银行、通货膨胀、官吏腐败为现代文明常见之病症,有社会学、经济学、政治学等分别来诊治这类病症,开出种种药方。但以哲学观之,终究是头痛医头、脚痛医脚的"治标";或有好的药方,暂可去其病痛,然病根并未除去,因这类病症源自现代文明的根基处。这根基也恰好就是现代社会学、经济学、政治学以之为理论大前提的基本法则。因此,改造根基不是这些社会科学的任务。至于哲学,则在根本上关怀当下文明的基本法则,力求发现其所由出的"先天之道",查明此"道"之如何生长出如此这般的基本法则,又如何在此生长中遮蔽了"道"。哲学如此行其本务,不亦伟哉!

然哲学之伟大,又恰恰源自其无与伦比的谦虚:自知无知。经验中的人,总因自己的经验而以为所知甚多。然哲学的精神正在于把这些"知"先行悬置起来,不以为其为真知,只把它们看成是"意见"而已,从而彻底承认自己无知。这是人可能有的最大的"虚怀若谷"。这虚怀之功夫,即是去蔽之功夫,去日常之俗见,这是哲学思考的第一步。然后才可能去求那隐藏在经验之根据中的真谛。

说哲学揭示人类文明精神之精华,即是此意。

思考题

1. 为什么说哲学问题的"所向"正由其"所问"构成?
2. 哲学进步的基本标志是什么?

本篇进一步阅读书目

1. 恩斯特·卡西尔:《人论》,上海译文出版社,1985年。
2. 布莱恩·麦基:《思想家》,生活·读书·新知三联书店,1987年。
3. 何·奥·加塞特:《什么是哲学》,商务印书馆,1994年。

二、哲学的诞生

8. 泰勒斯:古希腊第一个哲学家

在大略地介绍了哲学的基本特征和研究旨趣之后,现在要简要地讲一讲哲学的起源。

在人类文明的各种精神形态中,哲学的诞生晚于艺术、神话和宗教。尽管在古代东西方各主要文明民族的艺术、神话和原始宗教中都已闪耀出哲学的智慧之光,但是,作为独立的精神形态的哲学,是在古代中国、印度和希腊那里最初形成的。这三个伟大的古代文明民族形成了我们现在所说的世界三大哲学传统:中国哲学、西方哲学和印度哲学。

有一种观点认为,印度哲学传统的特征介于中国哲学和西方哲学之间。这个观点正确与否,是哲学比较研究中的大问题,在此无法展开讨论,但有一点是明确的:大家都公认,中国哲学与西方哲学在特征上对比鲜明,代表了东西方思想的基本差异。因此,在此"导论"中简要讲述哲学的诞生,仅仅分别讲中国哲学和西方哲学的起源,也可以达到我们的目的。

我们先讲西方哲学在古希腊的起源。

在这个题目上,我们不打算陈述从原始神话和宗教思想过渡到哲学之形成的大量史料。我们要讲的是,西方哲学在它的开端处形成了怎样的思想特征。既然只说特征,那么,以大家公认的古希腊第一个哲学家泰勒斯的思想来说,就最为简捷明了。

古希腊在哲学发生之前最重要的精神形态就是神话和宗教。在哲学之前的古希腊文学,主要受神话和宗教的支配,无论是在题材上,还是在总的精神气质上,都是如此。当然,在古希腊的神话观念中已经包含哲学思想的萌芽,即希望对世界作出解释,但解释所依据的原则始终是描绘想象的图景。比神话进了一步的是神谱学和创世说。神谱学是对神话传统的反思,追问诸神如何产生,试图指出诸神的原始系谱,以此为基础,粗略地解释万物的起源。故而,神谱学已是一种理论,是关于诸神之起源、彼此关系以及与世俗之关系的理论。这就使原始宗教初具理性的色彩。神谱学最古老的范例是赫西俄德所著的《神谱》。在《神谱》中,赫西俄德以诗人的想象和通俗的神话作基础来解释宇宙的起源和万物的生成。不过,这种神谱理论仍然只是满足了诗意的想象,因为它借助的是超自然的力量和动因。希腊的宗教,经历了从自然崇拜到多神教的转变,发展起一个诸神世界的观念:奥林匹斯山。古希腊人用这个诸神社会的等级秩序、结构关系和"历史事件"来解释他们所遭逢的自然现象和社会现象。

不管怎么说,古希腊的神话、神谱学、创世说和宗教所隐含的理论倾向,确实为哲学做了准备。

生活在大约公元前 624 年与前 548 年之间的泰勒斯,成了古希腊的第一个哲学家,因而也就是西方哲学的开山祖师。他被许多史家列入"希腊七贤",但并无著作传世,连断简残篇都没有。后人了解他的思想,依据的是第二手的材料。这些材料公认他说了"水是万物的始基"这样的话。

就因为说了水是始基的话,便成了第一个哲学家,这在我们今天看来,似乎有些奇怪。但第一次说出这样的话,是精神的一大解放。水是什么?不是神,不是超自然的力量,是自然自己的东西。在他之前,古希腊人都求助于神的动因来解释万物之起源,他却断然地放弃对神的依赖,用自然本身来说明自然。这实际上就是直截了当地提出了哲学的问题。

要用自然来说明自然,这意味着认为,在解释世界的时候,不要靠诗意的想象或出于恐惧的敬畏,而要用理智的推理,亦即要靠理性。确认人类心智中的理性之权能,是"水是万物的始基"这个命题的第一个重要之点。

世界上的万物,千变万化,无限多样,但有统一的根源,这根源就是"水",故曰"始基",这是驭杂多于一之原则,即确认世界的统一性。黑格尔对此评价甚高:

> 哲学是从这个命题开始的,因为藉着这个命题,才意识到"一"是本质、真实、唯一自在自为的存在体。在这里发生了一种对我们感官知觉的离弃,一种对直接存在者的离弃,——一种从这种直接存在的退却。希腊人曾把太阳、山岳、河流等等看成独立的权威,当作神灵崇拜,凭着想象把它们提高到能够活动、运动,具有意识、意志。……无限地、普遍

地予以生命和形象,却并无单纯的统一性。有了那个命题,这种狂放的、无限纷纭的荷马式的幻想便安定了,——无限多的原则彼此之间的这种冲突,这一切认定某一特殊对象为自为地存在的真实体、为独立自为高于其他一切的力量的种种观念,都取消了;因此确定了只有一个"普遍",亦即普遍的自在自为的存在体,——这是单纯的没有幻想的直观,亦即洞见到只有"一"的那种思想。①

黑格尔的上述评价,是强调这个命题提出了"一"的原则。要在自然本身中找"一",必须有思想对感性直接性的超越。以自然本身来解释自然的统一性,意味着要超越杂多的感性自然,但又不可脱离自然。这只有依仗思想对作为自然之本质的唯一真实体的把握,才可做到。提出思想对感性之超越的要求,是泰勒斯这个命题的第二个重要之点。所以,黑格尔说哲学从这个命题开始。

当然,泰勒斯的这个命题还相当粗浅。水被认为是始基,借助的还是水的具体的感性特征:具流动性、广泛渗透于大量事物、孕育生命等等。这就是说,思想在这里还求助于感性直观。尽管思想已经力图去把握超越感性的"实在",但思想本身还未达到纯粹。

粗浅自然粗浅,却开了西方式的哲学思想之路向。在此路向中形成了西方特有的"知识"观念。几千年之后,这一观念将广被世界,把一切非西方的民族都纳入到西方人的天命中去。当然,这是后话,这里先不说这一点。

现在就应来看一看,西方的知识观念是怎样在泰勒斯开辟的这一路向中包含着的。

既然必须用自然来解释自然,"一"的原则就不能来自对于诸神之统一性的想象的假定。那么,这个原则能来自何处呢?感性的直观只能把握无限杂多的个别对象,在感性直观的基础上所作的想象,只能建立关于众多神灵的无限多的原则。既然摒弃感性想象,便只能把"一"的原则视为思想自己的原则,就是说,思想的本性就是超越感性去把握唯一的真实体。思想仅凭自身去把握真正的实在,这样才产生高于迷信、想象和幻想的知识。"水"被认为就是这一真正的实在,是思想仅凭自身把握到的自然自身的本质。因此,"水是万物的始基"成了第一条"真正的知识"。

---

① 黑格尔:《哲学史讲演录》第1卷,商务印书馆,1959年,第186—187页。

深究一下可以见到,西方知识观念的基本特征已在这里包含着了:思想的本性和使命,正是超越感性,去把握真正的实在。这也就是说,唯思想才与实在有同一性。这一点,在西方哲学中一般表述为"思维与存在的同一性"。

思维与存在的同一性,是西方人心目中的"知识"的本来意义。这一同一性,正是西方人所认定的知识的本性。知识的建立,确实由感性开始,但目的却是要达到思想对实在的切中。

在这一"切中"中有超越性,即超越在思想与实在之间的感性屏障。超越的可能性根据是什么?这一问题成了西方认识论史上的基本课题,我们在此先不讨论这个问题,而只是简单指出,对这一超越的坚定信念,一直从根本上支撑着西方人对知识的探求。思维的本性,在于它是对实在之真相的把握。这真相不在感性中,而是在为思维所把握的事物之本质中。人的思维之能力,即是理性。理性的构成,被认为与事物的内在构成本有一致性。去发现这种一致性,即是形成知识之努力,这成了人的精神的最高任务和最神圣的性质。

这就是所谓西方思想的知识论传统。这一传统是在泰勒斯的命题中发源的。

在此发源中,虽说知识之范围还只限于对于自然实在的知识(泰勒斯开创了古希腊的自然哲学学派——伊奥尼亚学派),但是,往后这种知识之观念就要用于追寻人自身的真相,这是通过了苏格拉底。通过苏格拉底,哲学的真正主题才在西方被确定下来,但探讨人自身这一主题所遵循的知识路径,却是在泰勒斯的命题中已包含了的。

说到此,才把泰勒斯之作为西方哲学的开创者这个意思,算是讲得比较完全了。下面,就要来讲讲中国哲学的起步,要讲的重点是,在这个起步当中,中国人怎样形成了不同于西方的知识观念。

思考题

1. 古希腊的神话和宗教在哪些方面为哲学做了准备?
2. 为什么说西方知识观念的基本特征已包含在泰勒斯的命题之中?

9. "穷神知化":中国哲学的起源

中国哲学的起源,与西方哲学之诞生,呈现大不相同的情况。在中国古代贤哲中,谁可谓中国哲学之第一人?众说纷纭,说不大清楚。胡适之先生当年著中国哲学史,直接从老子开始,就有人批评,说他那个哲学史是无头的哲学史,理由是,老子的思想是晚起的,晚于儒家,并且是儒家思想的反面。反面怎么可能早于正面而先出呢?当代新儒家牟宗三先生就持这样的观点。这观点不是单纯依据史料,而且是根据对儒道两家思想的理解。的确,单凭史料,原也不足以解决这问题。若说道家的思想在"六经"中有萌芽,可以这么说;但"六经"确实又被普遍认为是儒家经典,这又怎么说?魏晋时期的玄学家们以道家精神解释《周易》,阐发玄理,这可以表明《周易》中的思想精深微妙,可以阐扬的方面很多,但不能说明《周易》就是道家的起点。

所以,中国哲学的起步,不像西方那样分明。不过,这并没有什么关系,原来就不一定要找一个人物或一本书来代表中国哲学的起始。真正重要的,还是在于明确中国哲学在其诞生之初的思想特征。

讲起中国哲学的思想特征,有一个重要问题不得不谈:中国究竟有没有哲学?

这个问题是怎么出来的呢?是拿西方做标准才产生的。连"哲学"这个词,也是汉语中本来没有的。加之,中国哲学思想与伦理、政治、文学等方面的思想并不能区分得清清楚楚,它们经常是结合在一起的。因为结合在一起,就显得不纯粹。在表述上又往往借助形象和象征的方法,思想没有摆脱感性的东西而达到思辨的纯粹性,故而很不像哲学。但这只是因为对照了西方哲学之形态,才说它不像哲学,其实是不像"西方哲学"。

中国人并非没有精深的哲思和高明的境界,这是包括西方人在内的所有的人都承认的。但西方哲学家,直到当代以前,都不愿意承认中国古代的哲思可以算得上成熟的哲学。那个著《西方哲学史》的美国哲学史家弗兰克·梯利,在该书的开篇第一句话就说:"古代民族中很少有远远超出神话阶段的,除去希腊人以外,或许没有一个古代民族可以说创制了真正的哲学。……他们(古希腊人)的哲学是人类思想从神话式的原始形式演进到复杂多样的体系的一个最好的例证。"[①]黑格尔在他那本著名的《哲学史讲演录》中,认为中国人的哲思,仅属于哲学形成过程中的一个早期阶段。他写道:

---

① 弗兰克·梯利:《西方哲学史》(上),商务印书馆,1975年,第16页。

中国人也曾注意到抽象的思想和纯粹的范畴。古代的易经是这类思想的基础。易经包含着中国人的智慧,是有绝对权威的。……那些图形的意义是极抽象的范畴,是最纯粹的理智规定。中国人不只是停留在感性的或象征的阶段,我们必须注意——他们也达到了对于纯粹思想的意识,但并不深入,只停留在最浅薄的思想里面。这些规定诚然也是具体的,但是这种具体没有概念化,没有被思辨地思考,而只是从通常的观念中取来,按照直观的形式和通常感觉的形式表现出来的。[①]

从这段话看,黑格尔对东方思想的了解要比梯利深入,对中国古代的哲学思想有所褒扬。但他的褒最终还是落实在贬上,而且褒之所据,也纯然是西方哲学的路数。说易经中的卦象有范畴,有理智规定,这是对的;说这些规定不是空洞的,而是有内容的,即"具体的",这也是对的。问题在于,他说"这种具体没有概念化,没有被思辨地思考",这就表明了他是拿西方思辨标准来评判中国思想的,表明他还未通达中国哲思。易经的思想境界不能以西方思辨逻辑的标准来测度。中国人并没有西方人那种知识观念,即,并不以思维之超感性地切中实在作为真理的门路。即在感性中,中国人便要去领会、把握无限的"天地之化"和"昼夜之道"。黑格尔似乎也多少看出了这一点,所以他说"那些图形的意义是极抽象的范畴,是最纯粹的理智规定"。也就是说,《周易》是通过对卦象的意义阐发来通达无限的东西的。这种阐发自然不离感性的形象(卦象),有具体的内容。在具体的内容中透露无限,或者说,是置无限于具体之中。这本是中国思想极高明、极富启发性的特征,黑格尔却视之为缺点,理由是未曾把具体概念化,未对具体作思辨的思考。其意思就是,未曾把寓于具体中的无限做成"知识"。

其实,中国哲思的基本精神,是黑格尔所不了解的。这种精神在《周易·系辞》的这样一段话中被表达出来了:"能范围天地之化而不过,曲成万物而不遗,通乎昼夜之道而知,故神无方而易无体。"同样也在《系辞》中,这个意思曾用更为简洁的四个字表达,即"穷神知化"。

对此处所谓"神",所谓"知",不能望文生义,不能用西方的观点来读解。中国人并无超验的"人格神"的观念。中国古代贤哲讲的"神",乃是"天道"。这天道虽是形而上的,却并不在彼岸,而就在人心之中,是通过"诚"来领悟、

[①] 黑格尔:《哲学史讲演录》第 1 卷,商务印书馆,1959 年,第 120—121 页。

来"穷"的。唯"诚"才可"穷神"。也就是说,神作为天道的形而上的这个方面和作为人心之本性的这个方面,原是贯通的(《中庸》首章说:"天命之谓性,率性之谓道"),故而,由"诚"穷"神",而后"知化"。此"知"固与西方之"知"不同,不必经过逻辑上的思辨,而是直悟的。

所知的那个"化",固然是宇宙的生化,因而属于宇宙论,但又和西方自然哲学的宇宙论不同,因为不是与人事隔离的。宇宙秩序和道德秩序是合一的。不过,这里的"道德秩序",又不能仅从西方伦理学的意义上讲,不是被确定在一系列的概念中的道德观念和律令,而是人民生活自身之道。这是中国人"天人合一"的基本观念。这个"天"不是抽象的、被思辨思考过的天;这个"人"也不是单纯作为知识主体的人。天与人,是在人的生命实践上合在一起的。中国人的哲学思想,自其起步时候起,就没有西方那种用概念去把握实在的"知识论态度"。中国思想重点在人的"生命实践"上。人的生命实践(朝向"作为人的人"去努力的实践),不能脱离那与无限相贯通的感性、情感和想象。不能把感性仅仅看作有限的个别性,看作遮蔽真理的屏障。西方那种纯粹的知识态度,是客观的、无情感的,由此去把握真理,就中国传统来看,是很难理解的。牟宗三先生在《中国哲学十九讲》中比较过苏格拉底和孔子,有一段话讲得平易而明白,值得在此引述:

> 西方从苏格拉底以来一向是以这种态度来了解德性,也就是从概念思考的态度来给它一个定义。这种了解虽然好像和我们了解生物学、了解物理学不很相同,但是从概念思考这个地方讲,是相同的。这还是知识的态度。这个态度是中国文化里面所不取的,以这种态度来了解道德是不恰当的。假如你拿什么是公道这个问题来问孔子,他不会用苏格拉底这种态度来答复你。比如说问仁,孔子并不把仁当做一个概念来下定义,也不是从文字上来训诂,他是从你的生活来指点,当下从心之安不安来指点仁。这就不是用知识的态度来讲仁。所以孔子的话大家很容易了解,他的话具体、亲切、真切。①

确实,如依西方哲学的标准,孔子讲仁,并不是"哲学地"讲的,孔子是算不上哲学家的,他仿佛只是一个提出道德训诫的人。但我们本不应该以西方哲学的形态,作为哲学之为哲学的标准。西方哲学的学说,常成一完整体

---

① 牟宗三:《中国哲学十九讲》,上海古籍出版社,1997年,第46页。

系,其中有缜密的思辨和逻辑推理,离形象和情感的东西甚远。中国有哲思,但没有做出严密而纯粹的思辨体系,算不算有"哲学"? 假如我们就以有没有思辨的体系作为标准,那么真可以说中国古代没有哲学。诚如牟宗三所说,"若以逻辑和知识论的观点看中国哲学,那么中国哲学根本没有这些,至少可以说贫乏极了"。

不重理智的思辨,不重逻辑上的严密推演,更无对观念或概念下定义的兴趣,也确实使中国古代哲人的书有其特别的难读之处。打开《老子》看一看,全书五千言,言简意赅,字里行间富于暗示,寓意深长。对于喜欢严密推理和详尽论证的读者来说,这本书颇使他茫然,不知所云之究竟。中国人表达哲思的方式,在《庄子》中也非常典型。《庄子》各篇,充满比喻例证,充满文学形象,充满诗意,可以说简直就是一部文学作品。但它的真价值,还是属于哲学的。它的境界长久以来深刻影响中国文化,并不曾因为它不够明晰、不够严密,就减损了它对中国人的思想的影响力和对民族文化精神的塑造作用。

仅以哲思的某种表现形态,来为哲学之为哲学树立一确定的标准,是狭隘的观点。

那么,应以怎样的标准来判断一个民族有没有哲学呢?

哲学是人类精神的反思。冯友兰说:"所谓反思就是人类精神反过来以自己为对象而思之。"牟宗三则说:"什么是哲学? 凡是对人性的活动之所及,以理智及观念加以反省说明的,便是哲学。"当然,这两位哲学家对哲学下的"定义",未必是别人都愿意接受的。但我们无须在此问题上争论。西方的哲学确实很独立,与艺术、宗教分得很清楚,专以知识为中心,以思辨为特征。中国没有这样的独立哲学。但中国古代哲人(儒释道三家为主)对精神的反思,不表现为由知识论出发的形而上的反省,而是表现为以"生命"为中心的形而上的反省,由此展开他们的教训、智慧、学问和修行,确定了中国两千多年来文化发展的基本方向。中国文化生命的最高层的心灵,都集中表现在儒释道三家的精神反思中。这种情况,正是反映了哲学作为人类文明精神的精华这一根本特征。以此来看,说中国传统的哲思还不算哲学,是实在说不通的。哲学为什么一定要以"知识"为中心、为落实处呢? 为什么不应该以"生命"为中心、为落实处呢? 纯以客观思辨理解的方式去活动,与真正的生命实践总是有隔的。西方当代哲学已充分注意到这一层弊端,正着力于反叛知识论传统,并且给予东方哲学,特别是中国哲学,以很高的尊重,要从中汲取养料。这种情况不是很能说明问题吗?

对中国有没有哲学的问题,既已作了这样的回答,现在可以再回过头来简略地讲一下中国哲学在起源上的特征。

前面已经讲到,中国哲学的起始,无法用一个人物或一本书来确定。这个起始其实在许多本书中,并且是许多人经过许多年代的合作。"六经"(《诗》、《书》、《礼》、《乐》、《易》、《春秋》)是最早的这样的书,是许多人合作的作品,是中国哲学的发祥地。它们之所以可以说是中国哲学的源头,是因为它们不仅是对夏商周三代文化(在这三代中的人民生活)的记录,而且包含了对这三代文化之精神的反思。因有反思,便有哲学的智慧产生。"六经"是中国哲学的晨曦,中国智慧的本源。《周易》在其中是比较典型的,故在此只拿《周易》来略讲一讲。

冯友兰谈起《周易》时,说这部书是中国的《精神现象学》,因为它的最高价值在于它自成一套对人类精神的反思。当然,易经的基础部分(六十四卦的卦辞和三百八十四爻的爻辞)最初还算不上就是这样的反思。这些卦象开始时是对过去的记载,后来转变为对未来的预示。对预示加以解说,就是卦辞和爻辞。这在原则上属于占卜。但是,一旦预卜未来的要求转变为把卦象当成宇宙、人世的象征而予以理智的说明时,亦即要求去揭示卦象在预测功能之外的更深广的文化意义时,卦象就成了人的精神活动的象征符号,而对卦辞的解释,则成了精神活动的自我阐明。所以,冯友兰说:

> 历代为《周易》作传、注的人,都是对于这部《精神现象学》有贡献的。……在战国时期出现的《易传》中,这部《精神现象学》之为精神现象学的面貌,就已经确定了。《周易·系辞》说:"能范围天地之化而不过,曲成万物而不遗,通乎昼夜之道而知,故神无方而易无体。"这就是说,《周易》这部书,包括了宇宙间的各方面的事物,了解贯通于其间的道理("通乎昼夜之道而知"),又能用各种的公式把这道理表示出来,可以应用于自然、社会和个人的人事而不陷于死的条条框框("神无方而易无体")。[①]

因此,由"易经"和"易传"组成的《周易》,是最早的中国式的哲学著作之一,它典型地代表了中国古人从原始卜筮的迷信到要求全面地把握整个宇宙之道的转变。由此,智慧开始取代想象。思想摆脱了迷信、幻想和恐惧的

---

① 《阐旧邦以辅新命——冯友兰文选》,上海远东出版社,1994年,第265—266页。

束缚,开始立足于自身,开始赢得了反思的能力。这种转变正是中国哲学的诞生过程。一部《周易》被儒家奉为经典,后来也被道家视为圭臬,可见它在中国哲学起始中的地位。

思考题

试思考西方哲学重客观知识与中国哲学重生命实践两者所代表的不同的思想境域。

10. 哲学的民族性与世界性

中西哲学在起源和思想特征上的很大差别,在上面已概要地谈了。这就立即引起一个有意思的问题:哲学就只有特殊性而无普遍性了吗?

哲学既为对人性活动的反思(这已经是它的普遍性),尽管这反思,其方法、路径,在中西方之间有大的差别,反思之结果,总应该有普遍性吧?在几何学中,关于直角三角形三边之关系,古希腊有毕达哥拉斯定理,中国古人有勾股定理,其名虽二,其理一致。照此,是不是可以把各个有哲学的民族的哲学思想,作仔细的比较、鉴别,理出一些共通的理来,构成一种普遍的世界哲学,再把这普遍的世界哲学向前推进?

这是一个很美好的设想,但行得通行不通呢?我们在这一节中就来谈谈这个问题。

勾股定理,或毕达哥拉斯定理,是数学真理,不管你由什么途径达到它,一旦达到,是全世界的人都会承认,且一定要承认的。陈景润是中国人,他在证明哥德巴赫猜想时,达到了"1+2",全世界的数学界都承认他的贡献。你跟无论什么民族的人讲 $3+2=5$ 这个道理,他听了就能懂,而且是真懂,因为他马上能够依此来运算,在实践上无丝毫困难。所以,凡数学真理都有世界性,这里不存在民族差异。

但哲学真理的情况与此不同。哲学思考所要揭示的真理,与人的文化生命是不能脱离的。它展示、证明的是人的理想,是关于人如何算得上人的理想。这种理想原本即是生命实践的方向,不是无感情、无喜恶的。以中国儒学所讲的"仁"为例。"仁"作为一个概念,确实可以对西方人去讲,讲了以后西方人也能了解。西方专门研究中国儒学的学者,可以写出一本不小的书,把"仁"的概念讲得很精到。这就是说,"仁"作为一种哲学上的真理,是可以超越民族而具有普遍性的。西方人与东方人,作为都是能创造文明的存在者来说,即作为"人"来说,是有共通性的。这一点可以不怀疑,证据是他们都有文明。不过,光是在哲学理论上讲"仁",虽然恰好是在讲它的普遍性,却也使它变成只是概念,并无生命在其中。哲学真理,正像一切真理一样,是必须得到体现和表现的。2+3=5这条数学真理,也是必须通过具体运算来体现和表现的。不过,对数学真理的具体体现、表现,不会使这种真理本身发生不同,因为具体运算场合及作出运算的个体的人的种种特殊性,对于真理的普遍性来说,是不发生影响的。这种种特殊性不是有生命的,是不关乎文化生命的。由具体的物质事物所体现的科学真理,也是这样。科学真理并不需要物质事物的生命奋斗来体现,这些事物本来也没有生命奋斗。哲学真理的情况就与此不同了。哲学真理要通过人的个体生命来体现。个体生命的特殊性,不是对真理的普遍性不发生影响的。在观念、概念上被了解、被表达的同一个哲学真理,在由个体的生命奋斗来体现时,就有不同。一个西方人,若做孔子的信徒,他用自己的生命实践所体现出来的"仁",必与中国人很有不同,比如,很可能成为基督教式的体现。

所以,哲学真理因为要由特殊个体的生命奋斗来体现,它的普遍性就要受到体现它的个体生命奋斗之特殊性的限制。

特殊性,在数学、科学中,其实并无真正的意义。在数学和科学中,特殊性仅指普遍性之例证,这例证本身并无自有性,并无生命。

以上只是就哲学真理之体现、表现上来说哲学真理与数学、科学真理的不同。还可从哲学真理的来源和基础上来讲这一点。

哲学的运思,和数学、科学的运思有不同之处,这不同之处在于它以民族的生命实践为源泉和基础,它的运思一开始就来自对这源泉和基础的体验。在这一点上讲,哲学是不离世的。它所不离的那个"世",是民族文化之世。哲学的真理都是从这个世界里面出来的,是这个世界的自我反思之所得。人民生活在先,哲学的反思在后。在先的人民生活,本来已是一个民族的许多个人努力去向人生成的生命实践。不过,这样的生命实践,是由各种自发的倾向所构成的,是未曾达到自觉的。最初的思想家,古代的贤哲们,担当起这个人民生活之世的自我反思的使命,他们把其中的某些倾向揭明为人之为人的理想、真理,为这个民族开拓了文明的精神传统,构成这个民族文化的最核心的内容、最中心的领导观念。比如,夏商周三代的人民生活,其精神、制度、习俗方面,被记录在"六经"里,但这"六经"却被看成儒家的经典。这不是说,这"六经"就其本身已经是儒学。其实是经过了孔子的反省,才成了儒家经典的。孔子与"六经"的关系,并不只是作了整理和注解,而是从中开出一个传统来。这个传统后来就成了中国文化的主导观念,成了对中国人个体生命实践的引领,成了中国人的最基本的文化命运,也就是说,在此传统中形成了中国人的生命实践的"历史性"。当然,在此"历史性"中,还有来自作为儒家精神反面的道家对夏商周三代的反省之因素。是为"儒道互补"。从此,中国人对哲学真理的理解和实践,总脱不了对于这个传统之"历史地"呼应。

真正讲来,哲学真理在民族那里的特殊性,究其实质,乃是"历史性"。此特殊性,应作历史性来解。

所以,民族生命实践的特殊性,就在于其精神传统。

各个文明民族都有自己的精神传统,那么,它们的哲学成就是不是就没有世界性了?不是的。哲学就其作为理论来说,总因为达到了普遍性,才成其为对人的文化生命的反思的。所以反思的结果,其意义必然不限于本民族。任何一个民族中的伟大的思想家,总是对人的理想给予了某种证明。这证明尽管是来自他对自己民族文化生命的体验,但作为证明,不仅他本人必得要相信是对所有民族的人都有效准的,否则他就不是在寻求真理;而且客观上也确实有普遍价值。哲学的真理,作为智慧,是不管什么民族都应视之为最重要的财富的。过去看不到,或现在还看不到,但将来总要看到的。西方人过去看不到中国古代哲学思想是重要的精神财富,这是因为他们受自己的历史性之展开程度的限制,故而形成欧洲中心主义;现在看到了,觉得大受启发,也是因为他们的历史性之展开,到了容许和要求拿他们对哲学真理的生命体现与中国式的体现相沟通的时候。

从中可以看出一个重要的道理:一方面,哲学的真理本有普遍性,因而有世界性;另一方面,一个民族的哲学智慧,要能启发另一个民族,前提还是在于那另一个民族的生命实践的历史展开为这种启发提供了可能。一个民族,只有当其因为自己的文化生命发生危机而开始认真反思自己民族的传统时,才有可能真正看到其他民族的精神传统也是一种哲学的真理,是可以拿来攻玉的他山之石。这一点是既由欧洲的历史,也由中国的历史所证明了的。要详细了解这方面的情况,可以读中、西两部思想史。

这样说来,就是没有也不可能有一个普遍的"世界哲学"了?是的,我们正是这样认为的,只是要补充一个先决条件,那就是,除非人类文化的民族特性消失了,全世界的人都只有同一种生命实践。倘若如此,自然就会形成统一的世界哲学,因为,在这种情况下,人之为人的理想只能在一种形态中被证明。这也就是说,全人类只有一种智慧。如果真出现这样的情况,是可怕的、不幸的。这种前景,无疑是人类智慧的枯竭。智慧,作为对人的存在之真相的澄明,若只在一种形态中,就意味着同时包含着遮蔽。孔子的思想学说,是智慧的一种澄明形态,是很高明的,但归根到底还是有所偏蔽的,当用生命实践来体现它时(中国人实践了几千年),这偏蔽就化身为现实中的弊端;弊端浸淫既久,就窒息文化生命。否则,"五四"新文化运动为什么要提"打倒孔家店"的口号?更在前面一些,曹雪芹为什么在《红楼梦》中对儒家不抱任何希望,采取了彻底否定的态度?西方人的智慧,在以知识论为中心的形而上学形态中,走到今天,其文化生命不是也面临枯竭的危险吗?现在,西方的资本和技术文明正在推进"全球一体化"进程,正在把这一危险也带给东方,这正是我们应该高度警惕的。光警惕还不够,更重要的是我们自己要重视自己的精神传统,从西方哲学那里反观自己的哲学传统之所弊所明,同西方哲学进行对话和沟通。马克思早在1845年写的《德意志意识形态》中就曾指出,随着大工业和现代商业的世界性交往的兴起,资本征服世界的过程不可避免,而在此过程中,各民族都面临着变革;这个变革,在一种"世界的历史"正成为经验事实的情况下,必定处于各民族的相互依存关系中[①]。马克思不仅早就预言了全球一体化,早就指出各民族都面临变革的必然性,而且强调在这种变革中,各个文明民族有同等的重要性,即不是某些文化"消化掉"另一些文化,而是彼此相互依存。这相互依存,最重要的是,不让同一种生产方式(资本的生产方式)来结束人的历史,而是在各个民族的共同参与下,走出一条扬弃人在资本中的异化的道路来。

因此,东西方哲学的对话和会通,是当代哲学的最大任务。这是东西方两个智慧巨人的平等对话,为的是拯救人类的文明。

所以,多元的智慧,比单一的智慧要好。中西哲学的会通,不是中西哲学的同一化,而是异中见同,同中见异,以求互相启发。哲学的生命本来就在对话的辩证法中。

如此说来,我们这本"哲学导论",似应依中西哲学的对话线索来写。若

[①] 参见《马克思恩格斯选集》第1卷,人民出版社,1972年,第39—40页。

能这样来写，是最好的，可以避免给人以西方中心主义的印象。但说老实话，这在目前只是良好的愿望而已。

中国学人自20世纪初以来大抵是以西方哲学的学术规范、标准和框架来分析、描述和理解中国哲学的，有的人因此还怀疑中国哲学算不算哲学。其深刻的背景，自然是西方文化在中国文化衰竭之时闯入进来，中国人无以抵挡，终致一反往昔自高自大态度，反而以为真理尽在西方，以致尽弃自身道统。西方的哲学能够生长出近代自然科学和近代政治模式（民主）来，中国哲学却不能生长出这两样东西。于是，中国哲学被看得一无是处，甚至不被看成"哲学"。我们在上面已经说明了纠正这种看法的必要性，但要真正做到纠正，依赖的恰是中西哲学的对话和会通。

对话和会通，必要两个前提，一要看出所异，二要看出所同。截然不同的东西之间怎么对话？相同的东西之间也不能对话，只能比较出较成熟较完整或较不成熟较不完整来。所以，必要既有同也有异。中国近代以来的态度，主流是以西方作标准，力图看出中西哲学之同来，结果便是，中国哲学成了哲学发展的不成熟阶段，要走向成熟，必须走西方哲学的路，西方那个才是成熟的。然后再倒过来，将中国哲学史用西方"成熟的"形态来描述和解释，以为这样才能理出个头绪，才说得通。许多中国哲学史方面的近代作品就是这样写出来的。以西方作标准，也有只看出异来的，是绝对的异，以至于认为中国无哲学。所以，近代中国学者的基本态度，除新儒家外，都实际上没有真正做中西哲学的比较研究，以及在此研究基础上的对话与会通。

因此，最重要的事情被延宕了，以致到今天为止，我们中国人对自己的哲学尚未达到深入的理解。面对这个困境，有人提出"中国哲学本土化"之口号，意在反对拿西方标准和规范来整理和解释中国哲学，仅从自己内部来理解自己。但这是关起门来自我封闭的做法，是根本反对对话会通、相互理解、相互阐发。这样做不仅与"世界历史"进程实际展开的时代状况相悖，而且未曾看到，中国思想史早已证明仅在自身传统内部是开不出新路来的。当初正是西来的佛学思想给中国人以很大的激励和启发，才有后来宋明理学的一次哲学高峰。返本开新要有他山之石。没有比较、对话，所谓深入的理解，只是空话。常言说，"不识庐山真面目，只缘身在此山中"，说出了一个基本的道理。

事情既已被延宕，这本"哲学导论"就没有确实的研究成果作依傍，以便用中西哲学的比照方式来写。然而，对西方哲学，倒是已有较为明确的梳理路数。西方哲学自身,本来也在这方面相当明晰,有较为分明的几大问题域;对问题的索解,也在历史上形成了较为明确的几大学说形态。这些学说形态,每一个都代表了一种富于意义的思想方式和一种启发人的思想境界。所以,照西方哲学的基本面貌来介绍哲学,是目前所能取的最恰当的方法。只是我们心中要记住,不要误以为西方哲学是哲学之为哲学的标准形态,也就行了。

思考题

1. 为什么说对人的文化生命的反思本身已具有普遍性?
2. 哲学思想的民族特征是否排斥了其真理的普遍性?

本篇进一步阅读书目

1. 弗兰克·梯利:《西方哲学史》,商务印书馆,1995年。
2. 黑格尔:《哲学史讲演录》第1卷,商务印书馆,1996年。
3. 牟宗三:《中西哲学之会通十四讲》,上海古籍出版社,1997年。
4. 牟宗三:《中国哲学的特质》,上海古籍出版社,1997年。

三、本体论与形而上学

11. ontologie 及其汉译问题

从本篇开始,我们要进入哲学的几大基本的问题领域。

在进入这些问题领域时,我们不得不选取西方哲学史上最重要、最具典型意义的学说,引为解说之资。但介绍"问题域"本身,还是我们叙述的真正目的。

完全撇开哲学史上的学说而谈论问题本身,几乎是不可能的。哲学的本性就是这样。问题的提出,本来就同对世界的一定的解释角度联系在一起。问题提法的改变,更是与一定的学说所达到的境界不可分开。比如,对哲学的一些基本问题的先验哲学的提法,与康德的学说所达到的境界,就是同一回事,在此情况下,能够不论及康德的学说吗?不过,必须声明,"哲学导论"不是"哲学简史"。我们的目标同哲学史著作不同。哲学史研究有它自己的中心课题:梳理和研究哲学理论的前后继承与变革关系,以及这种继承和变革与时代进程的关联。"哲学导论"则重在阐发人类哲学思考所提出的基本问题,以及在力图解决这些问题时所达致的境界。这些问题与境界,是进入哲学史学习和研究的读者应当知晓的,以免迷失于哲学史的大量知识和资料之中,遗忘了哲学研究的旨趣所在。所以,"哲学导论"所起的作用是一种导引——哲学思考的导引。导引者并不自诩比读者有更高的思想境界,而只是与初学者相比,已进入了思考,并希望初学者也能跟着思考而已。

那么,我们的思考从哪里开始是恰当的呢?是从认识论开始,或从历史观开始,还是从本体论开始?这不应任意地来确定,应遵循哲学思想的自身逻辑。

激发起哲学思考的根本问题,乃是文明的根基和尺度问题。这在本书的第一篇中已经说了。人民生活中的文明创造先于哲学的反思。文明创造是精神之活动、人性之活动。这本是人对于自然界的自由,但人在此活动中却一直是并不自由的。人可以说是自发地做着这件事,以为是自然必然性之结果。但自然界在这件事上并没有给人明确的规定,人因此便不安。

最初结成原始的社会共同体的初民,希望自己的"社稷"——这个很小的、统一的文化生命世界——可以长存不朽,能得永命。这就是说,他们体会到了文化世界的统一性,但不知道这个统一性可以在哪里安根。出于恐惧和想象,初民从图腾崇拜到原始神话、巫术、宗教,走了一段很长的路,形成天命之观念。他们的世界出自天命,也会因天命而毁灭。这天命在人之外,最初是恐惧和祈祷的对象,后来又成为描述和解释的对象。不过,正是在对天命的描述和解释中,是思想本身在进行努力,于是,不可避免地,思想终要渐渐地发现自己,虽然仍旧束缚于外在的天命,却也开始发现了思想自身的力量。这就是为什么在东西方民族原始的神话和宗教观念里都已包含哲学智慧的最初光芒的缘故。

神话和原始宗教,虽然用形象的寓言来解释初民所在世界的形成和变迁,但也在这解释本身中表达了对世界统一性的体会。这体会成为活跃在"神话寓言之想象"中的思想。思想一旦摆脱对想象的依赖,它就会转而提出只属于自己、只由自己产生的问题。也就是说,它要把对世界统一性的体会转变为对"存在问题"的追问。这一追问,正是哲学思想之诞生,它既是哲学思想在时间上的起点,也是在逻辑上的起点。

所谓追问"存在问题",即是要追问那有待解释的世界之"何以可能"。即使对"何以可能"问题用超越的天命或神灵来解释,那么,仍然有天命或神灵何以可能的问题。所以归根到底,思想发现,对世界的统一性的追问,即是对"存在"的根据的追问。思想一旦提这样的问题,即意味着,人的心智要凭自身的理解力来说明一切存在物——无论是想象出来的还是被直接感知的——的终极根据。

存在问题,即是本体论问题。

"本体论"这个词译自拉丁文:"ontologie"。该词为17世纪的德国经院哲学家郭克兰纽(1547—1628)所创。他是根据希腊词 on 的复数 onta("诸存在者")加上 logos("学")构成的,将其拉丁化后,成为 ontologie。从构词上看,所谓"本体论",就是关于"存在者"的学问。要研究存在者,先要在思想上确定"存在本身"。所以,当代德国哲学家海德格尔认为,"存在本身"被换成"存在者",是西方几千年的本体论传统的一个基本错误。由于把存在之根据归于某一类存在者,"存在本身"便被"遗忘"了。关于这一点,我们要到后面才能讲。在本篇中要讲的是,在海德格尔的理解之前的本体论学问在西方哲学中的发生与作用。

然而,在讲这些之前,还得说明一下,中国人用"本体论"来译 ontologie 是不尽妥当的。"本体"一词,在中国传统哲学思想中,是与"用"、"器"相对待的词,佛学思想进来之后,中国人开始明确区分"体"、"用"。另外,"本体",也是"本根"的意思,"本体论",也即"本根论"。本根论在中国传统哲学中,是指探究天地万物产生、发展、变化的根本原因和根本依据的学问。"本根"是某种无形无象、与天地万物不同而天地万物都由之而出的东西。这与西方的 ontologie 专门研究诸存在者之最基本的"存在规定",意思不同。

不过,现在有些学者过分强调了这个不同,把它绝对化了。毕竟,西方的 ontologie 研究诸存在者的存在规定,在精神努力之所求上,还是为了澄明文化世界统一性之根据(用中国人的话说是"道"),这与中国人的本根论之所求还是相通的。所不同的是求的方法、路数不同,因而在所达到的思想境界上有差别。这差别确实很大,所以不能简单地把中国的本根论与西方的 ontologie 混为一谈。但本根论和 ontologie 都是论道之学,这一点便是它们的共通处,这是不能否认的。论道的着力处、方法、门路,中西之间差别不小,故而形成中西不同的智慧境界,这样才可以对话、交流、沟通,因而是好事情。若在根本上截然不同的两种学问之间,就谈不上对话、交流和沟通了。

话说回来,用"本体论"译 ontologie 确实不妥,易生误解,以致妨碍中国人去深入地了解西方的 ontologie 所达致的境界。近来有不少中国学者已放弃这个译名,改用"存在论"一词,直截了当地表示 ontologie 的原义;还有学者更从西方 ontologie 之研究本身的深刻层面入手,主张译成"是论"(以便既区别 Being 与 existence,后者常常也被译成"存在";又强调名词化了的 Being 原是从 to be 来的,所以 to be 更根本)。我们在这里不打算评论这些译法的优劣问题,而是满足于说明 ontologie 作为西方的"论道之学",在着手处、路数上不同于中国的"论道之学"。

只要明白这一点,我们即使屈从于因长期沿用而造成的习惯,仍用"本体论"的译名,也无多大妨害。我们只要记得西方的本体论,其根本旨趣不是要探究出一个"本体"来,而是要说明存在者的基本规定,也就可以了。况且,当西方人从"本体论"出发,形成"形而上学"中的一元论时,与中国人的本根论思想就相当靠近了。当然,这靠近,还不是等同,是旨趣上靠近,所得境界还是不同。

综上所述,不管 ontologie 一词怎么汉译,它总是从对"存在者的基本规定"的追问入手的"论道之学"。这一点是不错的。

论道,在西方哲学中,不论在时间上,还是在逻辑上,都先于论认识、论道德、论历史。中国传统哲学也是从论道开始的,但中国人一开始就不把论道与论认识、论道德、论历史加以明确区分,而是紧密结合,由此才得以把论道落实于论生命实践上,而不使其抽象化,不使论道成为对于抽象的最高知识(如亚里士多德所说的"第一哲学")的追求。这是中国传统的论道之学的基本特征。

有了这些说明,如下一点便清楚了:我们这本"导论",既依西方哲学的路数来导引哲学思考,自然就要明确区分哲学的不同领域,并且要从本体论开始。

思考题

追问"存在问题"的根本旨趣是什么?

12. 世界本原学说

"本体论"这个词虽然很晚才出现,但研究"存在问题"的兴趣,却是哲学的起点。也就是说,自哲学诞生起,关于存在问题的学问也就起步了。不过,这门学问最初还未获得本体论的形态。它的最初形态是世界本原学说。可以把世界本原学说称作"前本体论",因为这种学说是本体论的先导,它探讨世界统一性的原理,也就是要揭示诸存在者之最基本的共同规定。只是因为它所揭示的基本规定,还出不了有限的感性具体性之范围,所以还不是本体论。

前面已叙述了古希腊哲学的开端——伊奥尼亚的自然哲学学派。这个学派的学说,就属于世界本原学说。这个学派在开创西方哲学上的意义,前面也已经说过了。现在要关心的是,它怎样使得对于本体论的要求成为不可避免的。

正如前面已经说过的那样,在泰勒斯的命题(水是万物的始基)中,已最初地包含了西方的知识观念:用洞察到"一"之原则的思想去超越感性直观到的"杂多"。超越感性直观而去切中唯一真实的实在这样的要求,是已在这个命题中包含了的,但是这个要求还未能达到。

泰勒斯及其后继的古希腊自然哲学家们,注意到了在感性经验中的事物之间的相互转化,这激起了他们从事最早的哲学思考。既然事物相互转化,那么,变化就不仅是事物在表面上的多样化,变化不是没有基础的。在经验中,事物虽然杂然纷呈,但它们之间的彼此转化暗示了某种把它们联系起来的统一性。神话用寓言来解释世界的形成和统一性,但知识的态度是不应该在自然之外去寻找这统一性之来源。要在自然本身中寻找,这就形成了"世界本原"(Weltstoff)之观念。这个观念在古希腊自然哲学中被表达为"始基"。始基就是万变之中不变的本原,是整个自然界变化过程的基础。这基础乃是一种单一的物质的东西。必有一种单一的宇宙物质,万物产生于它又复归于它,这可以说是被伊奥尼亚学派视为自明的假定。唯一的问题只是确定这单一的宇宙物质是什么。最直捷的途径是到在经验里呈现的事物中去寻找。泰勒斯找到的是水。他为什么找到水呢?水之作为始基,其根据是什么?水作为可以被感性直观到的特殊事物,为什么能充当单一的宇宙物质呢?亚里士多德作过猜测:"泰勒斯之所以产生这种思想,也许是因为他看到一切的养料都是湿润的,而温度本身也由这种(湿润的)东西生成,生物皆藉湿润以维持其生存。但是为一切事物所从出的那种东西,就是一切事物的原则。因为这个缘故,同时也因为一切种子都具有湿润的本性,而水又是一切湿润物的本源,所以他得到了这种思想。"①亚里士多德的这一解释,不能使黑格尔满意,黑格尔嫌他过多地强调了水的感性特点对泰勒斯的启发,所以他说:"亚里士多德满足于'至少到处都有湿气'这种表面的说明。②"那么,黑格尔自己的解释是怎样的呢?他是充分从思辨的水准来看泰勒斯的这一命题的。他从古代以水作为发誓之凭据的传统来说明。比如,诸神都凭着斯底克斯河发誓。他说,在这种传统中本有一种思辨的意味:被确信的话、被确信的事,其可确信的性质,源自客观的真理(比如,斯底克斯河)。水就被看作客观的真理。发誓既是为了把纯粹的确信表达出来,它就是把"确信"本身当作对象说出来,这对象、这真理就是"水"。

---

① 转引自黑格尔:《哲学史讲演录》第 1 卷,商务印书馆,1959 年,第 182—183 页。
② 同上书,第 183 页。

黑格尔的话，确有道理。在泰勒斯的命题中，"感性的水并不是被当作与其他自然元素和自然事物相对待的特殊事物，而是被当作融合和包含一切实际事物在内的思想"。黑格尔这种解释的实质，是强调作为思想的水，其依据乃是古代凭水发誓的思辨含义。这反映了黑格尔研究哲学史的重要特征。水确实在泰勒斯的命题中被了解为普遍的本质。

但是，亚里士多德的解释也没有错。亚氏的解释，指出了事物相互转化的观念包含在泰勒斯的命题中，并且确认水这个始基是物质性的东西，这符合伊奥尼亚学派自然哲学的基本原则。

所以，真正的问题在于，一种矛盾原就包含在泰勒斯的命题中，这矛盾就是作为普遍概念的水与感性存在的水之间的矛盾。黑格尔承认这一点，他说："水也同样是一种特殊事物。这是一个缺点；作为真实原则的东西，决不能有片面的、特殊的形式"①。

与泰勒斯同时代，但比他稍后的阿那克西曼德，意识到这一点，所以不以水作为始基，而提出"无限"是始基。"无限"是无定形的、未分化的原始物质，无穷无尽地充满于空间。万物由它构成，又复归于它。他对始基的这种规定，比泰勒斯前进了一步，他倾向于超出具体的特殊感性事物。但是，尽管力图摆脱特殊感性形式，"无限"却还是感性的东西，因为它不是单纯的思想原则本身，而是用无规定性的原初物质来表达一个出自思想的原则，这种表达方式，其实就是通过在感性层面上对一切特殊性的否定，来表达对原则本身的肯定。

正因为"无限"之于始基，只是一种否定性的规定，所以阿那克西美尼——阿那克西曼德的学生——不能满意。阿那克西美尼既要承继他老师的无限、太一之原则，又要给这原则以肯定的感性规定，他找到了"气"。气是活泼的，无限地弥漫于空间。气的稀释和凝聚的过程，产生万物。其实，这种气，无宁说是一种普遍的中介、媒介，是西方人后来的"以太"观念的前身。

阿那克西美尼是从阿那克西曼德的否定那里，又回到肯定。这一返回并没有带来真正的进步。思想的普遍原则与感性的有限形式之间的矛盾依然如故。伊奥尼亚学派的世界本原学说到此为止就无法前进。

在古希腊，世界本原学说在伊奥尼亚学派之后还有一些后继者，但都摆

---

① 黑格尔：《哲学史讲演录》第1卷，商务印书馆，1959年，第188页。

脱不了上述矛盾。要摆脱这一矛盾,必须真正赢得对于感性世界的超越之法。

在感性世界中追寻本原,其实是要找到一种特殊的感性存在者,以之作为其他所有感性事物的最初源头和"第一因"。但是,第一因正因为它还是在感性世界中的,所以仍是特殊的。凡特殊的东西,就仍有一个来自哪里的问题。所以,第一因总"第一"不了,还得追问它的前因。那前因一旦被追问到,必又出现它自己的前因问题,于是永无了结,本原无法追寻。

最初对此有意识的,是赫拉克利特。这位古希腊的"晦涩哲人"(他生活的时期比伊奥尼亚学派晚了一代人之久),以强调"变"之原则而著名。他说过一句很出名的话:"人不能两次走进同一条河流。①"这个象喻性的表述,把伊奥尼亚学派的世界本原学说之困境点得明了:企图确定永恒不变的世界本原之努力是无望的。宇宙中没有任何一种物质元素是永恒的。万物皆变,无物永存。赫拉克利特干脆就用"火"来规定始基。火是永远在变化、活动的形象,以之为始基,其实是要破除"始基"观念中的"永恒实体"之意味。说火是始基,实即意指真正永恒的东西,是宇宙变化过程,是流变本身。所以,已不能把赫拉克利特的"火是基质"的学说单纯当世界本原学说看,无宁说它已暗含对本原问题的取消。

这样,世界本原学说,通过赫拉克利特的"火之本原说",走到了自己的终结。它所留下的问题,是如何寻得一种方法来超越感性,以揭示诸存在者的最基本的共同规定。我们将看到,这种方法一旦寻得,西方本体论就真正地起步了。

思考题

包含在泰勒斯命题中的基本矛盾是什么?他的后继者是怎样试图克服这一矛盾的?

13. 本体论的开创

用追寻"第一因"的方法来揭示诸存在者的最基本的规定,这种努力所

---

① 转引自弗兰克·梯利:《西方哲学史》(上),商务印书馆,1975年,第33页。

以归于无效,是因为在感性的经验世界中不可能有"第一因"。假如我们仍然要追寻那统驭和规定万物的根本原因,那么,第一,这原因必须不再是其他事物之结果,即它自己同时即是自身的原因;第二,这原因必须是能保持自身不变的。换言之,必须以"自因"取代"第一因"。

自因之为自因,在于它既是自身存在的原因,又是所有他物存在的原因。

自因可能吗?在感性经验世界中不可能。第一因是还在感性世界中的特定事物,但它不可能被找到。自因不在感性世界中,它如何被找到?

有一个比方,或许可以帮助我们理解自因与它作为具体事物的果之间的关系。太阳与阳光的关系,是不是因果关系?大家都会承认是一种因果关系:太阳是因,阳光是果。但这种因果关系比较特别。第一,它不在时间中。不是太阳作为原因之事项先存在,而后有阳光作为结果跟随其后。第二,太阳本身不是可以直接被感知的东西,可被直接感知的,是阳光。所以,作为原因的太阳,可视为不在感性世界中。但我们确知太阳的存在。我们凭什么确知这一点?凭阳光。也就是说,凭着我们感知到的阳光,却确知了非感性的太阳的存在。而且,我们同时又知道,非感性的太阳并不在时间上先于阳光:太阳不是阳光的前因。我们在理解这种关系方面,毫无困难。在这一理解中,我们知道感性的东西是以非感性的东西作原因和根据的。

现在问,在这种理解中包含了什么?包含了一次超越的推知:由感性的阳光而推知非感性的太阳。超越所达的知之对象,被确认为一种自因的存在。

从世界本原学说到本体论的过渡,即是从对感性的第一因的探求到对非感性的自因的探求。这一过渡取决于能否找到超越的推知之法。

这一方法的最终寻得,要归诸巴门尼德,所以,巴门尼德是西方本体论学说的开创者。但巴门尼德并不是孤立地达到这一成就的。古希腊早期丰富的哲学思想,在他之前已为他的开创性工作做好了准备。其中,具有重要意义的准备,是毕达哥拉斯学派的数学思想和赫拉克利特的逻各斯学说。

毕达哥拉斯是与阿那克西曼德同时代的人,可见这个学派创立之早。当伊奥尼亚的自然哲学家们努力以物质性的原始要素来规定万物本原时,毕达哥拉斯学派已开始摒弃这种做法,另辟超越感性之路。他们在数中找到这条道路。亚里士多德后来用简要的话概括了毕达哥拉斯学派关于数的基本思想:"数是一切事物的本质,整个有规定的宇宙的组织,就是数以及数的关系的和谐系统。"①

数及其相互关系，并非直接的感性存在，数显然离不开思想。但它又不是单纯主观的、个人心理上的观念，而是人类所共有的认知，即，它是客观的。毕达哥拉斯学派径直以数来取代感性-物质性的本原，以之为万物的本质，这使黑格尔很为之感叹，他说："这样一些话说得大胆得惊人，它把一般观念认为存在或真实的一切，都一下打倒了，把感性的实体取消了，把它造成了思想的实体。本质被描述成非感性的东西，于是一种与感性、与旧观念完全不同的东西被提升和说成本体和真实的存在。"②

正是通过毕达哥拉斯学派，西方人第一次不以自然的感性形式来了解"绝对"，而是把它了解为一种思想的范畴，因为，事物的数学性质不是感觉知觉所能达到的，它必须通过思想——"客观的思想"。

当然，以数和数的关系来解决"存在问题"，来指认那规定着宇宙万物的"绝对"，还很是褊狭，然而，这却是在通往本体论的道路上跃进了一大步。普遍的原则必须是看不见的、非物体性的东西，这一点被确定下来了，这就第一次正面地拈出了与知觉相对立的"思维"。当毕达哥拉斯学派以数学关系为事物之基础的时候，这样一个原则就被树立起来：只有在思维中，才能正确地认识事物的本性。

但是，尽管毕达哥拉斯学派仅以数为本质的思想，是大的进步，是正面提出了思维之超越感性知觉的意义，但还未能创立起本体论来。其症结在于，数还不是真正的思想范畴。数的单元是"一"，"一"是在感性事物的范围内所达到的质的"自身同一"之规定。说它是一种思想，也可以，但却是极度贫乏、无内容的思想，因为这个"自身同一"对于它自身仍是外在的，是不知道自己的内容的。其他的数都是这个无内容的"一"的外在的、机械的拼合。

数，究竟是什么？从关于思维范畴的逻辑（黑格尔称之为"思辨逻辑"）上讲，可以说是真正的思想的"前形态"。数虽不是感性的东西，但也未曾达到思想对自己本身的自觉（即"纯粹思维"）。数因此很神秘，对它作为存在者的本体论研究，一直伴随着西方哲学的进展，直到今日依然如此。我们在此先满足于认定它是介于感性事物与思想之间的东西。古希腊构造本体论体系的大师柏拉图是这样看的，黑格尔也是这样看的。根据这种看法而把

---

① 转引自黑格尔：《哲学史讲演录》第1卷，商务印书馆，1959年，第218页。
② 同上书，第218页。

毕达哥拉斯学派的意义和地位表述得相当好的,是古罗马时期的一个新柏拉图主义者波尔费留,他曾写作《论毕达哥拉斯的生活》一书,现将其中一段引证如下:

> 毕达哥拉斯以一种方式来讲哲学,以便把思想从它的桎梏中解放出来。没有思想,就不能认识和知道任何真实事物。思想在它自身中听见和看见一切;别的(感觉)是跛而且盲的。毕达哥拉斯用数学观念来达到他的目的,因为数学观念是介于感性事物与思想(普遍,超感觉的存在)之间的中介,是自在自为者的预备形式。……因为毕达哥拉斯派不能清楚地通过思想表达"绝对"和第一原则,所以他们求助于数、数学观念,因为这样范畴就容易表达了。……这种凭藉数的讲法,因为它是最初的哲学,由于其中捉摸不定的性质,所以已经消灭了。以后柏拉图、斯彪西波、亚里士多德等人用轻易的手法窃取了毕达哥拉斯派的果实。①

但所谓"窃取成果",其实是并不那么"轻易的"。如果数究竟还是未能达到对感性的超越,它还是在感性与思想之间的中介的东西,那么,如何去达到真正的思想呢?走数的道路,是走在半路上,如何再往前走?答案是赫拉克利特提供的。

前面曾讲赫拉克利特的"火之本原说",其实是取消了本原问题,这是他的一个贡献。他更重要的另一个贡献,是提出逻各斯学说。"逻各斯"(logos)在希腊语中原义是"语词",转义为"道"、"道理"、"普遍规律",在用汉语翻译时,常直接音译为"逻各斯"。赫拉克利特首先用"逻各斯"表示蕴涵在语言中的普遍法则。按照他的说法,逻各斯是人的灵魂所固有的,同时又是万物共同遵循的尺度、分寸。赫拉克利特以火为本原,强调变的原则,但同时认为变是遵循着逻各斯的。"这个世界,对于一切存在物都是一样的,它不是任何神所创造的,也不是任何人所创造的;它过去、现在、未来永远是一团永恒的活火,在一定的分寸上燃烧,在一定的分寸上熄灭。"②火象征永不止息的流变,逻各斯则是流变中不变的东西,是流变所遵循的"分寸",因此,从逻各斯来看,"一切是一","一切都遵循着这个道(logos)"③。逻各斯在语言中,所以流变中不变的东西在语言中。这实际上是一条极重

---

① 转引自黑格尔:《哲学史讲演录》第1卷,商务印书馆,1959年,第219页。
② 《西方哲学原著选读》上卷,商务印书馆,1981年,第21页。
③ 同上书,第22、23页。

要的指示:那驾驭一切的东西在语言中。

如果说毕达哥拉斯学派在数中无法真正表达纯粹思维的话,那么现在,赫拉克利特把探求的目光引向了思维所居住的语言。逻各斯指示着蕴涵在语言中的纯粹思维。

但是,赫拉克利特虽然指出了道路,却未曾在语言中找出纯粹思维来,因而还未由他来真正实现对感性的超越。这个超越是由巴门尼德完成的。

巴门尼德是如何做到对感性的超越的呢？巴门尼德明确地提出了"感知"与"思维"之间的对立,前者是一条通向"意见"的道路,后者才是通向"真理"的道路。按照巴门尼德,变化是感官所感知的,所以不是真理,只是意见;把变化视为最高原则,视为"本原"之原理,是不对的。比如,赫拉克利特讲人不能两次踏入同一条河流,这是就感性的河流而言的,河水作为感性事物,确实始终在流逝中。但"流逝"不是真理。倘若是,语言就不可能,我们也就不能说话,我们不能说"这是某某河",我们不能说它是什么,因为它既存在又不存在:它不是它！

不能说话的后果,并不是仅仅指没有了人与人交流的一项重要手段,更是指世界无法向我们呈现,更是指诸存在者不能"存在"。倘若以"变"为最高原则,则存在者既存在又不存在,因而不复是"存在者"。存在者被取消了,追问世界存在、统一性及其根据的哲学努力也就随之取消,即取消对真理的探求。所以,决不能以感官引导我们去相信的东西为真理。以巴门尼德为主要代表的爱利亚学派,正是从这一点出发而与赫拉克利特形成对立。

对立尽管对立,却还是你中有我,我中有你。赫拉克利特不是想到了变中不变的是逻各斯吗？"逻各斯"的本来意思不就是语词吗？语词不是单纯的符号或声音,而是"逻各斯",即"道"之所在。所以,赫拉克利特承认,是语言构成了人们的一个共同的世界。所不同的是,巴门尼德要把感性的原则视为假象,不承认其为真实的。倘若认其为真实的,会导致取消"存在者"。必须坚持存在者。巴门尼德坚持了存在者,也就坚持了哲学,或更确切地说,坚持了后来成为西方传统的哲学。巴门尼德的著作残篇《论自然》有言:"正义决不松开它的锁链,听任存在者产生和消灭,而是牢牢抓住存在者不放。"[1]

上面的讨论已引向一个重要结论:存在者不是直接的感性事物。感性事物单凭它的被感知,其实是空无,不能成为某物。感性事物要成为存在

---

[1]《西方哲学原著选读》上卷,商务印书馆,1981年,第32页。

者,须另有根据。如上文提到过的作为某某河的那个"它",在感性中其实坚持不了自身,因此也不可言说。但人们终究还是对它言说。它只要被言说,就从感性中被"超拔"出来,就不是既存在又不存在了,它成了"存在者"。可见,感性事物之成为存在者的根据,原在语言中。巴门尼德是从语言中把这根据找出来的第一人。他是如何找的呢?他抓住了言说中连接主语和述语的系词 estin(希腊语 einai 的第三人称单数形式,译成汉语是"是",译成英语是 is,德语是 ist)。

系词是判断句的中心环节,由它连接主语和述语。但不可因为它起连接作用就把它当等号看。例如在"这片树叶是绿的"中,"这片树叶"与"绿的"并不相等。绿的东西很多,"绿"是感性中的共相。"这片树叶"却是个专名,仅指"这一个"。显然,"这一个"与"绿"之共相并不相等。把个别与共相连起来,靠的是"是"。"是"如何能这样? 主语所指与述语所述并不相等,如何可以连接? 看来,在这个"是"上大有文章。要把这"文章"做出来。让我们用英语来"做",可能比较清楚。

用 Sth. 来表示主语("这一个"或"某物"),用 a、b、……s 来表示可以连到主语上去的无数多的述语(如"绿的"、"嫩的"、"香的"、"软的"、"涩的"等感性共相),用 is 表示将主、述连接的"是",可以写出如下形式:

Sth. is a.
Sth. is b.
⋮
Sth. is s.

从 a 到 s 诸项,都源自感知,丰富、杂多,假如那个 Sth. 就分别等于从 a 到 s 的诸感性共相,Sth. 就不成其为 Sth.,而分别是从 a 到 s 的感性杂多,亦即,是这些感性杂多本身。故而,把主语同诸多述语连接起来的那个 is 必不是"=","="是对感性杂多的不断追逐。is 是什么? 是"思"之纯粹活动,是把从 a 到 s 的感性杂多先行连系到同一个东西上去的活动。这活动不是由外物对感官的刺激而起,而是"思"之自发性,故曰"纯粹活动"。所以,is 不是"等于"号,是动词,此词表达的,既不是感性之共相,也不是感知之活动(感知之活动,用等于号表达),表达的是仅属于"思"自身的活动。通过这一"思"之活动——is,诸感性杂多才获得统一性,即都归属于 Sth. 而不会散漫为杂多。因此,Sth.(某存在者),不是靠 a、b、……s(感性杂多)做出来的,而是靠 is 做出来的。所以,is 这个从语法上来讲的"系词",其实是作为活动来看的客观的纯粹思维,它即是第一个思维规定:存在。is 的原形是 to be,变成动名词后,即是 being(存在),彻底名词化后,意即"存在者",可以有复数形式:beings(诸存在者)。

"这一个",若作为混沌一片的感性杂多,是不可言说的,故不能成为存在者,to be 则使它可以被言说,因为 to be 是超越感性的、客观的思维(说它是"客观的",意即它不是个人主观的心理活动,因为它在人人共有的语言能力里,是一切判断句的中心环节);to be 表示:"客观思维"逻辑先行地(注意:不是在时间上"先行")思及"存在";只有思及"存在",一切存在者才可能被思及、被言说。

于是,思想最初达到的自觉,它的最初的自我认识,就在巴门尼德的学说中,被确定为纯粹思维的第一个范畴:存在。

由上所述,我们便可理解巴门尼德学说的一个基本命题:"能被思维者和能存在者是同一的"。感性事物之为存在者,其根据不在感性的杂多里,而在于它是被客观思维所思及者。

黄河始终被相信是自身同一的一条河流,尽管河水一直不停息地流逝,甚至其河床据说曾改过九次道,中国人却仍说:"这是黄河"。黄河的同一性,根据在哪里?在语言中。但这不是指人们在说话时为了方便而遵循习惯,而是指语言涵有"存在"这一思维范畴。不管黄河每一次感性上的变化,我们都说它是黄河,即认定它是存在者,是由于它被客观思维所思及。

由此可见,巴门尼德开创了研究存在者之基本规定的超感性之法,这方法就是通过发现语言所隐含的客观思维(他揭示了客观思维的第一个范畴——存在),找出存在者的逻辑前提和逻辑根据。就这样,巴门尼德开创了西方的本体论[①]。

思考题

1. 毕达哥拉斯学派和赫拉克利特对于巴门尼德创立本体论作出的准备性贡献是什么?

2. 为什么说存在者不是直接的感性事物?

---

① 参见谢遐龄:《文化:走向超逻辑的研究》,山东文艺出版社,1989 年,第 190—193 页。

14. 思维与存在

本体论意味着在客观思维中超越感性杂多的世界。存在之真理,是在客观思维的领地里。在语言中揭示纯粹思维规定,被认为构成了一条通往真理的真正道路。这条道路的实质,就是认定思维与存在的同一性:"能被思维者与能存在者是同一的"。存在者,即是被思维者。"思维"的对象,表面看来是感性事物,其实却是客观思维。感性事物之所以能够被思,是因为它被客观思维所规定,即它成了能存在者。

客观思维因此就是绝对的行规定者,感性事物之作为存在者的世界,是被客观思维规定出来的。这样看来,客观思维自成一个世界,而且是真理的世界。感性杂多之所以也能成一存在着的世界,是被客观思维世界造就的,即,客观思维世界决定感性世界。这就是本体论在其起步之时达到的境界。

若分析这一境界,它含有三层理解:一,语言的本性是思维,语言之表达存在者,即是思维做出存在者;语言是客观的,因此思维是客观的;客观的、普遍的思维规定隐含在语言的构造规则中;二,思维与存在同一;三,思维决定存在。

要注意,并非个人的主观思维可以与存在同一并决定存在。与存在同一并决定存在的,乃是客观思维。客观思维正是那主宰一切的"逻各斯"。存在之为存在,是被逻各斯所决定的。

因而,在本体论起步之时,思维与存在的关系问题就被正式提出来了,而且获得了其最初的解决:思维决定存在,故而思维与存在同一。真正的知识,关于存在的真理,必须通过本体论的研究在客观思维中去求得。黑格尔在《哲学史讲演录》里高度称扬此境界:

> 真正的哲学思想从巴门尼德起始了,在这里面可以看见哲学被提高到思想的领域。一个人使得他自己从一切的表象和意见里解放出来,否认它们有任何真理,并且宣称,只有必然性,只有"存在"才是真的东西。[①]

说"存在"是真的东西,其实是说"客观思维"是真的东西。因为客观思

[①] 黑格尔:《哲学史讲演录》第1卷,商务印书馆,1959年,第267页。

维真,感性事物才真。真实性全在客观思维世界方面,而不在感性世界方面。客观思维原指思维的纯粹活动,现在它成一世界,也即成一思维规定、范畴之世界,活动就有被实体化之倾向。这引致柏拉图的理念世界之构造。在巴门尼德那里,这一过程其实已经开始。他把 to be 名词化,使其成为"存在者",已开始实体化。

但把思维规定实体化,用的方法是受了语言法则的诱导,即把 to be(去存在)主语化。这样就隐去了一个追问:那超越感性之纯粹思维活动来自哪里?客观思维之来历,本是应当被追问的。现在通过把客观思维之规定实体化,就决定了这些规定的绝对先在性。规定的绝对性使思维的纯粹自发活动(to be)转化为规定本身的逻辑属性。这一"转化",其实是"存在"的"降格",即降格为诸存在者的共同属性,与存在者的其他逻辑规定同等并列。"存在",作为客观思维的自发性,从此隐失于思维规定的实体性中。试图将此自发性拯救出来的努力,要到近代哲学,特别是康德和费希特的先验自我学说那里才开始,这是后话。

现在,思维规定与感性脱离,成了自在自为的世界。至于这一世界的来历问题,则在这种本体论原则中被无限耽搁了。本体论阻止这一追问。但问题并不因为被压抑而消失。尽管它是本体论之盲点,却也正是此盲点,注定了西方本体论学说绵延千年的内部冲突。这冲突就是著名的唯物主义与唯心主义的对立。

那个被压抑的客观思维来历问题,即使在近代引发对旧本体论的"纯粹理性批判"之前,也仍要顽强地表现出来。它表现为唯物主义学说的持久的存在。唯物主义学说自古希腊以来的持久存在,说明巴门尼德关于思维与存在之关系的解决方案绝不是一劳永逸的。当然,在唯物主义学说中,思维与存在在逻辑上的同一性是仍然被认定了的,这表明它并没有整个儿走出巴门尼德开创的本体论传统,它还在这个传统内部。马克思把这种唯物主义称为"旧唯物主义"。旧唯物主义承认客观思维在其逻辑规定性中把握了感性世界之真理,但它坚决反对将客观思维规定为自在自为的实体,反对有一个思想实体世界,更反对用这个世界来取消感性世界的自有性。存在绝非思想实体。存在是感性世界的自有性。思维规定的出生地,正是感性存在之世界。这一点通常被概括地表达为:存在第一性,思维第二性,思维与存在的同一性(思维的真理性)在于思维反映存在。

在真理之本质即在于思维与存在的同一性这一点上,一切旧唯物主义都是巴门尼德的后继者。旧唯物主义也不相信感性认识本身的真理性(感性认识是还未达到真理的认识),也认为真理是在客观思维中。但客观思维的自有性仍是幻觉,它其实是感性实在(sensible reality)的自身属性。因此,思维对存在的反映,说到底,是存在的自身反映。就此而言,旧唯物主义是巴门尼德的敌人。

旧唯物主义不是没有道理。第一,以柏拉图为典型代表的思维规定实体化(理念论),并不能真正取消思维规定的来历问题;第二,在受客观思维规定前的感性杂多不能没有自有性。即使理念论的唯心主义(通常被称为"客观唯心主义",即以客观思维——而非主观思维——为绝对的行规定者的本体论)把感性杂多归诸"无"(非存在),它仍要回答这样的问题:如何说明感性杂多的来源?

如果"存在"只能为客观思维所享有,所谓真理,不就等于思想在自己认识自己吗?如果思维只不过是揭明自身的逻辑性质,那么,对于这样的"真理"我们该怎样想呢?我们凭什么相信感性实在自身的真理可以而且必须通过与感性异质的思想的自我认识来达到呢?这是客观唯心主义的真正痛处。对此,恩格斯说得十分明了:根据客观唯心主义,"我们在现实世界中所认识的,正是这个世界的思想内容,也就是那种使世界成为绝对观念的逐渐实现的东西,这个绝对观念是从来就存在的,是不依赖于世界并且先于世界而在某处存在的;但是思维能够认识那一开始就已经是思想内容的内容,这是十分明显的。同样明显的是,在这里,要证明的东西已经默默地包含在前提里面了"①。

对此,当然还可以有一个有力量的反驳:感性实在自身并无真理可言,因为真理只能在客观思维中。旧唯物主义确实同意这后半句话,不过,是在这样的意义上同意的:真理只能以思维的客观形式来揭示,但被揭示出来的真理仍是感性实在自身的真理,因为在旧唯物主义看来,客观思维只是真理不得不采取的形式,真理的内容则属于不以客观思维为转移的感性实在本身。

唯物主义的坚决态度在于认定"存在"乃是感性实在之存在,思维只是对此存在的反映;思维固可达到真理,且惟有思维才能达到真理,但思维仍然只是真理的主观形式。客观思维的"客观性",不是感性存在的客观实在

---

① 《马克思恩格斯选集》第4卷,人民出版社,1972年,第221页。

性,而是在逻辑上的普遍有效性。这普遍有效性来自人类思维自身的规律。这是一般唯物主义所共同遵奉的基本原则。

在此原则下,唯物主义便形成其本体论上的一个核心范畴:物质。唯物主义用"物质"来表达感性实在的"客观性"。这是真正的客观性,因为它是指不依赖于人的意识和意志。这样,唯物主义就用物质范畴来表示存在。由此,思维与存在的关系,亦可表达为精神与物质的关系。"精神"范畴与"思维"范畴有所不同,前者外延更广,不仅包含逻辑的"思",而且包含人的存在的一切主观的方面,感性、理性、情感、意志等等。"物质"范畴也与"存在"范畴有所不同,"物质"专指感性实在,而把作为客观思维之纯粹活动的"存在"排除在外。

但是,对旧唯物主义构成巨大困难的问题是,把感性实在的客观性作为本体论的最高原则确定下来的努力,仍然从属于巴门尼德之对于感性的本体论超越法,因为"物质"虽然专指感性实在,但它不能等于感性实在。感性实在之为"感性的",必定是杂多而具体的,故必须抽象掉一切感性的具体性和杂多性,然后把被抽象了的"感性实在"本身立为绝对者,才能有"物质"范畴,否则,就又会退回到拿某一种特定的感性事物当作"本原"的"前本体论"(世界本原学说)中去了。但经过对一切感性具体性的抽象,这个作为绝对者的"感性实在",其实就不再是感性的了。可见,物质之为物质,归根到底还是思维规定(如列宁所说:"物质是标志客观实在的哲学范畴")①。它其实是一条用思维规定表达出来的信念,即,相信不可言说的感性杂多均来自统一的源泉,即来自无任何感性规定性的"质料"本身。这是超感性地认定世界的统一根基——质料本身,这一认定,无疑也正是出自客观思维的"思"之活动。所以,"物质"不能不是一个思维规定、一个本体论范畴。

物质既为思维范畴,既然出自客观思维之"思",物质决定精神这一说法就存在问题:被抽象掉感性特质的空洞的实在,那个绝对的质料,如何可能派生客观思维?相反,那形成物质范畴的抽象,倒是由客观思维来完成的。旧唯物主义其实不能真正论证"物质一元论"(关于一元论和二元论,将在下节中介绍),实际上它在客观思维与客观实在之间划下了一条鸿沟。

但是旧唯物主义是必须坚持物质一元论的,是不能保持这条鸿沟的。它怎么填这条鸿沟呢?我们在前面已略有提示:客观思维之"客观性"在于

---

① 《列宁选集》第 2 卷,人民出版社,1972 年,第 128 页。

它是人类思维本身的普遍法则或规律,而客观实在之"客观性"乃在于它是第一性的、绝对的行规定者。真理在于这两种客观性之间的一致性。谁保证这一致性?说独立于意识的客观实在派生客观思维,行不行?可以,但需有中间步骤:先派生自然的个别意识,然后从自然的个别意识中生成客观思维。由于客观思维具有逻辑普遍性,亦即具有普遍有效准的法则,因而必须指出自然意识本有超出个别性的普遍法则,然后描述这种普遍法则如何化身为思维的法则。但即使如此,仍须先假定自然意识的普遍法则即是客观实在自身的普遍法则,即,根据客观实在之派生自然意识,断定自然意识的普遍法则与客观实在的普遍法则天然一致。然而,这种"天然一致"是被断定出来的,是自然信念,未经哲学思考之审视。设想一条水中的鱼,如果突然具自然意识,那它就会认为它在水中生活所获得的对水环境的全部感觉经验就是客观实在本身。鱼眼睛所感知的空间是弯曲的,则弯曲空间就是客观实在的本来特性。假如人也如此直接地相信自然意识赋予他的感觉经验就等于客观实在本身,他就永不会认识在其感觉阈限之外的任何存在者(如超声波、电磁波一类的东西)。所谓自然意识的"普遍法则",其实超不出感性共相的范围。感性共相(如颜色、声音、滋味等等)算不上法则,并无普遍之效准,它是不稳定的、易变的,归根到底是主观的(因其受制于感知者的主观特性,例如咸味不是盐的自身属性)。感性共相如何上升为超感性的客观思维之法则?旧唯物主义回答不了这个问题。而且,相信感性共相就是客观实在本身这一信念,又恰是对唯物主义的背离,属于主观唯心主义范围,因为感性共相属于主观意识领域,根据唯物主义,客观实在不依赖于主观意识。

面对此困境,即说明不了客观实在如何派生客观思维,旧唯物主义就只有一条路可走了,那就是,断言人类思维之法则与客观实在本身的法则天然一致。旧唯物主义也确实和巴门尼德一样相信"意见"与"真理"的区分。"意见"源自对外物的感性表象,"真理"意味着人类思维超越感性表象去切中客观实在。此"切中"的根据是什么?没有别的,就是相信人类思维与外部客观实在逻辑同构。

人类思维与外部实在的逻辑同构,其实是永远无法证实的,因此它是一条信念,是在巴门尼德开创的本体论传统内部唯心主义与唯物主义对立双方共有的信念。所不同的是,唯物主义相信,思维的逻辑是对外部实在自身逻辑的反映,客观唯心主义则相信,思维的逻辑是外部实在具有逻辑结构的前提,若无思维逻辑,外部实在是混沌一片的无名者,是谈不上什么"存在"的,更不用说"逻辑结构"了。例如,柏拉图的学说(它是在巴门尼德所奠定的基础上建立起来的)认为,由思维规定构成的理念是"绝对的存在",感性事物因其分有理念而存在,故是"半存在"。至于未被任何思维范畴规定(即未分有理念)的"物质",则是"绝对的非存在"。"非存在"不是"不存在"(即,不是说"物质不存在")。"不存在",还是依存在者之规定而作的否定的判断,还是将"存在"这一述语与"物质"连用,只是加了一个否定词(如"金山不存在"这句话;"金山"是由思维规定加诸感性材料做出来的,是一存在者,但对其作了否定的判断)。至于"非存在",则是指根本不能将"存在"这一述语加诸其上(这正如"懂得数学是善的"这句话是一句伦理学上的错话,有"伦理语病";"善的"这一述语不能与"懂得数学"连用;正确的说法是"懂得数学非善非恶",亦即"非道德",而不是"不道德")。根据柏拉图的理念论,"物质"在本体论上不是不存在,而是非存在。"非存在"不是指空无,而是因其未被客观思维所规定而不可被思维、不可被言说,硬要说之,只能说"非存在",即,与存在无关。柏拉图把"非存在"理解为无名无状、原始混沌的质料,理念一旦加诸其上,才成为可被思维、可被言说的感性具体事物。这是非常典型的"客观唯心主义"。

所以,按照客观唯心主义,客观思维与感性事物逻辑同构,而不是与物质实在逻辑同构,因为感性事物之为存在者(或云"半存在")是被客观思维规定出来的,所以,恩格斯说,按照这种唯心主义,"思维能够认识那一开始已经是思想内容的内容,这是十分明显的"。这就是客观唯心主义所理解的思维与存在的逻辑同构(同一性)。

旧唯物主义主张的思维与存在的同一性,是反映物质实在的人类思维与物质实在逻辑同构。但这里面包含了人类思维超越地切中与思维无关的物质实在这一假定或信念。

在西方传统本体论的思想路线上,还有既不同于客观唯心主义、也不同于旧唯物主义的学说。这种学说否定"逻辑同构"之信念和"超越地切中"之可能性。这种学说就是"不可知论"。不可知论的本体论前提乃是人类思维与外部实在的非同源性,这种本体论思想即是"二元论"观点。在根本不同的两种存在之间,既不可言"逻辑同构",也不可言"超越地切中",所以,不可知论是否定思维与存在的同一性的必然结果。

由此亦可明白,凡客观唯心主义或唯物主义,尽管一以思维为第一性,一以存在为第一性,但都承认思维与存在的同一性,因此都必定是可知论,都相信人类思维就其获得真理的无限可能性而言具有至上性,都是本体论上的一元论路线。凡否认思维至上性、主张不可知论的学说,都强调了思维与存在的非同一性,因此包含二元论的倾向。

思考题

1. 西方古代本体论的盲点是什么?其根源何在?
2. 旧唯物主义与客观唯心主义在"逻辑同构"观点上的区别是什么?

15. 一元论与二元论

恩格斯在《路德维希·费尔巴哈和德国古典哲学的终结》一书中首次提出"哲学基本问题"这一概念:"全部哲学,特别是近代哲学的重大的基本问题,是思维和存在的关系问题。"他并且把这个问题分成两个方面:一是,思维与存在何者为第一性、本原的问题;二是,思维与存在是否有同一性的问题①。恩格斯的这一概括指明了当代哲学之前的西方哲学的主要线索。但必须指出这样一点:"什么是本原"这一提法,并不适合于自巴门尼德之后的本体论,而是适合于近代哲学在转向先验主体哲学以后发生的向本原问题的复归。

只是在经过本体论之后复归本原问题,才会产生一元论与二元论之区分。

自巴门尼德之后直到近代哲学在经院哲学内部肇始(唯名论与唯实论之争),西方本体论中原无一元论与二元论问题。柏拉图绝不认为作为"绝对的非存在"的质料世界必须从理念中产生出来。如果这样想,就还是本原学说之思路。理念作为绝对的存在并不是可以派生出"非存在"来的"本原"。这一点对他来说并不构成什么疑问、障碍,并不使他不安,因为本原问题已被扬弃。既然存在者的基本前提、根据乃是客观思维之规定,既然客观思维作为纯粹的"思",使存在者之存在得以可能,那么,存在本身除了是纯思以外,就不再是别的什么。说"存在"在被思之前乃出自不能被思及的某

---

① 见《马克思恩格斯选集》第4卷,人民出版社,1972年,第219、220、221页。

种"本原",这是荒唐的、无意义的,因为它在这种情况下就是"非存在"。

对于柏拉图来说,达到绝对真理与认识存在本身,是一回事。在客观的思维之外去谈论存在的本原问题,必定会走进"意见"之领域,远离了真理,因为对"非存在"的任何谈论都只可能是"意见"。

从这一本体论的基本立场出发,柏拉图就撇开了任何对"非存在"的感性经验,专在客观思维的独立领域中推演真理,这真理其实就是纯粹思维诸范畴自身之间的关系。他像推演数学和几何学的逻辑真理一样,推演客观思维的真理,他就这样直接构筑作为绝对存在的真理世界(理念世界)。

但是,必须向柏拉图提出的一个关键问题是,理念世界与感性经验世界的关联是什么?假如没有关联,理念世界的真理就毫无意义。柏拉图知道这一点,但他必须保持理念世界的自主性,不能把感性经验世界看作是理念世界的基础。所以,他便不得不捏造一个"巨匠",这个巨匠以现成的理念世界为原型,将理念印刻到同样也是现成的质料上去,做成了感性事物,所以感性事物"分有"了理念。

捏造"巨匠"的必要性,暴露了柏拉图学说的致命缺陷,这个缺陷就是,在真理与现实的关系中放逐了人本身。真理是现成的,巨匠则把现成的真理赋形于质料,使其成为现实,所以真理也好,现实也罢,二者都与人无关,都是既成不变的。人的灵魂固然也能认识理念,但这只是对它曾经居住其中的理念世界的回忆("学习只不过是回忆"),至于人对外物的感性经验,则只是起到了刺激起这种回忆的作用而已。而且,说到底,人回忆与否,原是无关紧要的。

柏拉图学说的致命缺陷,同时就是近代之前的西方本体论及由之引导出来的中世纪基督教文化的致命缺陷。这一缺陷必将导致对超验的、彼岸的真理体系的反抗,要求给予人本身在真理和现实中的中心位置。

不过,这样的反抗和要求,并未弃绝古代本体论所达到的境界——客观思维超越感性而通达真理。全部的问题不在于怀疑客观思维的真理品质,而在于将客观思维从外部、从天上拉回到人的内心,拉回到人的内在理性。人的理性才是真理的发源地。人是真理的主体。真理对人来说不是外部的权威,而是内心的自由,这自由出自每个人自身的理性,因而每个人都有希望自己去认识真理,并有希望通过听从内在的理性而参与决定及改进现实。这就是西方近代哲学的基本精神。现在我们要讨论这样一个问题:在近代哲学精神中何以会发生对本原问题的回归及一元论、二元论之对立?

笛卡尔以"我思故我在"的著名命题成为西方近代哲学之父。也正是他,同时成了哲学史上典型的二元论者。在这两项思想史事实之间,有着内在的必然联系。

黑格尔称赞笛卡尔是"一个彻底从头做起、带头重建哲学的基础的英雄人物"①。笛卡尔从怀疑一切既有的定论开始,把一切定论都作为未经证明的假定而将其撇开。古希腊以来的本体论所提出的超验的、从外部规定事物和人心的客观真理世界,在被怀疑之列;古代唯物主义本体论所肯定的物质实在也在此列。人的灵魂、肉体的实在性同样也要被质疑。他要找到最后的不可怀疑者,以此作为哲学由之出发的自明性公理。这公理找到了:我在怀疑这件事本身不可怀疑。怀疑即是思维,故而"我在思维"是毋庸置疑的。"我思维"的对象、具体内容或许不存在,我可以怀疑这对象、这内容,我对这对象、这内容的判断或许有错,但我不能否定我在作判断。

"我在作判断"说明什么?这使我们想起前面讨论巴门尼德的"存在"范畴时的分析。我们知道,判断句的中心环节,即那个系词"是",不是来自对感性共相的描述,也不是感性上的一个举动、行为;根据巴门尼德,它来自客观思维,是客观思维的"思"或"纯粹活动"。但客观思维如何可能活动?如何可能"思"?客观思维只能是"思"之基本规定。故而"是"或"存在"必须名词化(如由 is 变成 being),同时也就实体化而成为思维范畴。思之纯粹活动,成了对客观思维范畴之实体性存在的证明。

现在,在笛卡尔的"我在作判断"中,同样通过对判断之具体内容的清洗而提取出了思之纯粹活动,这活动具有绝对的确定性,但这活动不能通过直接换身为"实体"而排除对其来由的追问。让我们具体些说,例如,在判断句"这是黄河"中,并非"是"作了此判断。这判断其实包摄在更大一点的一句话中:"我认为这是黄河"。没有"我认为",哪来"这是黄河"?"是"是从"我认为"来的。对此,用哲学的话说,就是"存在"是从"我思"来的。

"我思"因而是思维的真正出发点。思维的出发点不是什么外在的东西、给予的东西,某种权威。"is"的绝对确实性,不能证明在"我"之外的任何东西的绝对存在,而只能证明"我"之存在的绝对性,因为是"我"给出了这个纯粹活动。所以说"我思故我在"。

不过,一定要注意,这个"我在"之"我",不是作为身体的"我"。"我"的

---

① 黑格尔:《哲学史讲演录》第 4 卷,商务印书馆,1959 年,第 63 页。

绝对性,不是"我"之身体或意志、欲望、感觉、想象、走路等等的绝对确定性,而是指包含在"我意欲"、"我感觉"、"我想象"、"我走路"中的那个共同的"我"。这个"我",作为"纯粹思维"之"我",使意欲、感觉、想象、走路成为"我的"。"我"是在这些内容中的思维。这些内容是具体的"我","我"是具体的"我"中的纯粹意识。不能说:"我走路,所以我存在",而应该说:"我存在,所以这走路是我的"。

这样,按照笛卡尔,"我"就是"我思",因而是无外部经验内容的、纯粹的自我。只有纯粹的自我,才有确定性。当自我去关涉它以外的东西时,就不能保证有确定性。这显然表明,意欲、感觉、想象、走路等等这些内容,就其本身而言,是与"我思"之"我"相异的东西。"我思"不像巴门尼德的"客观思维"那样可以直接规定出感性事物。由"我思"证明的"我在"之存在与感性事物之存在,是不同的规定。于是,本原问题便重新产生。

"我思"作为主体思维,它自身有确定性,已如上述,但由它所关涉的其他东西(如身体)却不是这种确定性本身。有确定性的东西,就是实在的东西,实在的东西就是一种实体,所以"心灵是思维着的实体"。这种实体因其不能保证感性事物的确定性,故不是感性的东西的本原。感性的东西若有确定性,则出自另外一种本原。

我们注意到,笛卡尔虽然由于区分"我思"与"我思"之对象而重提本原,但已不是简单重返古希腊的世界本原学说,因为"本原"已不可能再用特定的感性形态来规定,而必须用思想来规定,这种规定就是"实体"范畴。因有两种"本原",所以笛卡尔区分了两种实体:精神实体和物质实体。精神实体的实在性是思维,物质实体的实在性是广延。这正是典型的二元论的本体论。

只承认有一种实体的,就是近代一元论的本体论:若实体是物质,则是近代唯物主义的一元论(如伽桑狄、洛克等);若实体是精神,则是近代唯心主义的一元论(如贝克莱、莱布尼茨等)。

由上述对笛卡尔二元论思想之缘起的讨论,我们可以明确这样一点:本体论上的一元论和二元论问题,是由于砍去了超越主体性思维的、外在的、彼岸的客观真理世界后才引起的。超越的真理世界被否定之后,现实感性世界之非"我思"的内容,就必然与"我思"相对待,而且是"我思"所渴求和欲予把握的对象,不能在本体论上再度被打发为"非存在"而弃之不顾了。真理不仅必须由作为主体性思维的人去主动探求,而且必须影响和改变现实世界。

要影响和改变现实世界,我思就必须与感性相结合。纯粹思维固然高于感性,真理固然出自人的内在理性,但不能没有来自感性的现实内容,不能脱离现实世界,否则就没有真实而有力量的知识,就会成为"不能生育的修女",或者说,成为虚玄的空中楼阁。所以,纯思能否同与之异质的感性内容相结合,就成为本体论问题的关键。结合须有根据。根据必须是现实世界自身的本性。于是,在以主体性思维为核心的理性主义的共同前提下,西方近代哲学家便重新提起世界"本原"问题,并由对这问题的不同回答,形成一元论与二元论的对立,以及一元论内部唯心主义与唯物主义的对立。

由于问题是追问现实世界的本性,故而二元论总不能让人心安,本性应该只有一个,这仿佛是理性的天然要求。即使我们愿意承认现实世界可分出纯思和感性两个方面,我们却仍然要求它们有统一的根源,以便保证两者之间的结合,从而知识可以赢得作为现实真理的力量。

笛卡尔的意义在于,不仅把彼岸的客观思维拉回人的内心,以便宣布真理属于理性的内在性,同时还为纯粹思维树立了它的对立面——广延(即存在),以追求真正的知识。但如何再把这对立面不看成对立面,使之成为真理自身的内容?笛卡尔无法对付这个问题,所以,最后他还是借助神(上帝)这一"绝对的实体":神的真实性使他不会拿感性物质的假象来欺骗人。正如黑格尔所说,"笛卡尔由此推出了认识与我们所认识的东西的真实性、客观性之间的纽带。认识有对象,有一个被认识的内容;这种联系就叫真理。神的真实性正是这种联系,正是被思维者与存在者的统一。这样,就消除了那种以为我们十分明显地见到的东西可能不真实的疑虑"[1]。虚构神这一绝对实体,拿他来保证纯思与感性内容的结合,即保证真理,这显然是从二元论立场转移到一元论立场上去了。

但是,虚构神并不是对问题的真正解决。可以说,整个近代的西方哲学都在对付这个问题。一元论与二元论,经验论与唯理论,唯物主义与唯心主义,主观唯心主义与客观唯心主义,都在这一目标上汇合起来。

思考题

1. 为什么在古代本体论中不会发生一元论与二元论的问题?
2. 为什么笛卡尔这位西方"近代哲学之父"同时成了一个二元论者?

---

[1] 黑格尔:《哲学史讲演录》第4卷,商务印书馆,1959年,第81—82页。

16. 道 与 名 器

　　西方的近代哲学与古代哲学(从古希腊时期直到中世纪经院哲学)的区分,是由本体论思想的古、近代之别造成的。这一点,我们在前面已有所论列。我们从本体论在巴门尼德那里的开创讲到近代本体论的特征与问题。在这样讲的时候,我们是仅就义理本身来讲的,未曾述及本体论义理与文明历史进程之关联。现在我们要集中地谈谈这一关联。

　　光就义理本身来叙述本体论,在一开始是必要的,我们总得先知道本体论究竟研究什么,然后才能进一步体会这种研究的意义和旨趣之所在。

　　本体论是对隐含在人性活动最深处的源始思想所作的阐发,这种源始思想乃是人对存在的一种终极领会。所谓"终极",是"最基本"、"最源始"之意,是其他种种领会均由之而出的那种领会,而不是"最后"的意思。

　　在初民社会,终极领会可以隐身在原始巫术和原始艺术中,也可隐身于神话和原始的宗教活动中。巫术、艺术、神话和宗教活动、物质生产方式及与之相应的社会习俗和典章制度,都是由终极领会向外生发的文明创造活动及其产物。但终极领会因其是可见的文化世界之隐秘的根源,通常不易觉察,不被注意,其有若无,是"百姓日用而不自知"的。

　　文明创造活动虽然可以说是终极领会之显现,但这种显现同时也是隐藏。文明创造活动及其产物(这些都可以说是"文化显示器")拥有表面的自律性,这种自律性以其实际所显的功能效用遮蔽着它的来源,因而仅凭其本身就成了经验知识之对象。所以,这种显现其实同时是最大的隐藏。被它隐去的乃是构成了终极领会的源始思想。把作为人对存在之终极领会的源始思想,从各种"文化显示器"中揭示出来,阐发出来,就是本体论所要做的工作。

　　源始思想作为思想,由思想来揭示,才最为纯粹。本体论乃是揭示源始思想的思想。所以,本体论在人类可能有的各种思想理论中是最为精深的一种。

　　与思想本身异质的东西,通常只是"显示器",而不是澄明者。澄明是思想自身的努力。澄明必须从"显示器"入手,但要避免听任思想迷失于"显示器"中。思想繁忙注视外在事物,便会遗忘自己的本务。若如此,思想便不能进入本体论境域。所以,本体论工作很难,甚至通常不会被提出来。但对这工作的要求是必定会提出来的。什么时候提出?当文明陷入危机之时。

直接的文化创造及其产物以其实际功能构成人的现实生活。这些创造物(从日用器物直到社会典章制度),人们造出它们,而后受用它们,同时也受制于它们。由创造、受用及受制构成通常所谓"文明世界"。但一切曾经有过的文明都表明,创造有一天会停滞,转变成单纯的复制,而后甚至连复制也无以为继,复制竟成为无法忍受的痛苦。此时之复制,已从对人的存在之肯定转变为对人的存在之否定。这样,文明在其进程中便走向了自身的反面,成为野蛮和残暴。其外部表现是社会冲突频仍,战争取代和平,对抗代替秩序,人人自危,丧失安身立命之本。一句话,人的文化生命陷入衰竭状态。这就是文明之危机。

人类思想被逼着应对文明之危机。应对之法无非两种:一种是诊断"显示器"本身的弊端,力图做修补的工作。另一种是追问"显示器"弊端之来历。对来历的追问,必导致由显入隐,去看清显示器所由出的源始思想。这样就开始了本体论的探究。

本体论要探究源始思想。探究源始思想,其实正是要去找到文化的原动力。

思想为什么可以是动力?已被做成"理论"的思想不是动力。作为文化原动力的思想,是源始思想,是作为人对存在之领会的思想。文化之动力不可能不是这样的领会。文化之动力不是出自自在的自然界的。这领会既是思想,同时也是文化生命之情感。若以中国人最易理解的方式来讲,这个文化的原动力,这个终极领会,就是"道"。而本体论,用中国的讲法,就是"论道之学"。

对于道及论道,金岳霖先生在《论道》中讲得十分妥切,现引述如下:

> 每一文化区有它的中坚思想,每一中坚思想有它的最崇高的概念,最基本的原动力。小文化区我们不必谈到。现在这世界的大文化区只有三个:一是印度,一是希腊,一是中国。它们各有它们的中坚思想,而在它们的中坚思想中有它们的最崇高的概念与最基本的原动力。……中国的中坚思想似乎儒道墨兼而有之。中国思想我也没有究研过,但生于中国,长于中国,于不知不觉之中,也许得到了一点子中国思想的意味与顺于此意味的情感。中国思想中最崇高的概念似乎是道。所谓

行道、修道、得道,都是以道为最终的目标。思想与情感两方面的最基本的原动力似乎也是道。成仁赴义都是行道;凡非迫于势而又求心之所安而为之,或不得已而为之,或知其不可为而为之的事,无论其直接的目的是仁是义,或是孝是忠,而间接的目的总是行道。我在这里当然不谈定义,谈定义则儒道墨彼此之间就难免那"道其所道非吾所谓道"的情形发生,而其结果就是此道非彼道。不道之道,各家所欲言而不能尽的道,国人对之油然而生景仰之心的道,万事万物之所不得不由,不得不依,不得不归的道才是中国思想中最崇高的概念、最基本的原动力。……关于道的思想我觉得它是元学的题材。我现在要表示我对于元学的态度与对于知识论的态度不同。研究知识论我可以站在知识论的对象范围之外,我可以暂时忘记我是人,凡问题之直接牵扯到人者我可以用冷静的态度去研究它,片面地忘记我是人,适所以冷静我的态度。研究元学则不然,我虽可以忘记我是人,而我不能忘记"天地与我并生,万物与我为一",我不仅在研究的对象上求理智的了解,而且在研究的结果上求情感的满足。……知识论的裁判者是理智,元学的裁判者是整个的人。①

金岳霖说他对中国思想没有研究,这恐怕不能不说是谦辞,但他说这种谦辞,其实是为了区分"道"与"道论",把"中国思想"列在"道"一边。道是藏在文化世界中的最基本的原动力,是在文化世界中生存的每一个体都受其驱动而不能逃的力量。这原动力作为道,同时就是最崇高的概念。这说的正是源始思想与文化原动力的同一。而道论(儒道墨)则是对道的揭示。他称道论为"元学"(元学或玄学,是中国人心目中的本体论学问)。元学是关于道的思想。他更进而区分元学态度与知识论态度,后者是理智的、冷静的,前者既是理智的,也是情感的,是整个的人的态度。道是一个文化区的中坚思想,最崇高的概念,岂是冷冰冰的知识之客体? 它作为人对自身存在的终极领会,实在是关系着人的文化生命的。对终极领会的阐发,是要维系文化生命,使文化世界中的每个成员都有人生的理想作为生命实践的目标,如此,社会才能向理想的状态前进。所以元学对道的阐发,恰当与否,无疑要以整个的人作为判断的根据。

---

① 金岳霖:《论道》,商务印书馆,1987年,第16—17页。

道本无名,也即终极领会是无名的。但我们现在却给它一个名,曰"道"。这是已进入了本体论之述说。所以金岳霖说得好,这样说出来的"道",是因各家各言而异的,而所欲说的,都是那唯一的"不道之道",是"各家所欲言而不能尽的道"。老子《道德经》言:"无名,天地之始。"老子是以"无名"来说那不可道之道,实在高明,讲到了真正的要义上。天地之始,即文化世界之始。"天地",不是光说了"宇宙"的意思,好像一个与人心无关的物质世界。中国人的心中所要行、所要修、所要得的那"不道之道",不是这样的东西,而是与人对宇宙(存在)的领会不可分的,无此领会,便无"天地"。所以,金岳霖才说,在研究那述道的元学时,"我不能忘记'天地与我并生,万物与我为一'"。此我,不是那种心理学上的、经验上的"小我",不是那种主观唯心主义的"小我",而是普遍的"人心"。唯普遍之人心,才领会存在。从另一方面说,若人心不领会存在,也不成为人心,故曰与天地并生,与万物为一。天地不离此心,心不离此天地,于是,道的终极领会,乃浑浑朴朴一个整体。

但道又不能停留为"无名"。停留为"无名",即无文化创造。对存在的终极领会,是人之为人的根基,是人之向人去生成的原动力。它作为充沛的文化创造力,显现为万殊之用,才成就它自身。万殊、万物皆有名,是诸"名器"(《周易·系辞》:"形而上者谓之道,形而下者谓之器")。在诸名器中可分出两大类:物质名器(物质文化)和精神名器(精神文化)。从无名到有名,即"道生名器"。

名器为"用"。所以为用,因其是道显于其间、行乎其中的资具。人凭着对这资具的创造、使用,才有文明,才实现文化生命,才高出于动物界之上。

中国现代哲学家熊十力先生把道述说为"本体",道与名器的关系是体用关系。他强调体用不二,即用显体。这就是说,我们可以在名器中去体会其中的道。

要从名器中体会道,不可依靠对名器所作的经验研究,或云"科学的研究"。"科学的研究"是寻找名器作为"用"之本身而有的规律,例如经济学研究"资本"这一名器的关系、运动、规律。它是一门"社会科学"。由器悟道,是哲学的思辨功夫,是探求器之为器的根据。

道生名器,如何生?从人民的实践生活中生。人民的实践生活是道之家园。这实践生活本因道而起。道不远人。道就在每个人对自身文化生命的承诺之中。这承诺,说白了,就是终极地领会(尽管是"潜隐地领会")人之为人的存在,并决定为之成就、为之实现而奋斗。这即是生命承诺。

无数个人都有生命承诺,就汇成道之刚健、精进的势用,熊十力借用来自《周易》的说法,称之为"辟"。与"辟"相对的是"翕"。辟是道之刚健的势用,翕是道之收凝的势用。人民的生命实践,就是一辟一翕之道。辟翕两个方面并不分割。道不能无所凭依地刚健精进,辟行乎翕之中。翕既为收摄、凝聚,就是要让道物化或器化,其作用是让道由微至著,由隐至显。辟,原就是要显发道,所以辟乃是精神的,但精神要显道,就不得不在"理则"或"形质"中彰显;理则与形质,均为道之收凝势用之结果。"辟行乎翕之中"即为此义。通过"辟行乎翕之中",道即生出名器。所以,辟翕两种势用,相反相成,正是道生名器之方式。

我们现在若用马克思的说话方式来讲,那就是,道即是人民生活的实践本质。实践,即是行道。行道就是要创造社会世界。马克思认为,物质生产活动是最根本的行道,是人的生存,是体现人与自然的源始统一的人的精神的生命。一切社会关系都从这根本的行道而来。一切物质的名器,也是社会的名器,因是道形诸"形质",故云"物质的",但实在是社会的存在物。

所以,真正推动名器之制造的,其实是人民生活本身的一辟一翕。辟翕两种势用,大致可以描画这种推动作用。

同时,我们上面的讨论也已暗示这样一点:人民生活在推动名器之制定时的辟之势用,是精神之力量。精神是对道的体悟。赋这种体悟以"理则"(此即为翕),才能完成名器的制定。赋理则,也可一般地说成"赋形",即让其成为"形而下者"——"器"。

对道的直接体悟,固是力量,即辟之势用,人民生活就是这种力量,但这力量是自发性,光凭它还不能成名器。这力量要达到自觉,即要被赋形,也即被制作。制作者便是所谓"天才"。他们是文化天才,有多种类型:宗教家、艺术家、思想家、发明家等等。这些天才善于在翕中安顿辟之力量,以翕显辟,示范众人。众人若承认这示范,引为自己生命奋斗的具体目标,着力推行,名器便由此成功。

一个时代诸多天才共生,以翕显辟。各种天才参与制作名器,哲人或思想大师则把这制作所本之精神予以阐发,使其达到自觉。别的天才在制作,哲学家却坐而论道。

不能小看了坐而论道。制作固然来自对道的体悟,但这体悟是隐秘的,论道则通过对这体悟的直接述说,使之自觉,以便制作有所依凭,更为的是避免在制作中因用忘体,见器失道。

器本身有僵化倾向。器原是行道之资具，但资具会有独立化趋势，即单纯作为实际功效和利益而行世。名器一旦形成，便能规范众人的行为，依此定名分，分利益；继而甚至名器本身也成争逐之对象。是所谓迷失于器中。器此时不但不能成为行道之资，反而成为对道的阻碍。文明之危机，其实就是这种情况。

要拯救文明，就要阐发器的本来精神、器的精神实质，即要阐发器之所由出的对道的体悟。这就是本体论之工作，就是坐而论道。

对道之体悟，虽经阐发，仍不是道本身，而是使对道的体悟达到自觉。

对道的体悟，有各种各样，存于人民生活中，也表现在天才对器的制作上。制作出来的器如果阻碍对道的体悟，人民生活会失去生命力。思想家便出来论道，通过阐发名器的精神实质来论道。所及虽还不是道本身，却使对道的体悟得以彰明。

思想家也有种种类型，所见并不一致，于是有竞争，所谓"百家争鸣"。中国先秦时期就是如此。竞争不是与世无关的纯学术事件。竞争归根到底不是让对方在学理上认输，而是为了诉诸人民生活之选择。人民生活若在某种本体论学说中认明器的本来精神，从而找到自己的畅行之路，该种学说便会成为思想的主流，成为对道之体悟的主导性的表达，于是"道统"成立，如中国的儒家后来居道统之地位。

可见，本体论之成就，便是形成道统，道统即是名器的精神实质。道统立，则名器可以成为显道之具。文化创造及其产物的运用从此有了可循的方向，形成一个民族的基本的文化精神。其意义实在可说是千古大业。中国宋代哲学家张载（横渠先生）说思想家的使命是"为天地立心，为生民立命，为往圣继绝学，为万世开太平"，这是对本体论研究之意义的很好的表达。

道统是对道之体悟的思想的、概念的表达，因而就是对名器的精神实质的阐发。道在人民生活，名器制作者通过制器表达对道的体悟，本体论家借潜藏于名器中的道之体悟去述道，也即述人民生活自己的文化生命。这就是"为天地立心，为生民立命"。论道者（本体论家）并不能造道，即不能造人民生活的文化生命，但能引导，能揭明，使之不致迷失。这就是思想家的平凡与伟大。人说"天不生仲尼，万古如长夜"，说得有些极端，但也很好地表达了对思想家的崇敬。火种在人民生活中，是浑朴无名的"道"，述道是点燃火种，蔚成光明。

所以，本体论于中国人，即为"论道之学"。每一种道论都不能穷尽道。

论道者想穷尽它,但所论所述,其实是使道之体悟成形成理,成为引领一个民族的"文化精神"——道统。名器因此可以循此道统而制,如开出政统(典章制度)、学统(知识体系)以及养育国民性格。"继绝学","开太平",此之谓也。

明了道、道统、名器三者之关系,即可明了本体论研究之旨趣、门径。

文明之危机源自器之离道。离道之器戕害文化生命。救治危机,先要由器见道。但所见其实非道,而是道统。不过,见道统是必要的第一步,因为器之离道,与道统直接有关。任何道统都既明道,也蔽道,与道有所近,有所隔。因此,本体论研究的第一步,是揭示名器所循的文化精神,以便看出文化精神本身的问题,看出它与道之所隔。这用黑格尔的说法是进入"概念"阶段。道统,用黑格尔的辩证逻辑的语言来说,即是"概念"。由器见道统,已属于本体论之研究,它与遵从因果律的实证研究不同。由器见道统,要用思辨的方法,即找出器赖以成器之根据。根据不是实证的研究可以见到,因它不是直接的事实。直接的事实是器。实证的研究总是由器到器,见不到器之所由。在实证研究中所能达到的最高境界是对相互作用之理解,即理解到"互为因果"。

比如,国民性格与社会制度,谁决定谁?相信社会制度有决定作用的人,主张救治文明危机在于创设新制度。中国近代史上,中国人追问中国积弱之根源,落实到制度的不合理上。现代化既然来自西方,便向西方学习"先进制度",把它搬到中国来。但实践下来,立刻走样,西方制度在器用上的优点未能体现,反倒成了"新瓶装旧酒",原有的弊端一仍其旧。进一步的思考便导致相信制度以国民性为原因,制度要靠人来执行。国民的品性、觉悟程度决定了制度实行的成败。于是主张对大众做启蒙之工作,以提高国民觉悟程度。思想运动起来,引进西方思想教导中国人,一时间先进的青年人热情欢迎,但其实还是收效甚微,广大百姓依旧"麻木不仁",甚至对旨在解放他们的社会斗争取看客态度,遂使鲁迅这样的文化革命之主将为之痛心疾首,写出像《药》这一类的文章。问题似乎又回到了制度上。国民之奴性及远祸自保等种种劣根性,并非中国人的遗传天性,从娘肚子里带出来的,而是由制度力量逼迫而成的。以此,便又由国民性之形成去责制度之改造。如此循环责求,终无定见可得,所能达到的最高的结论无非是,国民性与制度乃是相互作用的。

这正如黑格尔在其逻辑学(他的"逻辑学"正是专门阐述本体论研究之

思辨方法的"思辨逻辑")展开"概念论"之前所讨论的那样,相互作用范畴的应用是还未进入概念,而只是"站在概念的门口"。我们不妨引一段黑格尔在《小逻辑》中的原话,以帮助我们在这里对本体论之思辨所要作的说明:

> 相互作用被设定为因果关系的充分的发展,同时也表明那抽象反思常利用来作护符的因果关系,也有其不满足之处,因为反思习于从因果律的观点来观察事物,因而陷于上面所说的无穷递进。譬如,在历史研究里,首先便可发生这样的问题:究竟一个民族的性格和礼俗是它的宪章和法律的原因呢,或者反过来说,一个民族的宪章和法律是它的性格和礼俗的原因呢?于是我们可以进一步说,两者,一方面民族性或礼俗,一方面宪章和法律,均可依据相互的联系的原则去了解。……相互作用无疑地是由因果关系直接发展出来的真理,也可以说是它正站在概念的门口。但也正因为如此,为了要获得概念式的认识,我们却不应满足于相互关系的应用。假如我们对于某一内容,只依据相互关系的观点去考察,那么事实上这是采取了一个完全没有概念的态度。……如果我们仔细观察应用相互作用一范畴所以不能令人满足的缘故就可见到,相互关系不但不等于概念,而且它本身首先必须得到概念的理解。这就是说,相互关系的两个方面不可让它们作为直接给予的东西,而必须确认它们为一较高的第三者的两个环节,而这较高的第三者即是概念。例如,认斯巴达民族的风俗为斯巴达制度的结果,或者反过来,认斯巴达的制度为他们的风俗的结果,这种看法当然是不错的。不过这种看法不能予人以最后的满足,因为事实上,这种看法对于斯巴达民族的风俗和制度并没有概念式的理解。而这样的理解只在于指出这两个方面以及一切其他足以表现斯巴达民族的生活和历史的特殊方面,都是以斯巴达民族的概念为基础。①

在黑格尔看来,民族性格、风俗与制度这只是民族之概念的两个环节,也就是说,这两方面都是被一个较高的概念建立起来的。这个较高的概念其实是民族性与制度两个方面共同的基础。民族性和制度都是民族之概念的表现。这里所说的"概念",非指科学知识意义上的概念,而是在思辨本体论意义上的概念,若用中国思想的路径来理解,这"概念"正是指名器之内在

---

① 黑格尔:《小逻辑》,商务印书馆,1981年,第320—322页。

的文化精神。由此看来,制度固是名器,而国民性格其实也是名器,两者都是文化精神之载体。制度之精神实质与国民性格之内在根据,原是同一样东西。光是制度的改造或国民性格的改造,都不能真正解决问题,因为这都仅是在器上做功夫,未及根本。用制度之改造来改造国民性格,不能成功;反过来,若只在知识层面上倡导启蒙,以此来改造国民性格,也无功于新制度之真正成为行道之具。新制度的内在精神只有成为国民自身的生活态度,国民性格与制度这两个方面的名器才同时得到更新。

新制度的内在精神,即为新的道统。阐发新的道统,是表达对道的新体悟。这是文明危机来临之时的本体论之重兴。于此,实证研究力图对名器所做的修补工作便让位于思想家卓绝的努力:在人民生活之新的时代境遇中,对精神传统发生生命的呼应,从中阐扬新的文化精神,即对道形成新的体认。让新的体认成为对于由文明危机引发的现实冲突的"概念式"的理解,这就是让那体悟人民生活的思想重返生活世界。唯此,新的文化精神才能够使现实的斗争赢得其自觉的意识,并通过这种有自觉意识的斗争而真正地深入人心。

上述这些意思,在马克思那里有更精辟的表述,我们在此摘引几段如下:

> 意识的改革只在于使世界认清本身的意识,使它从迷梦中惊醒过来,向它说明它的行动的意义。我们的全部任务只能是赋予宗教问题和哲学问题以适合于自觉的人的形态。[这正如金岳霖所说的,在哲学问题上,元学态度与知识论态度不同,"元学的裁判者是整个的人"。]
>
> 问题并不在于从思想上给过去和未来划下一条不可逾越的鸿沟,而在于实现过去的思想。而且人们最后就会发现,人类不是在开始一件新的工作,而是在自觉地从事自己的旧工作。
>
> 我们是从世界本身的原理中为世界阐发新原理。我们并不向世界说:"停止斗争吧,你的全部斗争都是无谓之举",而是给它一个真正的斗争口号。我们只向世界指明它究竟为什么而斗争;而意识则是世界应该具备的东西,不管世界愿意与否。①

马克思的这些话表明了他对哲学本体论研究之意义的基本看法,也说明了本体论研究与现实生活世界中的斗争的相互依存关系:本体论研究是

---

① 《马克思恩格斯全集》第1卷,人民出版社,1956年,第418页。

从世界本身的原理中为世界阐发新原理。

新原理,即新道统,是从世界本身(人民生活)中体会到而后阐发出来的,是世界为了克服危机、走出冲突与对抗而必须具备的"意识"。

思考题

1. 为什么说本体论是各种思想理论中最为精深的一种?
2. 道与道统有何区别?
3. 道为什么有辟、翕两种势用?
4. 如何从道与名器的关系理解哲学与生活世界的关系?

17. 死亡问题与终极关怀

上节讲本体论问题与民族的文明历史进程相关联,关乎民族的文化生命,关乎民族的安身立命之本。本节要讲本体论问题与个人人生的关联。

个人不在民族之外。比如,我们之为"中国人",即表明,中华民族的性格、历史命运、"善业""恶业"(借用佛学的说法)以及前途和希望都在我们身上。民族若脱离个人的生命追求,就是抽象的东西;反之,与民族分离的个人也是抽象的东西。现在有没有与民族脱离的个人?表面上看有。有的人甚至拥有双重国籍。但他生于其中、长于其中的那个文化世界一定是民族的文化世界。他所得到的教化来自这个民族的文化,这一点是确凿无疑的。他在异国他乡,取得异国他乡的国籍,这只是表明了他在政治上的公民身份之所属,而民族却在他的生命感觉中,永远无法抹去。在生命感觉中,有他对道的体悟,这种体悟本是属于他所由出的那个民族的生命力。例如金岳霖所说的,生于中国,长于中国,于不知不觉之中,得到了中国思想的意味和顺乎此意味的情感。

因而,本体论问题既关乎一民族之文化命运,也就必定同时是该民族中的个人命运问题。当一个民族文化生命衰落之时,则其所行所为皆迷失于器中而远离了对道的体悟,此时民族之个人必无安身立命的可能。

曹雪芹著《红楼梦》,他自己说是"一把辛酸泪",也就是说,他著此小说,原是他的一场哭。他为什么而哭?仅仅是在哀自家身世之戚吗?若仅仅如此,这作品就不会有文学上的巨大感染力,不会有千古不朽之意义。《红楼梦》固然只写了若干个人,他们的遭际、命运,但对个人命运的文学写照,要透露的却是对整个民族文化的反思。倘若曹雪芹所处的时代,中国文化尚有蓬勃向上的生命力,则曹雪芹的大哭岂不奇怪?《红楼梦》还可能诞生吗?

曹雪芹在《红楼梦》中生动地描绘出一系列具有很高文学价值的人物形象,通过其言、其行、其思想、其命运,表达了对于儒道法诸家文化价值体系的彻底怀疑和否定的态度。这诸家思想,没有一个救得了天下,扶得住将倾之大厦,这是从小说本身的现实主义叙事中被表达出来的,所以小说的大结局,便不能不是对整个民族文化悲剧的表现。"红楼梦"十二支曲的"尾声"写道:"看破的,遁入空门;痴迷的,枉送了性命。好一似食尽鸟投林,落了片白茫茫大地真干净!"

遁入空门的,是小说的中心人物贾宝玉,即脂砚斋所云"悬崖撒手"、"弃而为僧"。因而,本欲补民族文化之天的"宝玉",不得不是假("贾")的。既然宝玉为假,便只有佛学境界才是真。儒道法都不行,惟释才是可逃之处。从这大结局中,确实可以看到曹雪芹对于中国传统文化精神所采取的彻底的虚无主义态度。

为什么最后还是要逃遁?既已彻底看破,亦即彻底地遭遇虚无,个人便无所安其身、立其命,却仍欲得一精神上的生路,以为寄托。世俗之人本有的种种世俗关怀,都因看破而被弃舍、而虚无化,剩下的就只有对于人生的终极关怀。曹雪芹(或云"贾宝玉")便到佛学中去安顿这份终极关怀。此之谓"遁入空门"。

如果我们再作追问,既然看破一切世俗关怀,难道不可以连终极关怀也一并舍弃,岂不真正干净?但这不可能。原因在于人的文化生命本身不可被否定。文化生命虽在传统价值中无法生根、无法安顿,但仍须肯定它自身。若真弃之,则惟有两途,一是了却生命,一是过动物式的生活,以动物式的麻木来达到无忧、无虑、无关怀。这两途都是否定人的生命,本体论问题随之取消。人不复为人,何言本体论?

人皆有死,皆有大限在前。人一出生,死案已立,整个一生无非是死刑之缓期执行罢了。若仅作如此想,确无本体论之必要,人生无非是延颈待毙之过程而已。谁愿意这样看人生呢?其实大家都不会这样想。尽管就生物学规律来看,人生确是延颈待毙之过程,但大家都不取生物学观点,都还是要把人生当人生来过,遂有对本体论之需要,即,不舍弃终极关怀。

所以,知道人皆有死这一"科学事实",非但不会取消人的终极关怀,反倒是引发终极关怀之根源,因为人之知死,并不是仅仅有一项关于"自然规律"的知识,而是"本体论地"知死。我们将通过下面的叙述,逐步地阐发这一点。

"终极关怀",自哲学诞生之日起,即是哲学的题中之义,在实践上,更是一切宗教的题中之义。但作为一个词语,它却是晚近才出现的。它由美国当代神学家、哲学家保罗·蒂利希所创。该词的英语是 ultimate concern。蒂利希是专用此词作为宗教信仰之定义的,但我们认为,哲学也是有关怀的。用有无关怀来区分哲学与宗教是不对的。我们在前面已经提到,冯友兰先生和金岳霖先生都认为,哲学不是单纯的理论知识,不是冷冰冰的理智,它的对象不是与人生无关的知识之客体。哲学的根本对象既是人的文化生命,故而必然地以整个的人作判断的标准,这就意味哲学思想的动力有理和情两个方面。哲学的基础和核心部分,即本体论,更是出自对人生的深切关怀。

concern,从及物动词看,须有宾语,也即,关怀有对象。终极关怀,关怀什么?蒂利希的回答是,关怀"终极实在"(ultimate reality)。在宗教中,终极实在即是上帝。按照蒂利希,上帝的本质即是绝对存在。人世的一切事物彼此之间固有种种具体关系,但都与某种终极实在有基本的终极关系。这些事物的根本意义都是从这终极关系中来的。若无这种关系,世间万物,包括人在内,确实都如过眼云烟,并无绝对的价值。无宗教信仰的常人,一生中始终在关怀种种人或事物,但只是关怀着它们的相对价值,更常常停留、沉溺于这些相对的价值之中。人格有种种类型,依其取哪样的相对价值为主要的关怀对象而分别出来。但这些人格类型因无终极关怀作根基,故其关怀的对象终将在死亡之大限面前丧失意义。

世间种种事物就其本身而言,均受无常的捉弄和摆布。财物、权势、名声、情爱、健康、才智等等这些人们通常所关怀者,是人们不惜以巨大的努力去谋取或保持的。只可惜,这一切都仅能谋取于一时,保持于朝夕,到头来都将得而复失。那重权势者,或曾经威权显赫,殊不料有朝一日竟成了阶下之囚。那重名声者,所求所向,是闻声于天下,留芳于百世,时时恐惧见谤于他人,遇毁于同类,一生谨慎,乃至全功而终,犹恨不能亲见自己死后的哀荣。那重健康者,一生留心保养,视健康如囊中钱物,惟恐有失,所憾天命不可违,这"囊中"之健康是总要丢失的。更有那视钱如命的,平生百般盘算,费尽心机,就是解不透这"身外之物"生不带来、死不带去的普通道理。于是,《红楼梦》中那位有宿慧的甄士隐便如此注解《好了歌》:

> 陋室空堂，当年笏满床；衰草枯杨，曾为歌舞场。蛛丝儿结满雕梁，绿纱今又糊在蓬窗上。说什么脂正浓、粉正香，如何两鬓又成霜？昨日黄土陇头埋白骨，今宵红绡帐底卧鸳鸯。金满箱，银满箱，转眼乞丐人皆谤。正叹他人命不长，那知自己归来丧！训有方，保不定日后作强梁。择膏粱，谁承望流落在烟花巷！因嫌纱帽小，致使锁枷扛；昨怜破袄寒，今嫌紫蟒长：乱烘烘你方唱罢我登场，反认他乡是故乡。甚荒唐，到头来都是为他人作嫁衣裳！①

这注解的中心意思，显然是说世事无常，世人摆脱不了无常的捉弄，一生谋虚逐妄，吃足祸福转换之苦头，到头来万事皆空，只落得荒谬、无意义。但其中最重要的倒是"反认他乡是故乡"这样一句。这一句是佛学的境界。依佛教哲学，世界本是"诸行无常"，因而，处于其中的现实人世，乃是人暂时寄居的他乡。追名逐利的人所犯的根本错误，是误把这他乡当作故乡，而不知人生的本源——涅槃之境——才是真正的精神家园。

涅槃境界，虚无缥缈；现实人世，切实可见。为何前者为真实，为家园，为本源，后者反倒为虚无，为他乡，为空幻？这于常理不通。真切可见之世界，尽管变化无常，何必一定空，一定幻？何必一定要另设一个世界来与之对立，使其成空？变任其变，何必以变来证现世之空幻？我心何必因此不安？然不能不安，原因只有一个：变也有到头的时候，那就是终结一切变的那个大变——死亡。祸福无常，并不足以根本否定祸福之意义，假如人是不死的，可以没完没了地活下去，无常就不足惧，反而是好事：福，固不能为永福，祸，也不会是恒祸，人生不会成为万劫不复之地狱。

那使万变为空的大变，表征的正是人的生存的根本的有限性，由此才会有另一种求不变之精神世界并视之为真实家园的追求。这追求便是人生的终极关怀。

终极关怀可以导人入佛门，入宗教，也可导人作本体论之思。熊十力先生就是一个例证。他在《心学·船山学自记》中曾回顾自己进入本体论思考的缘由：

> 余少失怙，贫不能问学，年十三岁，登高而伤秋毫，时喟然叹曰：此秋毫始为茂草，春夏时，吸收水土空气诸成分，而油然滋荣者也。未几

---

① 曹雪芹：《红楼梦》，人民文学出版社，1982年，第18—19页。

零落为秋毫,刘那刘那,将秋毫且不可得,求其原质,亦复无有。三界诸有为相,皆可作如是观。顿悟万有皆幻。由是放浪形骸,妄骋淫佚,久之觉其烦恼,更进求安心立命之道。因悟幻不自有,必依于真。如无真者,觉幻是谁?泯此觉相,幻复何有?以有能觉,幻相斯起。此能觉者,是名真我。时则以情器为泡影,索真宰于寂灭,一念不生,虚空粉碎,以此为至道之归矣。既而猛然有省曰,果幻相为多事者,云何依真起幻?既依真起幻,云何断幻求真?幻如可断者,即不应起,起已可断者,断必复起。又舍幻求真者,是真幻不相干,云何求真?种种疑惑,莫获正解,以是身心无主,不得安稳。乃忽读《王船山遗书》,得悟道器一元,幽明一物。全道全器,原一诚而无幻,即幽即明,本一贯而何断?天在人,不遗人以同天,道在我,赖有我以凝道。斯乃衡阳之宝筏、洙泗之薪传也。[①]

熊十力之伤秋毫,正是体会到了生存的根本的有限性,所以欲求真我以安心立命。王船山学说启发他看到天在人,道在我,可以超出有限之小我,而得同天凝道之真我,从天道与真我的同一中来安顿人生。这正是本体论思考帮助人去实现终极关怀的例子。

人必有一死,既唤起本体论的思索,也唤起文学的感怀。唐人陈子昂有流传千古的《登幽州台歌》,咏叹终极关怀难以落实之悲怆:"前不见古人,后不见来者。念天地之悠悠,独怆然而涕下。"

人无不珍爱那仅属于自己的人生,仿佛它有无限重要的独特意义,因而冀其不朽。然细细思量,念及我出生之前,那漫漫无始之过去中并无我的存在,设想在我死后的世界,亦复一种无穷无尽的岁月流逝,前后两个方向都是无限延伸,相对一看,我的存在,只是一刹那而已,有什么特别的意义呢?岂非一个既极为短暂又纯属偶然的事情?

讲到个人存在的偶然性,可以提一下当代德国哲学家海德格尔所说的"被抛"(Geworfenheit)。人是被抛到世间的。出生就是被抛。个体的出生,从生物学观点看,很自然,是生命的繁衍,是必然的,无所谓"被抛"。但这里要谈的出生,不是在生物学的意义上,而是在人的自我意识的意义上来谈的。我,作为自我,来到世间,这件事对理性来说是不可理解的。理性的核心是自我肯定性,一切事情都要通过自我肯定的意识才获得意义。但自

[①] 《返本开新——熊十力文选》,上海远东出版社,1997年,第1页。

我的出生对于自我肯定性来说是无法理解的。我为何恰在此时此地出生于如此这般一个家庭,有如此这般的双亲,属于如此这般的种族、民族,以及处于如此这般的时代,这一切都未曾由我决定,却伴随我的出生而降临到我的头上。当这一切由于自我意识的形成而被我发现时,我猛地发现自己就在这里。对每个"我"来说,人生的起点都像掷骰子一样,它的偶然性植根于这一切塞给我的事实中。但理性的要求却也就在自我意识形成之时偷偷进来了:你必须承当起"被给予的"这一切,把这一切看作你必须主动担负起来的责任,如果你要展开你的人生的话。如果你要,你就必须把人生纳入理性的范围中去,即使它的起点是非理性的,即使这起点对于自我肯定性来说,是虚无的、荒谬的。

在往后展开的人生路途上,我们离这个荒谬的起点越来越远,我们似乎可以告别这偶然性,在理性中让这个人生归属自我。然而遗憾的是,人生还有另一端在等着我们,而且这一端并不预先告诉我们它的时辰,我们越是成熟,就越是感觉到它的迫近。这情形就像我们一觉醒来,发现自己已经来到这个世界上,但还没有等我们真正习惯过来,人生的结束又迫在眼前。

假如自我可以永远存在下去,出生的偶然性就无限趋向于零。正如美国哲学家威廉·巴雷特所说的那样,"如果人无须面对死亡,也就无须展开哲学思辨了。假如我们都是永恒地生活在伊甸园中的亚当,那我们就会悠哉游哉,想这想那,却决不会去思考任何严肃的哲学问题"①。但自我却始终面临着他无法包容的自身之虚无——死亡。

死亡问题遂成哲学的大问题,甚至不仅是大问题,还是哲学的动力。"死亡是哲学的缪斯"。苏格拉底认为,哲学就是对死亡的沉思。斯多葛学派认为,哲学就是练习死亡。中国的禅宗和尚也常说"生死事大",常说"佛以一大事因缘出世",这大事就是要了生死。了生死,是兼说生死,但重点是生,因为怕死②。

为什么有生必有死?光凭理性,难以参透。理性当然可以把死当自然规律看。既是规律,便不可抗拒;既是自然,便不必烦恼。这是对死的科学态度。如果科学态度可以使人心安,那是很好的,哲学问题可以省掉大半,或者可以化为科学问题。

---

① 见布莱恩·麦基:《思想家》,生活·读书·新知三联书店,1987年,第94页。
② 参见张中行:《禅外说禅》,黑龙江人民出版社,1991年,第33页。

科学对死亡的理解,能达到的最高境界是什么?

科学先要理解生命。生命是生物有机体的特殊现象,这现象就是新陈代谢。生物体每天都在自我更新,比如人每天要替换大量细胞,所以必须要有营养,即与外界发生物质与能量的交换,这就是有机体的生命力。人的手指如果被削去小块皮肉,过一段时间,自然长出新的皮肉来。这是再生能力。蚯蚓的再生能力很惊人,把一条蚯蚓腰斩为二,它不但不死,反而生成了两条蚯蚓,自我修复能力很强。生物体在新陈代谢中不断自我修复。照此,除非受外力破坏,生命应不断持续,新陈代谢应永无止境才对。但新陈代谢却总有终点。不光有终点,而且从起点之后,即有发展、变化、兴盛和衰老诸阶段。可见,生命作为新陈代谢,不是一个简单的同质过程,而是遵循着有阶段性特征的确定周期。一旦周期的终点到达,一个独立的、自我保持的系统便开始解体,这便是死亡。因此,科学是通过理解生命是周期来理解死的不可避免性的。

如果我们还不满足,还要向科学问道:生命为什么非是一种确定的周期不可?那么,科学不得不多少作一点哲学的思考。科学反问我们:你们是不是看到世界上的所有物种其个体之间都有差异?既有差异,那就要问,个体的特殊性有什么权利拥有生命?为什么物种的类生命不纯粹地、直接地表达自己?但类是不可能赤裸裸地表现自身的,它必须在无数个体的差异中实现自己。这也是自然的定则。这条自然定则表明,死亡是个体拥有生命的先决条件,或者说,个体必须有死才能有生。否则,不死的个体会成为类本身。生殖的必要性是由个体的死亡构成的。雄蜂在交配后便死去,看上去很不幸,但最切合大自然赋予个体生命的本质。个体正是通过参与类的延续而拥有生命的。结论是:死亡的本质是类的永生。这便是科学对死亡问题的最高解答。

但科学这样解答生死问题,并不能算是"了生死"。科学可以武装我们的头脑,心却仍然怕死。这也不是人的意志不够坚强。怕死就是恋生。如果人不恋生就算意志坚强的话,那么这种坚强意志的人恐怕难以算得上人。革命烈士视死如归不是不恋生,而是恋天下人之"大生",愿意为"大生"来舍"小生",或者说使此"小生"永远与天下的"大生"在一起。我们不是都万分敬佩地说革命烈士虽死犹生、是永生的吗?革命烈士的坚强意志,才真正是人的坚强意志,这种不恋生是最大的恋生,最高尚的恋生。

科学态度看生死,其实看的是自然现象。科学态度教我们等生死,所等的乃是两种自然现象。确实,生为一自然现象,死亦为一自然现象,何必乐此惧彼呢?但作为自然现象的生死,不是人的生死。人之所知所乐的生,是自我意识的存在;人之所知所惧的死,是自我意识的非存在。

人所关怀所牵挂的世界,是自我渗透其中的世界;我们恐惧死亡,是恐惧失去这个我能牵挂的世界。这个世界本身固然在我死后依旧存在,我在理智上很明白这一点,但这存在对我而言乃是虚无。这就是哲学所知道、所思考的死。

自我意识使一个经验世界得以呈现,并且在原则上可以去理解和证明这世界中的一切事物,这就是自我意识的绝对肯定性。但它唯独不能证明的,是这个世界的非存在。

自我不能证明死的存在,因为,死恰恰是自我的非存在。这样,自我意识的绝对肯定性与它的非存在之间构成了一种无法理喻的关系。哲学站在自我的基地上试图理解一切,但对于自我这一基地本身的非存在,该如何理解呢?所以苏格拉底才说哲学是对死亡的沉思。

说哲学就是沉思死亡,或说哲学就是练习死亡,意思都是说,哲学问题源自终极关怀。

思考题

1. 人为什么会有终极关怀的要求?
2. 如何理解死亡的哲学意义?

18. 克服虚无的道路:哲学与宗教

自我是人之生所系者,故自我必须存在。但自我在根本上是有限的,它被死亡的终极可能性所逼迫。自我意识使人具有超出普通生物的高贵性,但死亡作为自我的非存在、作为虚无,却使这高贵成为最大的荒谬。

荒谬是理性的对极,理性必须战胜它才能使自己圆满。以知识论的道路寻求本体论问题之解答的西方哲学传统,只能在理性中对付虚无和荒谬。当苏格拉底提出哲学是对死亡的沉思时,哲学就把克服虚无看成是理性的最高任务。我们现在就要来看一看在哲学的这条理性之路上能够达到多大的成功。

在这方面最有典型意义的是盛行于希腊化和罗马时代的斯多葛主义。

从柏拉图到亚里士多德,是希腊哲学的伟大的体系时代,而后,随着在希腊化时期古希腊社会的衰落,希腊哲学进入了以伦理学为中心的晚期。在这个时期,城邦的黄金时代消逝了,社会动荡不安,伦理的秩序松弛了,宏大的思想体系瓦解了,这一切都反映在普遍的道德堕落和缺乏安全感的社会状况中。在人人自危的社会环境中,斯多葛学派教导人们不要受人的灵魂之外的因素和力量的左右。按照斯多葛主义,灵魂的理性本质是人的最高价值,它使人的内在价值与宇宙的神圣规律相一致,因此,人的灵魂因为理性而拥有内在的完满性。遵从理性的声音,既使人可以与自然相和谐,又使人在道德上独立于自然。这个世界变化无常,因此从这个世界降临到人身上的东西是空虚和不真实的。人的本质不依赖这些外部事物,而只依赖人自己的灵魂给予他自己的价值。于是,克服这个世界便体现于人的自我克服,即克服自我对外部条件的依赖。古罗马时期杰出的斯多葛派作品是马可·奥勒留的《沉思录》,我们摘引其中两段如下:

> 不要分散你的注意力,不要过于焦虑不安,而要成为你自己的主人,并且像一个有人性的人,像一个公民,像一个凡人那样面对生活。……事物并不对灵魂起作用,因为它们是外在的并且始终是无动于衷的;而我们的骚动不安则仅仅来自于我们在自身中所形成的那种判断力。你看见的所有那些事物,都是瞬息万变并且将不再成其为所是的;要牢牢记住你已亲眼目睹了多少这样的变化。①

> 不能使他成为一个人的那些东西,根本就不能称为人的东西。它们无权自称为是属于人的东西;人的本性与它们无涉,它们不是那种本性的完成。因此,置身于这些东西之中,既不是人生活的目的,也不是目的亦即善的完成。而且,如果任何这些东西确曾与人有关,那么蔑视它们和反对它们则不是人的事……不过事实上,一个人越是从容不迫地使自己排斥这些和其他这样的东西,他也就越善。②

从上述两段话,便可见到,当时的西方人已经遭遇到了尘世对于理性而

---

① 奥勒留:《沉思录》第4卷,第3段。
② 同上书,第5卷,第15段。

言的不可理解性，所以斯多葛主义呼吁人们退回到内心，诉诸灵魂的自满自足，因为这是道德人格的内在价值，它表现于理想的精神统一中，并借此远远超拔于尘世生活。在斯多葛主义者看来，不仅财富、地位、社会差别，甚至健康和才智上的天赋，都外在于人的本性，与灵魂的价值无涉。我们即使富贵，即使健康，即使聪明睿智，我们并不能视这一切优越性为人的价值而因之骄傲；反过来，我们即使丧失这一切，我们作为人的尊严丝毫不会受损。唯一要紧的是灵魂的意向、灵魂的内在态度，唯有这意向、这态度才可能是善的或恶的，才可能提高或贬损人的价值。

这种人生观，从科学的观点看，是过于不切实际了，是好高骛远的唯心主义理论，但其实它说出了相当深刻的真理。人类必须珍视自己超出于动物的那一面，人类生活的价值不能单凭自然的尺度来衡量。如果人自我规定自身价值之自由，但在经验世界中不能获得其现实性，人也不应当放弃这自由，即使这自由停留为抽象的东西，它也应当作为人的尊严而得到最高的肯定。就这一点而言，斯多葛主义确实提供了人类生活概念中最强有力、最意义深长的成果之一。

对这一成果，康德曾在其《实践理性批判》中多次援引。下面两段康德的叙述，特别可以让我们看到斯多葛主义在人生终极关怀方面给予我们的启示：

> 福或祸害永远只意指与我们愉悦或不愉悦、愉快或痛苦状况的一种关联……但是，善或恶任何时候都意指对于意志的一种关联，只要这个意志受理性法则的决定而使某种东西成为它的客体；因为意志决不受任何客体或客体表象的直接决定……一个斯多葛派分子在痛风剧烈发作时呼喊道：疼痛，你尽可以如此厉害地折磨我，我仍然将永不承认：你是一种恶的东西；人们可以笑话他，但他的确是对的。他感觉到这是一种祸害，而他的叫喊就吐露了这一点；但是，他没有理由承认，恶因此就附着于他了；因为疼痛丝毫不降低他人格的价值，而只是降低了他的境况的价值。他当时若意识到曾撒过的一次谎，此谎必定会打击他的勇气；但是如果他当时意识到，他不是因不义的行为招致这种疼痛并且因此使自己配当惩罚，那么这种疼痛只是充任使他升华的肇端。[①]

[①] 康德：《实践理性批判》，商务印书馆，1999年，第64—65页。

纯粹实践理性完全平伏了自负,因为在与道德法则符合一致之前先行出现的自大的主张,都是微不足道和毫无根据的,因为唯有与这个法则符合一致的意向的确信,才是人格价值的首要条件……一个人能够是人喜爱、畏惧或景仰的对象。他的性情诙谐,他的勇敢和强壮,他的位高权重,都能引起我这同样的感觉,但我内心始终缺乏对他的敬重。丰特奈尔曾说,我对贵人鞠躬,但我心灵并不鞠躬。我可以补充说,对于一个我亲见其品节端正而使我自觉不如的素微平民,我的心灵鞠躬,不论我愿意与否,也不论我如何眼高于顶,使他不忽视我的优越性地位。①

康德在这里以突出的事例讲述了出自善良意志的人格价值对于外部力量的自主性,发挥了斯多葛主义的基本思想。它是关于人之为人的理想的哲学论证,是一种高尚的人生哲学,它凭借理性(作为道德法则的"实践理性")的内在自足性去解决被无常捉弄的人生所引致的终极关怀问题。理性被认为凭它对人的感性自然性的超越就可以克服虚无。

人作为感性的存在始终是有限的,这一点本身并不能被理性克服掉,康德始终承认这一点。但这一点并不单纯是消极的。人在感性上的自爱或自负这种有限性,恰好是理性施用的对象。对道德法则的敬重之情,恰好源自人这种存在者的有限性,以这种有限性为前提。一个至上的、超脱一切感性的存在者,不会发生对道德法则的敬重,因为在这种存在者身上没有构成对实践理性的感性障碍。

在斯多葛主义和康德的道德哲学中,我们仿佛可以看到一条源自古希腊理性原则的克服虚无之路。但理性真能对付它所不能包容的虚无吗?它在抽象的形式法则中坚持自己,诉诸的是人类心灵的逻辑自足性。这种逻辑自足性把人的存在的有限性当作一个始终要加以克服的对手拒斥在理性的门外。不过,拒斥尽管拒斥,却摆脱不了这个对手,对手与它如影相随,而且力量足够强大,始终威胁着要把理性本身虚无化。所以,这条理性的自我肯定之路,由于只是把虚无拒之门外,并不能真正克服虚无。

其实虚无是无法被拒之门外的。那根本的虚无,即死亡,不光不能被拒斥在自我之外,而且在根本上就包含在自我所拥有的世界之内。死亡并不是那种从自我世界的外部包围着这个世界的虚无,它就在这个世界中。从

---

① 康德:《实践理性批判》,商务印书馆,1999年,第79、83页。

逻辑上看，自我的世界只是自我肯定性的产物，但时间性则是这个世界的根本性质。那本身非时间的逻辑理性，却一向没有发现这一点。

自我之死，不是自我世界中的一项事实，因为死亡一旦成立，就是自我世界的结束。死亡是在下述意义上包含在我的世界中的，即，它是这个世界内部长期存在的可能性。其他人的死，固然是我的世界中的一项事实；他人的死固然会引起我的悲哀，或者他人可能的死会引起我的恐惧，但对他人之死的悲哀或恐惧，同对自我之可能的死的悲哀或恐惧，具有全然不同的性质。真正使我们烦恼和惊骇的，是我们自己的死亡，我们愿意以任何代价把它赶走，哪怕仅仅是短暂的片刻，因为它意味着我们的自我化为乌有。这是一种让我们无以驱散的真正的恐惧，我们把它视为绝对的灾难。

这种绝对的灾难，其来临，没有确切可知的时辰，它是一种无时不在的可能性。诚然，我的世界始终充满着种种可能性，但死亡的可能性却是一种将会取消我的所有其他可能性的可能性。所以，它作为我的生存本身所包含的根本的可能性，构成了我的世界内部的虚无性。倘若我们敢于承认这一点，正视这一点，我们就不会把我的世界仅仅看成是属于理性之本质的东西了。

当代哲学正是站在这种承认和正视的立场上来认识理性之根本的有限性的。在许多当代学说中都包含了这一层意思。这里仅举两个例子，一个是埃里希·弗洛姆的"生存两歧"说，另一个是保罗·蒂利希的"存在性忧虑"说。

按照弗洛姆，人的生活始终包含种种矛盾或两歧性，但有些是由人生所处的时代特征造成的矛盾，他把这些称为"历史的两歧"。历史的两歧随着时代的变迁是会消失的。但另有一种两歧是人的生存在任何时代都有的矛盾，他把这种矛盾称为"生存的两歧"。生存的两歧源自人的存在的根本性质，无法消除。最根本的生存的两歧有三种：一，生与死的矛盾；二，人的长远想象与人的短暂生命的矛盾；三，根本上孤单的个人与他必须与他人交往的矛盾。这三对两歧都是对理性原则的挑战。理性展开的是普遍性的王国，在这个王国中，生存得到无限肯定；长远的想象和计划是理性所允诺和要求的；个人的意义在于其社会性，即他作为人是因为他是社会世界的成员，这也是由理性加以揭示的。但理性如此规定人生，是遮蔽了每一对两歧中的同样真实的另一方面，这样，理性无疑地在总体上具有虚假性，因为理性不能克服它所肯定的这一方面与它所掩盖的另一方面之间的矛盾。在此意义上,理性如何可能使人的灵魂达到内在的完满性呢?

保罗·蒂利希认为凡人皆有三种忧虑终生无法去之,非属心理学范畴,故称之为"存在性忧虑"。一是对死亡和命运的忧虑,一是对空虚和无意义的忧虑,一是对内疚和罪责的忧虑。正像生存的两歧一样,这三种存在性忧虑同样也是理性所对付不了的,即使我们的生活信心是由最健全的理性武装起来的,在这三种忧虑的真实性面前,这种信心也立即暴露出其全部充满空隙的不稳定性。我们的内心最深处,时时为这三种忧虑所困扰,不管我们在清醒的理性的支配下如何力图向自己坚决地否认这一点。有人曾用一个虚构的故事来说明蒂利希所说的存在性忧虑。

一对夫妇生养了一个孩子,组成了一个通常的核心家庭。这个家庭的中心是这个新生的生命。夫妇俩欢欣鼓舞地迎来他们的儿子,这儿子代表了他们对于未来的大部分憧憬。他们立誓要把这儿子培养成将来能出人头地的人物,他们制定了详细的养育计划并尽可能严格地遵照计划行事。一切都如他们所预料和期待的那样展开,孩子健康成长而且聪明,看上去大有前途。尽管这对年轻的夫妇为此付出了多年辛勤的努力,但计划的一步一步实现是那样地合情合理,使他们极感欣慰。然而,他们做梦也想不到不幸正等在前面。一次偶然的车祸竟夺去了他们的孩子。他们原先为孩子成长所制定的长远计划,由于命运的突然闯入而中止。他们的计划原是严密而周到的,并且始终不渝地尽了努力,所以他们不能明白这灾难是怎么可能发生的。未来的蓝图在一瞬间化为泡影。这对夫妇从其儿子的这场灾难中深刻地感受到命运的不可捉摸,命运是不可知的和不合情理的,是随时可以摧毁一切出自理性的安排的。

再假定这对夫妇不再有生育的可能,那么,原先那种和孩子一起创造理想生活的毕生计划也随之永远消失。我们不能说,理性本来就告诉他们一切计划所追求的目标只有相对的价值,且是变幻不居的东西,我们应返回内心的理性而漠视人间的沧桑之变。这样讲其实毫无意义,因为,假如在现实中我们只应听任盲目的外部力量的摆布,理性又有什么重要性呢?对于这对夫妇来说,至关重要的问题已经不是什么节哀顺变,而是往后那没有孩子参与的生活已成为空虚和无意义的了。既然希望和计划已经破灭,未来便成了使他们茫无所适的东西。空虚之感时时袭上他们的心头,即使健全的理性也填补不了这一份空虚。

他们还在回忆中继续折磨着自己,他们觉得一定还存在着某种他们如果去做了就会避免那场灾难的事,但他们却"疏忽"了此事,这种想法造成了使他们隐隐作痛的内疚和罪责感,尽管他们永远不会弄明白他们未曾去做的那件事究竟是什么。

上述三种感受——命运、空虚和罪责——是理性不可能将之驱散的意识,理性无法理解突如其来且无缘无故的命运之力量;理性无法填补某种价值和意义对于个人的人生而言的永远空缺;理性也同样不能驱除扎根于心灵深处的隐秘的罪责感。这三项,对于理性而言,确实是不可理喻的,理性的原则是必须否定它们,但它们却极为真实,并不因为它们被理性拒斥而成为病态的和虚假的。相反,在这种真实面前,理性本身倒显得是虚假的。

上述故事集中体现了保罗·蒂利希所说的"存在性忧虑",当然,这种以一场灾变来体现的情况绝非在每个人的人生道路上都会出现。但是问题的实质在于,即使这种灾难并未发生,在我们生活的每一天中实际上都始终这样或那样地面对这些忧虑。这些忧虑即使在我们信心百倍地行事时,仍隐藏在内心深处:我们确实觉知到命运的不可思议和死亡的根本可能性,我们确实力图避免空虚和丧失目标,我们也确实一直害怕着由罪责所造成的追悔莫及。所以,所谓"存在性忧虑",正是意指它们是我们的存在的一个确定的真实部分,这部分捅破了理性的完整性,使之支离破碎,充满空隙。

生存的两歧也好,存在性的忧虑也好,说明的只是一个基本实情,即,理性在虚无面前暴露了自己的根本的有限性。即使一个人还未在实际上面对死亡之威胁,他在其日常生存中也经常遭遇到虚无。

在这一点上,我们可以发现宗教上的许多荒谬的说法自有其深意。基督教对理性的贬低态度是众所周知的。原罪说是一突出的例子。人的祖先亚当和夏娃偷吃了知识之树上的禁果,然后神说:瞧哪,他们想跟我们一样了。但是,这样,人就犯下了根本的错误,人以为自己拥有理性便可分享神性,于是便因为理性而狂妄自负起来。理性成了他的骄傲之源,但是这恰是他最深的耻辱,因为正是理性把人引离了拯救之路而踏上了歧途。相信理性及以理性自负,是人的堕落的开始。人以为可以凭理性来揭开自身存在之谜,可以认识自己的本性。但其实人根本没有那种作为同一和单质的存在的"本性",人的生存的基本要素是矛盾。人处在存在与虚无这对立的两极之间,因此对理性来说,人永远是一个谜。在基督教中,上帝的意志在于隐藏其自身,所以,基督教教义所谈论的上帝是一个隐秘的上帝,这是出于上帝的映象——人——的隐秘性。德国哲学家恩斯特·卡西尔在《人论》中

谈到基督教时,说得很有道理:

> 宗教的反对者总是谴责宗教的愚昧和不可理解性。但是一当我们考虑到宗教的真正目的,这种责备就成了对它的最高褒奖。宗教不可能是清晰的和理性的。它所叙述的乃是一个晦涩而忧伤的故事:关于原罪和人的堕落的故事。……宗教绝不打算阐明人的神秘,而是巩固和加深这种神秘。……因此可以说,宗教是一种荒谬的逻辑;因为只有这样它才能把握这种荒谬,把握这种内在的矛盾,把握人的幻想中的本质。①

卡西尔在这里强调的正是宗教与哲学的区别:哲学诉诸理性,而宗教则直截了当地承诺荒谬。承诺荒谬是为了褫夺理性的最高权力,为了否认理性能赋予人以绝对的独立性,这样,才能打开一条通向信仰的道路。信仰的前提是谦卑。人应认识到自身的渺小和软弱无力,认识到理性之根本的有限性。只有意识到自己的根本有限性的人,才会放弃关于自身存在之绝对独立性的假象。人之充满空隙的、包含着虚无的存在,让人在根本上有一种绝对的依属感,即要依赖比自己更伟大的救赎形象。宗教信仰就是人对这一形象的投降。不可避免地要遭遇虚无的人,希望得到拯救,而宗教则教导那发现虚无而企求拯救的人,先在一种本体论的谦卑中承诺虚无。所以,宗教关于人的故事必定是晦涩而忧伤的。有了本体论的谦卑,人才会真正发现超验的力量,发现神,这就是宗教之荒谬逻辑的根本用意。

宗教的逻辑是要导向对神的敬畏和献身,以换取来自神的终极关怀和超验之爱。孤独的、面对虚无的心灵,是无法用尘世中的相对的、易逝的爱来安慰的。当然,世间的爱,只要是真正的爱,与上帝之爱性质相同,但作为世俗常情之爱,毕竟受着无常的捉弄,经常得而复失,并且受着种种现实条件的制约,其中既有利害关系在左右,也受一定时代中的道德法则的支配。对于损害着我们的利益的人,我们无法施爱;对于为世俗道德标准和正义法则所否弃的人,我们也无法施爱。但上帝爱我们大家。在上帝眼中,哪怕一个十恶不赦的人,也仍有得救的可能。因为上帝知道,一个有着种种缺陷乃至一无可取之处的人,仍会感到需要有人接受他。假如一个人的实际行为依照社会通行的道德准则是不可接受的,这个人因此而被众人唾弃,那么,宗教却向他提出:上帝愿意接受他,并向他施恩。法国文学家维克多·雨果在《悲

---

① 卡西尔:《人论》,上海译文出版社,1985年,第17页。

惨世界》中描述了一个因受到不公正的法律迫害而仇视一切人的逃犯冉阿让,描述他如何在卞福汝主教的施恩相爱中赢得灵魂的得救,从此行善一生。

上帝的仁爱出自对人的存在的终极爱护。当然这种上帝之爱是人所虚构的。但这种虚构不是一般所谓迷信,也不是一般所谓人在精神上的自我麻痹。固然一切宗教在现实中都经历了一种堕落和衰退的过程,而往往最终成为维护统治阶级利益的精神工具。在此意义上,马克思说得十分正确:"宗教是人民的鸦片"。但马克思同时也说:"宗教里的苦难既是现实的苦难的表现,又是对这种现实的苦难的抗议。宗教是被压迫生灵的叹息,是无情世界的感情"[①]。这就表明马克思在指出宗教的欺骗性的同时,也指出了它是抗议和感情。马克思所说的"无情世界"属于人类社会的历史状况,随着历史的进程是可以被改造社会的革命所克服的。但如果无情世界是指人的存在的本体论状况,即人遭遇虚无、始终被虚无所逼迫的话,那么,面对这种"无情"而生的宗教式的感情,似乎是难以避免的,因为这里所谈论的,不是宗教产生的社会根源问题,而是关于其本体论上的根源问题。

宗教感情就其本体论意义而言,乃是在承诺虚无的同时给予人的存在以最高的肯定。其肯定的方式,是对最高的、超验的人类之爱的信仰。人类之爱在无常世界中没有根基,所以不得不化身为上帝之爱,以使其神圣化,满足人因绝对依属感而产生的对终极关怀之需要。

虚无并不因为人对上帝的信仰而被克服了,而是在这种信仰的感情中不再成为恐惧的对象。虚无依然不可战胜,但它失去了摧毁人的生存之勇气的力量。

不过,这里描述的,只是宗教感情之积极的本体论意义,而不是现实中的宗教的现实力量。可以说,迄今为止没有一种具体的宗教形态曾经达成了它的本质的任务,曾经成为帮助人们去克服虚无的普遍力量。尤其在当代,人们无法在任何一种现存的宗教形态中真正满足终极关怀方面的要求。

哲学也好,宗教也好,都只是克服虚无的道路,而不是其最后的成果。人们还将在这两条路上前行。当然,还有一种可能,那就是未来不是两条路,而是一条路。这条路可能既不能称之为"哲学",也不能称之为"宗教"。是怎样的一条路?无可推断。而且,对于我们,重要的不在于推断,而在于走路。惟继续走路,才表明我们保持着存在的勇气。

---

① 《马克思恩格斯选集》第1卷,人民出版社,1972年,第2页。

人之为人,有生有死,有理性的努力,又有无常的捉弄,有理想的前引,又有命运的不可捉摸。这一切,或让人灰心丧气,最终否定人生的意义,或促进人去为这有限的生命赢得其最高的价值。每个人都必须在这两种根本的人生态度之间作出选择。

西方有童话,用蜡烛的燃烧象征人的生命及其易逝性。这则童话讲述了这样一座房子,其中燃烧着世上每一个活着的人的生命蜡烛。这房子的所有窗户都关着,并没有风可以从外面吹入,但其中的每一支蜡烛的火焰都在风中摇曳。是什么风在吹动烛火呢?是时间之风。

时间的真正的本体论意义,在于它是人对于死亡的动情的觉知。这则童话中的时间之风,正是这种觉知。安静地燃烧着的蜡烛,只有当它不断地被时间之风所拨弄时,才放射出更为耀眼的光芒。人的生命的价值,人的存在的尊严与高贵性,正是由于对于死的觉知才可能被真正注意到。在这个意义上,死亡的不可理解性,人对死亡的惊觉,虽然挫败了理性,却要求着人的生命的最高凯旋。当代德国哲学家伽达默尔写道:

> 古阿第尼说过,死亡是人的本体论的光荣。事实上,光荣首先在于:人们注意到了自己。它并不是人们还有可能放弃的某种荣耀。这一点也是真的:对人类来说,死亡是一种人们既不能放弃,也不能离开它而生存的荣耀。显然,这就是说,与所有其他生命体不同,我们具有这样一个特点:死亡对我们而言已经出现。人的本体论的光荣,他无条件地保持着的、在某种意义上使他免遭丧失他特有的"自由存在能力"的东西,即在于他之未曾遮蔽死亡的不可理解性。[①]

是的,人之自由存在的能力,归根到底不是来自理性,而是来自与虚无的直面遭遇。海德格尔说先行入死而后生,亦是此意。通过面对死亡,我们筹划真正的人生。在筹划中,我们的存在浸透着时间,并因而熠熠闪光。

思考题

1. 为什么对道德法则的敬重要以人的感性有限性为前提?
2. 为什么说死亡不是自我世界中的一项事实?
3. 时间的本体论意义是什么?

[①] 《伽达默尔集》,上海远东出版社,1997年,第146页。

19. "形而上学"释义

以上第11至18节,讨论的是本体论的一些基本问题,从本节开始,要谈谈形而上学问题。

先说一说"形而上学"一词的来历。亚里士多德的弟子在整理和编纂其老师的浩繁著述时,将亚氏论述关于存在者之为存在者的根本知识和总体知识的著作编在了物理学著作之后,称其为"物理学后诸篇",用英语来写就是 metaphysics。其中 meta 义为"在……之后"。这些著作所讨论的内容,按照亚氏本人的说法,属于"第一哲学"。在亚氏看来,哲学与其他学科的不同,在于它研究的是"宇宙万有"之最根本最原始的原因,他称之为"第一因"。故而,研究"第一因"的学问就被称为"第一哲学"。由于他的"第一哲学"方面的著述都被汇合在"物理学后诸篇"的总名目下,metaphysics 这个原本属于编纂技术上的术语竟被沿袭而成表示一门学问的名称。中国近代史上的思想家和翻译家严复,根据这门学问超出经验范围而专门探讨思辨对象的特点,将其汉译为"形而上学"(《周易》:"形而上者谓之道,形而下者谓之器")。

其实,本体论就其考察的对象和考察的方法而言,已属于形而上学范围。既然"道"是形而上的东西,那么,致力于阐发"道"的学问,即本体论,当然就是形而上学了。有的学者直接把"本体论"与"形而上学"当同义语使用,并没有原则上的错误。

不过,如果为了强调本体论特别的是关于"存在"之意义的学问,那么,那些关于宇宙的基本法则、关于心灵或自我的本性、关于精神事物与物质事物之关系等等"形而上的"知识之学问,就应该同本体论作一个区分,而专门地享有"形而上学"之名称。然而,我们还是应该记住,这种与本体论区分开来的形而上学,是狭义的形而上学。

黑格尔和海德格尔都一致地把本体论归入形而上学中,这就是广义的形而上学。

按照黑格尔在《小逻辑》中的叙述,形而上学一共有四个部分:(一)本体论——关于诸存在者之存在规定的学问;(二)理性心理学——研究心灵的形而上的本性(按照黑格尔的说法,这是"把精神当作一个实物去研究"①;(三)宇宙论——关于世界(自然和精神都包含在内)的总体法则的学问;(四)理性神学——"它研究上帝的概念或上帝存在的可能性,上帝存在的证明和上帝的特性"②。

从形而上学诸部分的上述划分,可以看到"形而上学"的学院概念来自西方中世纪以来的经院哲学传统。海德格尔曾对此作过说明:

> 对形而上学的内容上的划分,来源于基督教所信仰的对世界的说明。按照这种说明,一切非神性的存在者都是一个被创造物:宇宙万有。而在这些被创造物中,人又由于一切都取决于他的灵魂得救和永生,而拥有一个卓越的位置。于是,按照这种基督教的世界意识和此在意识,存在者总体便划分为神、自然和人,而其领域随即也就分成了:其对象为最高存在者的神学以及宇宙学和心理学。它们构成了形而上学的下属的科目。与这种科目不同,一般形而上学(本体论)把"一般"的存在者作为对象。③

把存在者总体分为神、自然和人,源自基督教意识;形而上学是关于这三个方面的思辨知识;但是更有为这三个方面的研究奠定基础的"一般形而上学",即本体论。

至此,我们大体可以明白本体论与形而上学的关系。本体论属于形而上学的一部分,然而是形而上学之最核心和最基础的部分。如果说,本体论试图解决的是诸存在者"何以存在"的问题,那么,在本体论之外的形而上学,则要解决诸存在者总体"怎样存在"的问题。显然,探讨"何以存在"之问题,是探讨"怎样存在"之问题的基础和前提。本体论决定了一切其他形而上学问题的研究方式和方法。

至此所说的,均为学院概念中的形而上学。学院概念中的形而上学,意在成为一门可以统领和指导其他一切人类知识的最高科学,或曰"诸科学的女王"。哲学的最高任务,在西方自巴门尼德确定了本体论的"知识论"传统后,就是这种建立"最高科学"的形而上学努力。西方人相信,一切经验知识

---

① 黑格尔:《小逻辑》,商务印书馆,1980年,第103页。
② 同上书,第106页。
③ 海德格尔:《康德和形而上学问题》,见孙周兴选编:《海德格尔选集》,上海三联书店,1996年,第87页。

的根本可能性来自理性,因此,理性若形成关于自身的纯粹知识,也就同时揭示了诸存在者总体的普遍原理。这种普遍原理不是经验地探讨人和世界所能得到的,却构成了一切经验的精神事物和物质事物的基础。关于这种普遍原理的知识,因为不是经验地得到的,故而是"思辨知识"。

如果现在问,这种关于诸存在者总体的思辨知识究竟有什么意义?人为什么需要它?那么,回答是十分明确的:人可以说天生就是形而上学的怪物。人只要不是单纯地存活着,不仅仅是一个能趋利避害的动物,而是注意到了自己并且把自己的生活作为对象,即创造着文明,那么,他就不得不向自己提出属于形而上学范围的问题。即使是一个儿童,只要他的自我意识开始觉醒,他便完全可能提出如下一连串的问题,而这些问题常常使成年人感到头疼:

我是什么?我为什么和别人不同?我从哪里来,向何处去?

世界是什么?世界为什么是这个样子?怎么会有如我周围这样的东西存在?

我为什么必死?死亡是怎么回事?

人有没有灵魂?灵魂会不会死?我的愿望从哪里来,它是自由的吗?

有没有比人更高的存在?假如有神,神是什么样的?

大自然是神造的,还是她自己创造自己?她时而安详和谐美妙,时而暴虐乖戾粗野,是不是出于某种神秘的目的?

大地仿佛是最坚实可靠的,但是当地震来临时,惊恐万状的人们或许会联想到人类生活本身的根基也是动摇的和不可靠的,那么,哪里才是人类真正的家园呢?

我的生活是否是我可以选择的?或者一切都是命中注定?有没有我们凡人看不到的力量在安排着我们自以为是自己决定的一切?

生命那么短暂,每个人终有一死,那么,人活着的意义究竟是什么?什么是真正的幸福?

这些问题的答案,是不可能在经验中求得的,而且经验本身也不会向人提出这样的问题。经验只展现具体事物之间的种种联系,而知道这些联系,对于人的生活的方便舒适或趋利避害有好处。也许,人类的知识本来就局限在这个范围之内。但是,当我们对经验的总体面貌有所觉察、有所感悟,或者当我们在生活的目标方面需要得到可靠的指导时,或者我们在经历生活给我们的磨难、感受到心灵的痛苦时,诸如此类的问题就会不期而然地来到我们心中,使我们渴望在这方面也能通过理性之运用而形成可靠的知识。这样,就形成了对于一门叫做"形而上学"的学问的要求。因此,康德说形而上学是人的"自然倾向"。他在《纯粹理性批判》的导言中写道:

> 如果说形而上学已实际存在,那么,即使不把它看作学问,也应当看作自然的倾向。人类理性并不只是因为博学多识的虚荣心的推动,而实在是由于其自身内部的要求所激励,热烈地趋向"理性之经验的运用及由此引申而来的原理所不能解答的问题"。所以,无论何人,当其理性成熟到可以思辨时,就常有某种形而上学存在,而且将继续存在。①

然而,形而上学的问题,虽是人类理性不可避免地向自己提出的,却不能如理性之愿那样获得如科学知识那么可靠的答案。对于这些问题而言,作为确凿的知识而给出的答案其实是不存在的,将来也不可能存在。形而上学问题与科学问题具有全然不同的性质。在形而上学的领域里面,我们可以期望的不是知识。谁要是寻求的是知识,那么,他应当感谢经验科学,并到其中去求得满足。至于形而上学,则不向人许诺关于任何东西的知识,它给人的报酬是信念和智慧。

比起知识之众所周知的实际重要的价值来说,人们不禁要问,信念和智慧有什么用呢?

这个问题不难回答。就拿我们那么看重的知识来说吧。其实没有一条人类知识是建立在纯粹感性经验的基础上的。对于知识的构造,若分析到底,我们总能在其中找到一个基本的形而上学信念。信念之为信念,即不是知识,因为它是未经经验证实或逻辑证明的。例如,牛顿物理学把一切物理现象都最终还原为质点与力这两个最基本的要素。牛顿本人相信,质点和力是对感性的物理世界的最高的经验归纳,其中没有任何思辨假说的成分。他声称他在科学研究中从来不作假说,而只是忠实而小心地概括那些确凿无疑的感性经验事实。但质点何尝不是一条假说呢?质点即代表对世界之构成的一种最基本的理解,它出自对实体这种终极存在的承诺,而力则代表终极实体之间必然有的相互作用,是在物理学领域中对因果关系的承诺。试问,对世界的这种牛顿式的理解,难道是纯然得自感性事实本身的吗?难道这里面不包含对世界的某种确定的形而上学理解吗?这种理解,是得到

---

① 参见康德:《纯粹理性批判》,商务印书馆,1960年,第39页。

证实或论证了的知识呢,还是一条基本信念?我们完全可以问牛顿:你如何证明世界必定要以质点与力的方式来存在?并且,我们还可以向所有的科学家问道:世界在每一时刻上的任何状态都必定是在先的某种状态的一个确定的结果吗?为什么我们不可以对世界状态作某种非决定论的理解呢?显然,科学家不回答这样的问题,因为这超出了他们的研究领域,他们不是形而上学家。他们只是必须从决定论的形而上学信念出发才能从事科学研究。

至于形而上学,则要对人们自觉或不自觉地接受的形而上学信念本身提出质疑,提出相反信念的可能性问题,在其中进行有意义的思辨。这实际上是理性在拷问自身,其目标是超出感性经验的狭隘范围而让理性去通达智慧。让理性通达智慧,是理性自身不可遏止的要求。

在人类思想和知识的历史上,一切科学都是在形而上学的胎胞里成熟起来而后从哲学中分化出去的。中国的阴阳五行的哲学思想孕育了中国的医学,把人体与外部世界都看作阴阳五行之气的流变与凝聚,是中国医学的根本信念。中国传统哲学思想中没有德谟克利特式的原子观念,这就造成了中国的经验科学与西方经验科学的巨大差别。中国科学最终体现的是中国智慧。中国人自有一套自己的形而上学来通达和阐发这种东方智慧。

我们若打开任何一本够格的科学教科书,我们必定会读到其"绪论"部分,在该部分中,作者谈论该学科的对象、范围、任务和研究方法。这部分所讲述的,其实正是这门科学的形而上学基础和前提,当然它是给予性地讲述的,并不打算对这些基础和前提进行充分而强有力的论证,因为全书的目的在于"绪论"之后的"经验知识部分"。

假如有学者专门对"绪论"感兴趣,并通过对绪论的课题本身的研究而将其扩展成一本著作,那么这本著作的合适名称应是"某某哲学",比如"物理学的哲学"、"经济学哲学"、"法哲学"、"政治哲学"等等。

由是可知,哲学的各种分支领域构成了哲学与其他学科的交叉部分。哲学通过对隐含在经验科学中的形而上学前提进行思考而形成了分支哲学。这类学科就其本质而言,都是关于某某科学或某某领域的形而上学。除了上面所举出的外,还有诸如艺术哲学、道德哲学、技术哲学等。

当着对于自然或社会的经验研究导向某些基本的形而上学问题时,有关学科的进一步发展往往取决于与之相关的形而上学思考的进展。这是哲学推动科学进展的情况。在这个意义上,人类理性确实在更深刻的层面上超出其经验的运用而出现在"物理学之后",如此看来,"形而上学"这个词的原先的编纂学含义,却倒真是恰如其分地表达了形而上学的根本性质:经验是必须在先的,即在时间上先于形而上学的思考,而后才会去趋向理性之经验的运用所不能解答的问题,亦即有形而上学跟随其后。对于这个"巧合",康德是这样评说的:

> 至于形而上学这一名称,我们不能相信它是完全偶然产生的,因为它与科学是那么精确地相吻合:因为对于被称之为"自然"的这个词,我们除了通过经验就无法得出自然的概念来,所以跟随在它后面的这门科学就叫作形而上学(由 meta 和 physics 转来)。这是这样一门科学,它仿佛是置身于物理学的领域之外,在物理学的彼岸。[①]

在本书中,我们显然不可能分别地来叙述关于各门经验科学中的形而上学问题之研究。我们所能介绍的,只是形而上学在探讨诸存在者总体的基本法则时会遇到的若干最基本的问题。至于由西方形而上学在基督教传统中所形成的"理性神学"问题(1,理性本身究竟能够认识上帝到什么程度;2,上帝存在的证明),自然在排除之列。这也就是说,在海德格尔所划分的存在者总体的三部分(神、自然和人)中,我们去掉了神,而只介绍与自然和人有关的最基本的形而上学问题。我们选取了三个基本问题:自由与决定论问题、目的论与决定论问题以及身心关系问题。

思考题

1. 经验科学与形而上学的关系是什么?
2. 你是否同意康德关于形而上学是人的"自然倾向"的观点?

20. 自由与决定论

人类行为让我们相信有自由,但是,关于事物之间有确定的因果联系的基本信念,又使我们怀疑自由是不是假象。这种矛盾的思想即是自由与决定论之间的对立。

事物之间有确定的因果关联,这是我们的一个根深蒂固的观念。如果

---

① 转引自孙周兴选编:《海德格尔选集》,上海三联书店,1996年,第85页。

在一个原先寂静无声的房子里突然听到一个响声,我们自然而然的反应就是寻找这响声的来源。我们决不会以为这响声可以凭空发生而没有原因。医生看病,先了解病人的症状,然后设法判断引起症状的原因,因为只有消除掉原因,才可消除症状,即把病治好。医生决不会认为症状可以无缘无故地发生。人类的自然生存要求能趋利避害。在这方面人比其他生物要聪明一点,他不仅知道区别利与害,而且一直在探讨造成利或害的原因,因为原因一旦形成,跟随其后的利或害便不可避免。对因果关系的了解,使人有一定的预见能力,可以防患于未然、谋利于事先。

科学就是建立在关于世界万物因果联系的普遍性的信念之上的。这种信念被概括和加强在关于世界状态之决定论的形而上学原理中。按照决定论,普遍的因果决定关系,是诸存在者总体的基本法则。世界的一切现象、变化、进程,都遵循严格的必然性。至于"偶然性",则是人类因为对某些必然规律无知而采取的遁词。人们用"偶然性"来掩盖自己的无知。试想,倘若某一偶然事物或事件的原因被确凿无疑地知道了,我们还会说这事物或事件是偶然发生的吗?

我们对于一棵丁香树在一定的时间点上究竟开了多少丁香花,固然并不确切地知道,但我们心里明白,其数量一定是确定的,而且还知道形成这一确定的数量,不多也不少,是有原因的,亦即,是由这丁香树的先前状态所规定的。如果说一棵丁香树的花朵数毕竟是能够计算的,那么,大海在某一确定的时间和区域内的含盐量则是永远无法确知的,但这并不妨碍我们相信这含盐量是确定的,并且相信这个含盐量不是无缘无故的,而是大海在这时间之前的状态的一个结果。这就是我们关于世界的决定论信念。

决定论原理可以概括地表达为:世界上的一切事物,不仅是决定了的,而且是由其先前状况所决定的。这不仅适用于过去,而且适用于现在和将来,而不管先前状况(原因)是否为人所知。

这样,世界在时间中的进程就如一个从某一起端(最初状况)开始的因果链条,这链条环环相扣,没有空隙。18世纪的法国学者拉普拉斯把这一形而上学原理表达在其动力学的决定论中。他指出,只要我们能够用一组方程式描述这世界的力学关系,那么,如果给我们一个初始条件,我们就能用方程式准确地推算出这个世界的一切未来状态。

我们现在来看一看与决定论相对立的对于自由的信念。

自由观念之形成,是出自人类行为的特征。在人类行为中,我们确实明白无误地知道有所谓"作出决定,而后行动"这种情况。"决定"看来是"行动"之原因,而这原因显然又不能归属于造成了行动的某种客观的"先前状况",这先前状况是被更先前的状况所确定的。决定意味着作出选择。"选择"这一概念即包含"自由",这就立即超出了决定论范围。

也许,我们不应被"选择"所迷惑。"选择"或许只是说明了对于未来的无知。在选择时,我们进行考虑,考虑说明我们犹豫不决,犹豫不决是出于对未来的无知。

但必须注意,若这样想,其实是偷换了概念,即把"考虑"偷换为"试图预知"。在考虑中,未来其实不是知识的对象。只有在预测活动中,未来才是知识想要把握的对象。

对于一个有行窃欲望的人来说,偷还是不偷某人的钱包,是要由他作出决定的。为了作出决定,他必须进行思想活动。我们可以看一看在他的思想活动中包含哪些方面。无疑他会试图预知窃取钱包是否会成功。他进行判断,凭借的是知识和经验,在知识和经验的基础上推测未来。如果推测的结果是否定的话,他会决定不偷。这种否定性的决定显然来自预测。因为,除非他丧失理智,否则他不会去做绝不可能的事情,就像他不可能设法去摘取天上的月亮一样。但倘若结果是肯定的,却还未构成决定去偷的充分条件,因为他还须考虑该不该偷,即该不该让自己去听从这个欲望。当我们对欲望本身提出质疑时,我们就不是在试图预知未来真实的事情,而是在准备作出决定。因而,考虑之为考虑,在于我们把自己看成是高于事物之间的因果联系的存在者。正因为不把"我"看成欲望的仆役,人才有可能进行"考虑"。考虑本身,承诺了自我意识及其独立于自然的自由。自我意识及其自由,构成了关于人类行为的形而上学原理。

社会世界的道德秩序和法律制度,都建立在这一条形而上学原理之上。我们不能想象,我们如何有理由从道德上去谴责一个并非自我意识的存在者,说他做出了不道德的行为。对于狗,我们不能说它叼走邻人的肉是偷盗。对于一个抢劫了银行的罪犯,法官不可能由于听取他陈述了促使他不得不抢银行的充分的自然原因而宣布他无罪。现代法律的前提是,其适用的对象对自己的行为有责任能力,而责任能力来自自由意志。假如社会世界承诺的是决定论的形而上学原理,则正义、权利、责任、义务、罪行、美德等等概念均不可能存在。正像我们可以把谋取私利看作每个人的天然权利一样,侵害他人也同样可被视为天然权利。

对此,决定论者还可继续其反驳:社会世界的法律和道德秩序本身也是决定着人类行为的另一系列的因果联系,正像个人因其是生物的存在而被置于自然世界的因果链条中一样,个人作为社会存在物同样被置于社会世界的因果链条之中。因此,他的"考虑",同样只是一种因果必然性(社会世界中的因果必然性)借以实现自己的主观形式而已。因此,在"考虑"中,其实也无选择,而只有关于选择的想象。

对于这一反驳的再反驳,是这样的:如果社会的法律和道德律是与每个个人的自我之心天然一致的,也就是说,自我之心之服从法律和道德律,就如我们的欲望之服从自然律一样,那么,这恰好与法律的概念和道德律的概念本身相矛盾。因为这两个概念自身的含义恰在于承认正义和善之非天然的性质。法律与道德律的共同之处在于"约束"。所谓约束,正是去阻止人对自然律的天然服从。假如法律和道德律也是天然的,那么,第一,它们不会有历史变迁,不会有因时代而异的相对性;第二,它们不需要诉诸人的自觉,而是人人具备的天然尺度,若如此,则约束之义就荡然无存。而接受约束的前提,或曰受约束的能力,正是人之相对于自然而言的自由。

如此,我们便看到自由原理与决定论原理之间的对峙。前者以人类行为的道德性质和正义规定为据,后者以自然世界及社会世界中的普遍的因果关联之确定性为据。两种判据来自两种不同的实在,而在这两种不同的实在之间便有一条难以跨越的鸿沟。形而上学的进一步思考就在这条鸿沟面前被根本地阻断了。对这一根本性障碍的克服,有待于作为形而上学之基础和核心部分的本体论发生革命,亦即,要等待本体论视域的根本性转换,或用中国哲学的话说,要等待对道的新的体悟和阐发,而这正是包含在当代哲学进程中的努力。但这是后话,在此无法详论。

思考题

1. 按照决定论原理,有没有脱离必然性的偶然性?
2. 为什么说在"选择"中包含了超出决定论的形而上学原理?

21. 目的论与决定论

在对诸存在者总体之法则的形而上学理解中,决定论原理除了有自由原理与之对峙以外，还有目的论原理与之抗衡。

决定论相信世界万物之间有确定的联系，每一种特定事物或特定状况都不是无缘无故的，这种基本理解也是目的论原理由之出发的前提。也就是说，目的论也像决定论那样相信宇宙万有的普遍联系，并因而相信每一具体事物或状态之在普遍联系中所具有的确定性。但是，二者对于普遍联系之性质的解释却大不相同。

如前所述，决定论把普遍联系的性质规定为"因果必然性"：每一具体事物或状态之如其所是，都是由在其之先的事物或状态所规定的。目的论则认为，普遍联系不是根源于因果关系，而是根源于目的关系。在普遍联系中，每一事物之所以如此这般存在，是为了一个确定的目的，而这个目的即在于另一事物之存在。举例而言，老鼠之所以有如此这般的样式，目的在于猫的存在，老鼠生来是为了充当猫的食物。古希腊时期的著名哲学家苏格拉底对于自然事物之普遍联系的解释，是相当典型的目的论。他认为，宇宙能有现在这个样子是出自神的目的，而每一具体事物之间的关系也都是目的性关系。对于人的眼睛的构造，他是这样解释的："因为眼睛是很娇嫩的，就用眼睑来保护它，好像两扇门似的，当必要用视觉时就打开，而在睡觉时就闭上。又使睫毛长得像帘幕，免得风伤害眼睛。在眼睛上面用眉毛做一个遮檐，使头上流下的汗不会妨碍它"，"毫无疑问这些都显得是有一位神在设计，好让动物得以继续生存下去"[①]。

苏格拉底对人的眼睛的这种解释，就今天科学的观点看，甚为荒唐可笑。人眼之所以如此这般构造，是自然界中长期的生物进化之产物，是自然力长期作用的结果，不应该说它们是为了一定的目的才如此生成的。因果的决定关系才是人眼构造形成的原因。

如果说目的论思想在其他自然领域（如机械运动、物理运动和化学运动）内很难贯彻的话，那么在生物领域内却容易赢得信奉。生物体的器官是如此的构造巧妙，是如此的适合于生物体的生活目的，你的确很难想象这种构造可以是自然力自发作用的结果。假如自然必须进行无数次的试错才成就生物体的精妙器官，你会惊叹于成功的几率本是那样地稀少，并且，你会更惊叹于自然如何可能从最初的、极为难得的成功（比如从无机物到有机物再到生命体的飞跃）出发，向确定的方向推进、积累这最初的成功，直到成就

[①] 引自《古希腊罗马哲学》，商务印书馆，1975年，第168页。

像人这样的高级灵长类动物！这里面难道不包含某种确定的目的吗？

自然科学的决定论思想在生物领域中长期受阻,直到达尔文提出其关于生存竞争和自然选择的进化学说,才使决定论思想终于在生物领域内得到贯彻。

按照达尔文,成年的生物体在生殖子代时,子代并不直接简单地复制其父母,而是必定发生一定程度的性状变异。变异造成子代之间的个体差异。这种差异在自然环境未曾有大的变化的情况下显得并不重要。如果差异相当大,而环境基本未变,那么,与种的特征距离大的个体即是所谓"畸形",会被淘汰。如果个体变异大,而环境变化也大,那么,"畸形"个体可能恰好能适应改变了的环境而得以存活,而那些未发生大的变异的正常个体却反而由于适应不了新的环境而遭淘汰。存活下来的畸变个体获得了繁殖后代的机会,从而把变异通过遗传而保存和积累起来,终于使整个物种获得新的特征。这就是达尔文进化学说的大意。

可见,达尔文研究工作的重大意义在于:在有机生命的领域内,通过关于在偶然变异的基础上发生自然选择的理论,坚持了自然科学所固有的决定论原理,从而把科学精神推进到了生物界。

科学精神无疑是同目的论思想相对立的。科学就其本性来说,就是要始终贯彻对世界的因果必然性的解释。在科学看来,对世界作目的论解释不仅无法给出真正的知识,而且是对认识自然之任务的取消。目的论解释不是引向知识,而是引向信仰。目的论的归宿必定是神学。在整个世界中的万物之存在及其秩序的合目的性,必须由一个最高目的来说明。这个最高目的来自神(上帝)的仁慈的意志和智慧。万物存在都指向这个终极目的。正如中世纪的教父哲学家奥古斯丁所说:"我们基督徒,不必追求别的,只要无论是天上的或地上的、能见的或不能见的一切物体,都是因创造主(他是唯一的神)的仁慈而受造,那就够了。"[①]经院哲学的集大成者托马斯·阿奎那则说:"必定有一个智慧的存在者,一切自然的事物,都靠他指向它们的目的。这个存在者,我们称为上帝。"[②]

从决定论与目的论这两种形而上学原理的彼此对立,我们可以看到,形而上学本身在其对存在者总体的解释中是包含价值态度的。故而,形而上

---

① 引自《西方哲学原著选读》上卷,商务印书馆,1981年,第219页。
② 同上书,第264页。

学或导向科学,或导向信仰。正像信仰是一种价值一样,科学则是另一种价值。

信仰之价值在于让我们获得对终极目的的关怀,以便安身立命,以便让我们个人的人生价值有最后的归依处,以便在最高目的面前保持人的敬畏和谦卑。科学之价值在于从决定论的原理出发去了解事物之间的因果联系,以便利用关于因果关联之知识增进人的实际生活之利益。通过对因果联系的知识,人可以干预事物的经验过程,借此达到自己的目的。在此意义上,培根指出,知识就是力量。不过这力量指的是增进人类福利的力量,而不是满足终极关怀之需要的信仰的力量。在这一点上,我们确实有必要作出区分。

当代人在达尔文生物进化学说的指引下,把物种的变化不是看作神意之产物,而是基因突变之结果,因此遗传学已经发展到可以进行基因工程以获得人类所需要的物种性状。这是科学的荣耀,也是人类福利之增进,这一点无可怀疑。但问题是人类因此更难有谦卑的态度和对某种超出功利之上的价值的一份敬畏之心。

我们其实可以回头再看一看目的论原理的某些基本理由。前面曾谈及生命之起源及进化是在概率极微小的条件下展开的。科学的决定论无法真正对此作出解释。物理学中的熵定律更是指出了能量从集中状态到耗散状态之不可逆转的转化。根据熵定律,就很难按决定论来设想生命的产生。生命作为新陈代谢,是生物通过从周围环境中摄取自由能量而朝着与熵的过程相反的方向展开,这是令人惊讶的。生命的产生因此仍然是一个巨大的神秘。

达尔文学说其实包含了一种可称之为"持续创造说"的宇宙历史观。宇宙被认为是不断从低级形态向高级形态发展的创造过程。自然选择成为符合着创造原则的选择。其实,越是低级、越是简单的生物,倒是越能适应环境的变化。因此,进化过程的确要求承认创造原则,但创造原则是无法被包容到单纯的决定论原理中去的。创造是有方向的,即使这方向并不具体,但确实是一个从低级到高级、从简单到复杂的总方向。我们如何说明这方向?它来自何处?是什么构成其终极动力?这些根本的形而上学问题仍不得其解。

生命世界中的一些基本现象是至今让我们迷惑不解的。例如,动物体内有一种奇妙的平衡和自我调节能力,能使身体保持最不可思议的内部和谐，并适应种种最微妙的外界影响。人类的技艺永远不能真实地复制这一奇迹，而我们的科学也只是模糊地了解这一奇迹。更让我们始终惊叹的是，动物的肉体器官的构造和功能与该种动物的生活目标是那样地配合一致，以致我们很难想象，这种构造先由盲目的自然力偶然和无意地造成，然后再规定出有此构造的动物的生活目标。当然，我们仍然可以坚持认为，正因为这些生物是如此构造的，所以它们才追求这样一些生活目标。不过，这种观点所遵循的乃是这样的逻辑：某人因为带着钓鱼竿才去钓鱼，而不是为了钓鱼才带着钓鱼竿。但问题在于，当我们把这支竿称为"钓鱼竿"时，我们已不知不觉地把"钓鱼"这一目的直接当作这支竿本身的性质了，而同时，按照决定论，我们又必须把这一性质看成是一种并非属于目的的东西。

因此，对于世界的目的论理解，并未因为科学自近代以来的进展及其巨大成功而被决定论彻底驱逐。问题依然存在。在这个问题上的形而上学思考不是中止了，反倒是由于当代科学思维（包括对熵定律的理解问题以及在生物学领域中超出达尔文主义的新观点之形成）的进一步深入而再度陷入困境。

思考题

1. 为什么必须承认在生物进化过程中包含创造原则？
2. 为什么说决定论原理导向科学之价值，而目的论原理导向信仰之价值？

22. 身 与 心

我们在第20节讨论人类行为的自由特征时，已经提到了自我的存在。我们现在要讨论的关于身与心的形而上学问题，正是关于这个自我的存在方式问题。

传统的形而上学的第二部分即理性心理学或"灵魂学"，研究的是灵魂的形而上学本性，是"把精神当一个实物去研究"，目的是为了证明灵魂的不灭。说灵魂不灭，我们现在自然会觉得没有道理，因为科学的进展已深入人心，使我们不会相信有一个作为实体的灵魂在我们身上或在我们体内的某处。但是，尽管这种旧形而上学意义上的灵魂问题已经消失，精神与肉体的关系问题却依然存在,因为我们总还是要把自我与身体区分开来,我们总不会认为自我是身体的一个部分,自我通常很自然地被认为是一种精神的存在。所以,黑格尔也说,"现时,哲学里很少谈到灵魂了,而主要地是在谈精神"①。

如果那个作为肉体与精神的中介的灵魂实体已被取消,那么,精神算不算实体呢?这个问题很棘手。

我们每个人都有一个身体,同时,我们也都确信我们有一个"自我",并且也知道自我与身体有别。当我们欢庆胜利或后悔失败时,这欢庆或后悔的对象,无疑不是我们的身体或身体的某一部分,而是某个在我们内部的、使我们与别人不同的人的因素。当我们哀悼一个逝者,对他表示尊敬和爱戴,那被尊敬和爱戴的,不是逝者的遗体,而是逝者的那个曾经存在过的自我,并且认为那个自我尽管已不能再和我们相遇,却并没有消失,我们只是知道他不可挽回地离我们而去了。我们所哀悼的正是这样一点,而对于那确实死去了的肉体,我们并无哀悼之情。

但是,我们毕竟也很清楚:那个我们对之无动于衷的身体之死,与那个我们真正关切的自我之逝去,是紧密相联的,前者必定导致后者。这种既相联又需区分的两样东西的关系究竟如何呢?这正是一个形而上学的问题——身体与自我或身与心的关系问题。

我们通常说:"我有一个身体。"我们是在一种什么样的意义上说这句话的呢?可能的意义无非如下三种:

1. 我与我的身体同一。换言之:我是一个身体。

2. 我拥有我的身体。

3. 我是一回事(即作为"人"而存在),我的身体则是另一回事(即一种自然的存在物),两者以某种特殊的方式发生联系。

先看第一种意义。这种意义是站不住脚的。它实际上取消了自我,因为在这种情况下,自我只是此身体与别的身体的差别而已。当然,我们都知道,我与他人不同,可能确实与身体差别有关,例如男性之"我"确实与女性之"我"有别,而这种差别是会造成心理特征上的差别的。但是,即使每个人都在心理特征上具有独一无二性,这个人之作为自我,却仍然不是由他的独特的心理特征所构成的。自我之为自我,自我之不同于由体质所造成的心

---

① 黑格尔:《小逻辑》,商务印书馆,1980年,第103页。

理特征,这一点是可以由自我的可错性及可善可恶性这样两条标准来确认的。我们的自我会犯错误(如相信"今天是 2 月 31 日"),我们不会认为这错误是其独特的心理特征使然,然后再由心理特征追查到身体特征,把这错误视作一种身体状况。身体状况是一种物质状态,我们不能说物质状态会犯错误。真与假的区分不是来自物质状态,亦非来自感觉,而是来自判断。如果承认这一点,我们同时也就承认了判断者的非物质性,而这也就是拒绝把自我同身体等同起来。

同样地,我们也不能把人之善恶与由他的身体特征所引起的心理特征等同起来,若如此的话,其推论便是,恶可以通过医疗来根除,医学的发展将最终建立起由天使组成的社会世界。

再来看第二种意义能否成立。我与身体之间是否是一种占有与被占有的关系?但身体并不是如同物质财产那样的东西。即使奴隶主把奴隶当成财产,但仍需要首先使奴隶的自我成为奴隶主的意志的附属物。我们对待自己的身体的态度,其实与对待身外之物的态度仍然不同。物质财产的丧失,对我们来说确是一种损失,但身体的消失,与哪怕是最贵重的物品的损失相比,仍是在性质上截然不同的。身体的消失,对于自我,是一种绝对的灾难,一种灭顶之灾。

第三种意义是把自我与身体看作两种不同的实体,这是身心二元论。

身心既然二元,即发生两者之间如何联系的问题。因为,我们确实既能看到身体对心的影响,也能看到心对身体的影响。我们的意志属于心之活动,但心之活动倘若不引起身之活动,意志便不成其为意志,而只是某种心象。我们的身体状况,如饥饿,会引起觅食的意志,然后才引起觅食之身体动作。这一切都是十分明白的现象。

但更重要的是,倘若心与身体可以无关,则身体的解体不会导致心的消逝。所以二元论必须解决身心关系问题。

中国东汉年间的思想家桓谭在其《新论·形神》中曾提出烛火之喻来讲形神关系:"精神居形体,犹火之然烛矣……烛无,火亦不能独行于虚空。"[①]此烛火形神论虽明确讲出了心对于身的依赖关系,但并未视心为身之属性或功能,故不属于唯物主义的身心关系说。既然蜡烛不能自己生火,须被点燃,则火与烛便不相属,而是相对待的。对待而又彼此依赖,这就是"身心二

[①] 转引自任继愈:《中国哲学史》第二册,人民出版社,1979 年,第 111 页。

元论"的实质,正如笛卡尔所说,"思维可以受器官干扰,但不是它们的产物"①。

身心二元论的困难在于无法说明身心彼此相联的方式。心如何居于身体之内,又如何与身体发生互动?我们在前面提到过近代西方哲学中典型的二元论者笛卡尔。他为了说明身心的相互作用,便硬规定人的头脑的松果腺是精神与肉体这两种实体之间的作用点。但这不是解决了问题,而是回避了问题。松果腺既然也是一种肉体器官,怎么能使精神与肉体结合在其中呢?这是令人奇怪的。还有一些近代哲学家,如斯宾诺莎、马勒伯朗士、莱布尼茨等,试图用其他方式解释精神与肉体的相互作用,但都无实质性的突破。

可以说,身心二元论所必然面对的困境,使得在关于身心关系的形而上学讨论中所包含的前提性问题有可能暴露出来:我们有没有理由把心看作实体?

近代哲学在对待人这种存在者时,仍然囿于其对待自然事物的思想方式,即借助于同物质实体的类比来描述自我。当代哲学力图证明这种类比是一种根本性的错误。海德格尔提出此在学说,用"此在"这个概念表达人之存在。他认为,人之为人,并不是因为他是能思维的精神实体,而是在于他是对存在的领悟,这种领悟并不以"自我"为其在先的条件,仿佛先有某种自我实体,而后再由这个实体去领悟,而无宁说自我即是这种领悟本身。至于这领悟,不是先有存在者作为其对象与之对立;它既是对存在的领悟,故而在存在者有可能作为对象成立之前,它即已在世界之中。所谓"生存",原是此意。生存,即是"在世之在",即是直接地领悟到世界的展开性,即是卷入和牵挂这个世界。所以,若依此本来实情来理解人之存在,就会觉得,先设定一个孤独的自我,然后讨论这自我如何与其所寓居的物质的肉体相联系以及如何透过这肉体的某种窗户去看外部世界,是一件奇怪的事。那种被包围在体肤之内的孤独的自我,其实并不存在。我们确实会确信有这种与身体有别的"自我"(这一点,我们在本节开头部分已经讲过了),但我们其实不应该把这种确信用一种实体观念来理解和表达。自我之与身体有别,并不直接意味着在实体方式中与身体相对待。的确,自我在运用思维范畴的理性中可以把不同于它的其他存在者概念地理解为实体(须知,当自我作

---

① 转引自梯利:《西方哲学史》,商务印书馆,1975年,第317页。

这种概念理解时，不是在"生存"）。然而，作出这种概念理解的自我本身，并不是实体。近代哲学却直接地把这种概念理解转而加诸理解者身上，这样就忘却了自我之作为生存者的原初性。

生存，作为对存在本身的领悟，绝不同于概念理解。概念理解是在思维范畴中把握存在者，而不是领悟存在。领悟存在是概念前的"在世之在"。人之在世，既不是作为单纯自然存在物而在世，也不是作为行概念规定者的认识主体而在世。这两种"在世"都不是人之存在的实情，而是虚假的在世。前一种"在世"的虚假性，在于把自我等同于身体，或等同于身体的属性；后一种"在世"的虚假性，在于把自我当作凭借概念进入世界的精神实体。西方近代哲学的主要倾向是后者，这意味着在主体与客体之间、在心灵与肉体之间挖出一条鸿沟，一条本来没有必要存在的鸿沟，然后再去设法填补这鸿沟。

概念前的在世之在，是自我作为生存者的原初性。生存本来即意味着站到自身之外去，超越自身。马克思曾用"感性对象性"这一概念来说明人的存在不是一种孤独的唯灵论的存在，而是源始地有一个感性世界作为人的对象性存在①。这一点清楚地表明马克思所实行的哲学变革是对近代哲学的主客体分立的扬弃。

经过哲学的当代革命之后，我们才有可能真正合乎实情地来认识"自我"。这种被合乎实情地看待的"自我"，曾由海德格尔的重要阐释者之一威廉·巴雷特作了浅显、恰当而又生动的描写：

> 我的存在并不是某种发生在我的体肤里面的事件（也不在那体肤里的某种非物质实体之内）；毋宁说，我的存在扩展到一个领域或地带，也就是它所牵挂的世界。海德格尔的人的（以及存在的）理论可以叫做人的场论（或存在的场论），类似于爱因斯坦的物的场论；我们当然只能

---

① 参阅马克思：《1844年经济学—哲学手稿》第121页："一个在自身之外没有**自己的自然界**的存在物，就不参与自然界的生活。一个在自身之外没有对象的存在物，就不是对象性的存在物。一个本身不是第三者的对象［按：指在人之生存中的"对象"也反过来把生存者作为对象，这"对象"此时即是"第三者"。第一者是生存者，第二者是生存者的对象（不是概念思维者的对象），但第二者也把生存者作为对象，这样，即换身为第三者。——引者］的存在物，就没有任何存在物作为自己的对象，也就是说，它不能作为对象来行动，它的存在就不是一种对象性的存在。非对象的存在物是一种［根本不可能有的］怪物。"马克思在同一著作的另一处写道："人是**属人的自然界**"（第119页）。这就是马克思对于人的"在世之在"的描述，人之作为精神实体的自我，在这种描述中已被消解。

把这看作一个纯粹的类比……爱因斯坦把物质看作一个场(比如说,一个磁场)——这同牛顿的物体概念正相对立,牛顿是把物体看作存在于它的表层界限之内的——照此方式,海德格尔也把人看作是一个存在的场或域。如果设想有一个磁场,它的中心没有磁石这样一种坚实物体,人的存在就是这样一种场,不过,在它的中心也没有任何精神实体或自我实体向外辐射。……要花费一些时间才能习惯于海德格尔这个场的概念;但是,一旦熟悉了,它就立刻变得无法规避,十分自然,从而整个地改变我们看人的方式。诚然,这种存在总是"我的";它不是一个不具备人格的事实,像一张桌子的存在只是桌子这个类的一个个别实证那样。然而,我的存在中的"我的"并不在于我的场的中心有一个"我-实体"这个事实,而毋宁在于这"我的"弥漫于我的存在的整个场里。①

当然,用物理学上的"场"之概念来说自我,在哲学上不是一种恰当的方式,但自我的实体性之被消解,倒在这种类比中得到了简洁的说明。此外,巴雷特还叙述了一个有说服力的日常观察,借以揭明自我"在世界中"这一实情:

> 把人或"此在"看作一个场,这个观念一点也不隐秘,一点也不抽象。这同我们对刚刚学会对自己的名字作出反应的小孩的日常观察相吻合。当人们呼唤他的名字时,他就会足够迅速地到来;但是,如果你要他指出这名字所属的那人时,他就完全有可能指向自己的妈妈或爸爸,使两位热切的父母大失所望。几个月后,再问他同一个问题时,这小孩就会指向他自己了。但是在他达到这阶段之前,他听到有人呼唤他的名字,一直是把它看作是同他相关他应对之作出反应的存在场的命名,不管这呼唤是叫他来吃东西,是来到他妈妈身边,或是叫他干无论什么别的事情。但是,这小孩是对的。他的名字不是在他的皮肤所包围之内产生的某个存在的名称:那只是极其抽象的社会约定,这种约定不仅把它自己强加到他的双亲头上,而且还加到哲学史上。这小孩的名字对他的基本意义等他长大后并不消失;它只是为这种比较抽象的社会约定所遮没了。每当他听到他生命攸关的存在的任何一个部分

---

① 威廉·巴雷特:《非理性的人》,上海译文出版社,1992年,第230页。

被人家喊到时,他私下就听到人家在喊他自己的名字。①

不过,巴雷特在此只是谈到了自我被实体化是一种社会约定,这是尚未触及根本的说法。这种社会约定的可能性根植于语言中。在句法的逻辑性质中蕴涵着思维范畴,使语言对事物的命名作用因之而带上了把被命名的事物实体化的形而上学倾向。这可说是语言的形而上学本性。小孩在习得语言时,便不知不觉把这种形而上学倾向一起置入内心。语言是人的社会存在,语法的逻辑特性倾向于将社会存在抽象化,这即是巴雷特所谓社会约定之强加于哲学史。不过,语言的艺术作品的生命力,特别是当它切中人之非理性的生命感受时,表现了对语言的逻辑性质的消解,成为对人的逻辑前的、原初的世界经验之表达。这一切正成为当代哲学的兴趣所在。当代哲学的本体论探索终于指向了力图对抗语言的"形而上学本性"的艰巨努力。当然,对这些富有意义的内容,我们不可能在此详论了。

不管怎样,这一点已经明确,即,随着自我实体的被消解,关于身与心这两个对待物之关系的形而上学问题,已经到了寿终正寝的时候了。至于生理与心理之关系,则属于经验科学问题,不在形而上学的讨论范围内。

思考题

1. 近代哲学把"自我"实体化的根源是什么?
2. 身心二元论的基本困难是什么?解除这一困难的根本途径是什么?

本篇进一步阅读书目

1. 黑格尔:《小逻辑》,商务印书馆,1981年。
2. 黑格尔:《哲学史讲演录》第4卷,商务印书馆,1996年。
3. 康德:《实践理性批判》,商务印书馆,1999年。
4. L.J.宾克莱:《理想的冲突》,商务印书馆,1983年。

---

① 威廉·巴雷特:《非理性的人》,上海译文出版社,1992年,第231页。

四、认识论与先验哲学

23. 真理与认识论问题

在本篇中,我们要介绍的是哲学的另一个基本领域:认识论。

认识论的核心是真理问题。真理的本质是什么?如何获得真理?这两大问题是认识论的基本问题。

在西方近代以前的哲学中,并无真正的认识论问题,而近代哲学倒显得是以认识论为其主要课题。这种情况是怎么形成的呢?

在西方古代哲学中,自巴门尼德以降,真理是指与意见(来自感性经验)有别的知识,而知识则来自灵魂的神性部分——因为灵魂在理念世界中呆过——对超越的理念的直接把握。在西方古代大多数哲学家看来,知识的前提在于有一个超越尘世的、彼岸的真理世界的存在。"哲学"是"爱智慧",意即哲学(一切真知识都可称为"哲学")是对彼岸的、绝对的真理的无限趋近,"爱",是指"努力趋近",而不是"完全达到"。因此,根本的结论就是,真理的本性是它对于感性尘世之物的超越性,而获得真理的途径直接就是人的灵魂对神的智慧的爱。至于认识真理的目的,则在于这种认识本身,这即是所谓认识乃出自"纯粹的理论兴趣",因为它是灵魂所能有的最高福祉。

所以,在西方古代哲学的总背景中,真理之本质及真理之认识都在"超越本体论"的框架内得到确定,不成疑问,于是,近代意义上的认识论问题无从发生。

认识论问题特别地属于近代哲学的核心问题,这是因古代本体论路向在笛卡尔那里发生了转向而引起的。对于这个转向,我们曾在第15节中有所论及。由古代本体论引导出来的西方中世纪基督教文化的致命缺陷,在于人从真理与现实这两个世界中的被放逐。真理与人心无关,现实尘世之状况也与人的努力无关。人的尘世生活,无非是通向天国之旅程。尘世的一切现实状况都是上帝意志的体现,人在尘世中只应该承受一切而不是试图改变什么。人的安身立命之所在乃是那彼岸的天国,尘世生活的目的在于历尽磨难之后迎接末日审判。灵魂之理性部分的真正使命(即认识真理),其实就是努力去认识上帝,以巩固对上帝的信仰,而不是借助对尘世的认识去改善尘世。这个尘世只有一个意义、一种价值,即让我们的灵魂在其中经受考验,以便最终达到灵魂在天国中的不朽的幸福。

西方世界在这种基督教的文化精神中丧失了文化创造之最基本的原动力,其后果是中世纪末期普遍的文化衰落与社会腐败。西方人的文化生命要么在这种衰落和腐败中死去,要么通过精神道统的革新而赢得新生。这对于处在近代前夕的西方人来说,是生死攸关的大事。文艺复兴运动代表了对古希腊世俗的人本主义精神的怀恋和复归,反抗教会制度的宗教改革虽然还是在宗教范围之内的思想革命,却已经表达了人心是宗教真理的真正基础之观念。后来,作为反抗教会与贵族统治的强有力的社会基础的资产阶级,终于直接诉诸理性自身的权威,一场以理性为最高原则的启蒙运动便不可避免。西方近代哲学即是这场资产阶级启蒙运动的理论表达。

诉诸理性自身的权威,意味着重新看待理性作为人心的能力与真理之间的关系。假如真理超越于理性之外,而理性本身又只是被超越的真理预先规定其范围和可能性的东西,那么理性就没有真正的权威。权威在人心之外,以真理的面貌出现,要求人简单地服从。从根本上打破外部权威对人心的支配,需要在哲学本体论上进行革命,笛卡尔在西方哲学史上的划时代的意义,正是开启了这场革命。

"我思故我在"这一命题,指出了"我思"是一切真理之具有确实性的唯一出发点。在"我思"中,"我"因"思"而立,故"思"即"我","我"即"思"。由此,思不再是超越个体之"我"的"客观思维"。但此处这个体的"我",不是感性的我(如走路的我,吃饭的我),所以,这个体性没有生理学和心理学上的含义,而是一纯粹思维之"我"。这样,笛卡尔实际上驱除了超越的客观思维之真理,而赋予纯粹思维以主体的内在性,即要求把超越的、外部的真理拉回人心。

于是,现实世界的真理要从主体思维中产生,真理是人心的产物。这是近代理性主义的开端。黑格尔对此评价说:

> 从笛卡尔开始,我们踏进了一种独立的哲学。这种哲学明白:它自

已是独立地从理性而来的,自我意识是真理的主要环节。哲学在它自己的土地上与哲理神学分了家,按照它自己的原则,把神学撇到完全另外的一边。……在这个新的时期,哲学的原则是从自身出发的思维,是内在性,这种内在性一般地表现在基督教里,是新教的原则。现在的一般原则是坚持内在性本身,抛弃僵死的外在性和权威,认为站不住脚。……勒内·笛卡尔事实上是近代哲学真正的创始人,因为近代哲学是以思维为原则的。……思维是一个新的基础。这个人对他的时代以及对近代的影响,我们决不能以为已经得到了充分的发挥。他是一个彻底从头做起、带头重建哲学的基础的英雄人物,哲学在奔波了一千年之后,现在才回到这个基础上。①

黑格尔在这里所说的作为哲学自身家园的新基础,不是别的,正是作为内在理性的人心。真理既然由人心而出,那么,毫无疑问的结论就是:人心对于人类生活于其中的现实世界负有不可推卸的责任。人心对人类生存的基础负有责任,因为真理不是现成地在尘世之彼岸,仿佛我们只应该等着真理像一块块陨石从相对于尘世而言的理念异域里按照神意而掉到我们头上。比如,17世纪的某个晴朗的下午,有一块真理的陨石掉到了一个名叫牛顿的人的头上,于是人类才终于知道万有引力定律。但是,假如这块陨石掉得早一点,那么,物理学会起步早得多,可以免去那么漫长的在黑暗中的探索,也许,甚至在古希腊,人们就知道"万有引力"了。

以思维为原则,即不是以超越的理念为原则,按此原则,真理以人心的纯思能力为基础。真理的可能性,不取决于神意,而取决于人的主体思维。这样,现实的尘世,作为人生存于其中的世界,其真理便在人心中,它的状况因此就不再是神意的体现了。它的状况或好或坏,或善或恶,皆由人心。笛卡尔所树立的新的哲学原则,其本体论上的根本意义,即是赋予西方人以这样一条信念:真理是人类思维自身的事业,而努力去认识真理的人心,其进步,将导致尘世的完善;尘世应当被改造,将之改造得符合于人心的愿望。

从此,认识真理与尘世进步,成了二而一的事情。但问题也就随之而来:作为纯思的自我意识,固然是真理之确实性的出发点,但是作为现实世界之真理的感性内容却无法从这个先天自明的"我思"中必然地推演出来。

---

① 黑格尔:《哲学史讲演录》第4卷,商务印书馆,1959年,第59、63页。

换句话说,认识真理虽离不开我思之自觉性,但并不就等于这种思维之"自我认识",因为这种认识固然可以给出思维自身之内在可靠的规定,但却是绝对抽象的、与感性世界之间有一条鸿沟的。归根到底,认识真理不等于纯思的自我认识,而是凭思维的规定去认识那现实的外部世界,目的则在于使这个世界与人心一致。

认识论问题遂成近代哲学的关键问题。我们如何可能获得关于现实世界的确凿无疑的真理?真理既是人心的产物,又必须是世界本身的真相,遂发生来自纯思的先天理性与来自人心对外部世界的感性经验这两者之间的关系问题。现实世界是人心所渴求的对象,因为真理即意味着世界与人心的一致。但关于这种一致性的基本性质及其如何达成的问题,还尚无答案。笛卡尔出了题目,近代哲学史即意味着解题之努力,而努力的途径正是认识论之研究。

追求一致性,即意味着有待一致起来的双方先已对峙。这就是作为纯思的主体与作为现实世界的客体之间的分立。认识论必须以主体与客体的对峙为前提,其目标是研究如何达到真理,即达到主、客体之间的统一。

现实世界作为客体,其实有两种:自然世界与社会世界。真理既是世界与人心的一致,那么,就有两个方面的一致:自然世界与人心的一致和社会世界与人心的一致。这样,就应该有两种真理,一种真理是自然客体与认识主体的一致;另一种真理是社会客体与认识主体的一致。

但稍稍再想一下,即可明白:社会客体本身是人,是人与人的关系,是人的共同体,是人的社会性行为及其准则、制度。因而,认识社会客体,其实正是认识人自身,或云"自我认识"。人能认识自己吗?认识之为认识,必须是客观的、达成真理的,这岂不是要求人有一种眼光可以走出自身而后观照自己的真相吗?这可能吗?在古代哲学的原则中,只有超越人的神才能做到!

这个走出自身而后去认识自身的主体,同那去认识自然客体的主体,在认识论中是同一个主体,即——按照笛卡尔——纯思主体。面对既是同一个主体却是两种对象,其认识方法就不可能不同。同一种认识方法能不能形成不同的真理(自然之真理与人的生存之真理)呢?这正是在整个西方近代哲学史上困扰着西方哲学家的极艰难的问题,它是近代认识论之根本的问题域。

若我们再深入地想一想这个根本的问题域之性质,即可明白,它若不是又从认识论问题返回到了本体论,会是什么呢?这难道不是在认识论之后又重回本体论问题吗？正如我们在前面讨论本体论时已经知道的那样，本体论正是在对道的领悟的基础上阐发道，从而揭示人的生存之真理。

由此可见，西方近代哲学虽以认识论为主题，但认识论研究的最终目的还是在于尝试走出一条新的本体论道路来。我们将在后面几节的讨论中逐渐看清这一点。

思考题

1. 为什么真理问题成了西方近代哲学的主题？
2. 近代认识论研究中的本体论旨趣是什么？
3. 认识论的基本难题是什么？

24. 通达真理之路：感觉？抑或理智？

上节中我们已经指出，认识论的前提是主体与客体的分立，所谓真理问题，即是如何去达到主体与客体的统一这样一个问题。隐含在这个问题中的基本前提，是主客体之间的异质性。

笛卡尔为近代哲学提供的出发点，正是主客体之间的异质性。他所提出的二元论，是主体之为精神的实体及客体之为物质的实体。精神光靠自身，有一些"天赋观念"，属于主体之先天的理性。但先天的理性还不是真理，真理要有具体的感性内容。这内容来自作为物质存在的客体，但也离不开主体本身的感性基础。这样，对认识主体的规定，又不得不包含非纯思的成分，即必须承认主体的感性也是一种认识能力，只是这能力不能保证真理所要求的确实性，因其来自心外世界。笛卡尔对此是这样讲的："除了通过自明性的直觉和必然性的演绎以外，人类没有其他途径来达到确实性的知识。"[①]

于是，问题就必须这样提出来：感性的能力能不能算作主体能力？按照笛卡尔的主体之纯思性质，感性的我，难道不也是一种客体吗？这样，人对外部世界形成感性认识，岂不是等于客体与客体之间的相互作用吗？这里难道还谈得上认识吗？

---

① 转引自全增嘏：《西方哲学史》(上)，上海人民出版社，1983年，第511页。

但是,即使感性的我对外部世界所形成的感性经验非常地不可靠,我们总不能说,感性经验不是人的认识活动。可靠与否,是一回事,是不是认识,是另一回事。即使笛卡尔自己也未曾认为人的感性不能算认识,他虽然提出天赋观念说,却也承认有一些观念是"从外面来的"①,只是,他坚决认为这些从外面来的观念不可能是有确实性的知识:"如果没有我们的理智参加,是不能使我们确知任何事物的"②。

既然感性也算是一种认识,那么,即使它本身不是有确实性的知识,它至少参与构成有确实性的经验知识。"天赋观念"虽可说是有确实性的知识,但这些观念中没有感性的内容,因此还说不上就是现实世界自身的真理。而且,证明有天赋观念的论据,主要是数学,但数学既然不关乎经验现实(例如,"三角形三内角之和是两个直角"这一几何定理的真理性,是不依赖于经验世界中有没有三角形的),那么,数学的真理可以说只是抽象的形式真理。

不依赖经验的、抽象的形式真理,按照笛卡尔,纯然来自理智;至于对现实世界的经验,则纯然来自感性;理智加诸感性,才形成关于现实事物之有确实性的知识。知识的确实性,来自理智;知识的经验现实性,来自感性。但既然确实性来自理智,则意味着认识的真理性来自理智。所以,笛卡尔是近代认识论史上的唯理论者。

但是唯理论者必须回答这样两个重要问题:1. 主体之理智方面的起源;2. 主体的理智方面与感性方面的关系如何。

笛卡尔认为,主体在理智方面拥有天赋观念,天赋观念是由比人更高的存在即上帝印入人的心灵中去的。但这是借助神学本体论而作的断言,而不是在认识论的范围内回答问题,理智的起源问题不能这样解决。于是有经验论者起而反对唯理论。

近代哲学史上经验论的第一个代表人物是英国的弗兰西斯·培根,著名的"知识就是力量"的口号是他提出来的。他认为知识的真正起源是经验。他主张对自然事物进行观察与实验,在观察和实验的基础上所作的归纳,才形成亚里士多德的三段论推理所由之出发的大前提。光是三段论本身只是保证了思维的形式正确性,并没有增进我们的知识。真正的知识必

---

① 参见《十六—十八世纪西欧各国哲学》,商务印书馆,1975年,第165页。
② 参见同上书,第151页。

须是关于经验的感性事物的知识,惟这种知识才能帮助人类利用自然、增进福利,故云知识即力量。培根在认识论上的贡献是确定了近代经验论的真理概念:真理必须建立在感性认识的基础之上,真理之内容,不能脱离人通过感官所获得的关于外部世界的感性材料。他说,"人若非想着发狂,则一切自然的知识都应求之于感官"①。这就是说,真理作为有确实性的知识,其确实性不是非感性的,而是在感性中的。当然,培根也承认,光凭感性能力本身,人不能发现感性中的确实性,所以他也极重视理智,但他并不认为理智本身可以给出确实性,理智只是为寻得在感性中的确实性所使用的工具,所以,这种工具的使用方法,根据其单凭自身不能给出确实性的这种本性,便只能是归纳:"不能够允许理智从特殊的事例一下跳到和飞到遥远的公理和几乎是最高的普遍原则上去","只有根据一种正当的上升阶梯和连续不断的步骤,从特殊的事例上升到较低的公理,然后一个比一个高的中间公理,最后上升到最普遍的公理";"决不能给理智加上翅膀,而毋宁给它挂上重的东西,使它不会跳跃和飞翔"②。

  培根既规定了理智的工具性质,真理便属于感性,更确切地说,这两者是同一回事。这就是培根为经验论所做的奠基工作。理智在知识构成中的地位,由确实性之源泉下降为发现确实性之工具,这种观点显然与唯理论对立。但经验论自身还得回答理智工具的起源及其可靠性之根据问题。由这个问题出发,便呈现出洛克认识论的意义。

  英国经验论的重要人物洛克,向前推进培根的思想,将其经验论发展为感觉论。培根的理智归纳是在观察和实验的基础上进行的,作为观察与实验的"经验"概念,含义很不明确。须知,观察不会是没有预定目的的,而实验也必定是出自设计与安排的。观察目的与实验设计显然来自理智,而非感性的东西。这样,在培根的"经验"中先已有了理智因素,而这种理智因素又不同于归纳程序。这对经验论原则是一个威胁。必须排除这个威胁。洛克坚决地把一切理智因素还原为感觉:经验是感觉的积累。

  理智的因素无非是共相和普遍概念,或更明确一点:逻辑范畴(如实体、原因、结果、广延、必然、偶然、本质、变化等等)。笛卡尔所说的天赋观念,说到底,无非就是这些逻辑范畴(当然,还包括上帝存在、自我存在[我思])。

---

① 培根:《新工具》,商务印书馆,1935年,第22页。
② 引自《十六—十八世纪欧洲各国哲学》,商务印书馆,1975年,第43、44页。

逻辑范畴来自哪里？洛克的回答是：来自感觉。洛克着力于向天赋观念论挑战，提出了著名的"白板说"：

> ……心灵像我们所说的那样，是一张白纸，上面没有任何记号，没有任何观念。心灵是怎样得到那些观念的呢？……它是从哪里得到理性和知识的全部材料的呢？我用一句话来答复这个问题：是从经验得来。我们的全部知识是建立在经验上面的；知识归根到底都是导源于经验的。我们对于外界可感物的观察，或者对于我们自己知觉到、反省到的我们心灵的内部活动的观察，就是供给我们的理智以全部思维材料的东西。这两者乃是知识的源泉，从其中涌出我们所具有的或者能够自然地具有的全部观念。①

若仔细读上述论述，可以发现，洛克在把一切知识归诸感觉时，区分了两种感觉：对外的感觉和对内的感觉。对外的感觉，是我们的感官受外物影响的自然的能力，其产物是"感觉观念"；对内的感觉，是心灵反省自身活动的自然的能力。对内的感觉，在洛克的认识论学说中是十分重要的，因为他正是用对内的感觉之产物——"反省观念"——来说明经验的另一大源泉。正是在这一源泉中，洛克试图说明逻辑范畴在感觉上的起源：心灵在反省自己对"感觉观念"进行比较、联结、组合及推理之活动时，形成了一些非由理智自身产生的观念。"感觉观念"和"反省观念"，是并非由心灵创造出来的两类"简单观念"。人的知识就是在这两类"简单观念"的基础上构筑"复杂观念"。"简单观念"是知识的最终材料，故而，它们为人类知识划定了范围。知识即是关于观念之间的符合与不符合之关系的认识，因此，"简单观念"本身所及的范围，规定了知识所能及的范围：

> 心灵在这种使自己的观念重复和联结在一起的能力里，有很大的力量使自己的思想对象发生变化，繁多起来，远远地超出感觉或反省所供给它的东西；但是，这一切仍然限于心灵从那两个来源所得到的那些简单观念的范围以内，简单观念乃是心灵的一切组合的最终材料。因为简单观念全都是从事物本身来的，关于这种观念，心灵所具有的不能够多于它所接受的，也不能够异于它所接受的。心灵不能有别的可感觉的性质的观念，只能具有它凭借感官从外界得到的〔按：意即感官是

---

① 《西方哲学原著选读》（上卷），商务印书馆，1981年，第450页。

获取外部世界之知识的唯一通道*］；它也不能具有一个思维实体的任何别种作用的观念［按：意即心灵不是一种具有某些先天真理属性的思维实体］，只能具有它在自己本身之内所发现的。但是，心灵一旦得到这些简单观念之后，它就不单单局限于观察，局限于外界供给它的那些东西了；它可以凭自己的力量，把它所具有的那些观念结合在一起，造成新的复杂观念，像这样结合起来的复杂观念，它以前是从未接受过的。①

由此可见，逻辑范畴来自在由"感觉观念"导致"内部感觉"的基础上形成起来的"反省观念"之积累。经验是感觉的积累，逻辑范畴是这种积累的产物，因而，即使逻辑范畴拥有个别感觉没有的普遍性，却也不可能超出这种积累本身的范围。

洛克由此确定了普遍者与感性物的关系：逻辑范畴的普遍性（普遍者）是从感觉内容（感性物）之积累中抽象出来的。

进一步，还有一个重要结论：逻辑范畴的客观真理性必定源自感觉的客观真理性。

然而，我们对感觉的客观真理性是不得不怀有迟疑的。我们显然不能说外物对我们的感官的影响——感觉——等同于外物自身的性质。例如，我们对某些外物——比如盐——形成"咸的"味觉，但我们却不能说咸味是盐的自身性质。当然，我们由咸味可以断定外物自身有某种性质会引起我们的感官产生这种味觉反应，但对外物的这种性质之究竟，我们还是不得而知。感觉作为外物对感官的影响，必定受到感官自身特性的制约，并且还要受到感知者在行感知时的个别状态的制约，在这两种意义上的感觉之主观性，都是无可怀疑的。既然如此，我们究竟凭什么才能确定感觉的客观真理性呢？

洛克承认这一点，所以他区分了外物的两种性质：第一性的质和第二性的质。第一性的质——外物的体积、广延、形状、运动或静止、数目——是外物自身固有的性质，不管它们能否被我们所感知。第二性的质——如颜色、声音、滋味等——不是外物本身所固有的，而是外物的第一性的质作用于我

---

* 凡方括号中的按语均出自本书作者，以便读者在无原话上下文的情况下不致有不知所云之感。
① 洛克：《人类理智论》，转引自《十六—十八世纪西欧各国哲学》，商务印书馆，1975年，第381—382页。

们的感官的结果,或者说,是外物作用于我们的感官的"能力"。第二性的质虽不是外物的自有性质,却仍有其客观基础,即第一性的质。

可见,洛克是通过外部事物的两种性质之区分及两种性质之间的联系来为感觉确定其客观真理性的。这一"两种性质说",虽然在关于感觉的认识论研究上大方向正确,即试图将感觉的主观性与客观性两方面予以统一,却并未真正完成此任务,因为他所说的"第一性的质"仍有其从属于感觉之主观性的一面,因此给贝克莱留下了把柄。贝克莱相当有说服力地把洛克的"第一性的质"也主观化了,他在《人类知识原理》中写道:

> 大家都承认:大小、快慢是不能外于心而存在的,它们完全是相对的,并且依感官的构造或位置的变化而变化。因此,要说广延是外于心而存在,则它既不能说是大,也不能说是小,运动也既不能说是快,亦不能说是慢;换言之,它们就根本不是任何东西了……
>
> 数目却完全是心的产物;任何一个人只要注意到,同一个东西可以因我们观察方面的不同而有不同的数目的称谓,就会明白这一点。因此,同一个广延,可以因我们按照一码、一英尺或一英寸来观察它而为一或三或三十六。数目显然是相对的,并且是依人的理智为转移的;一个人如果以为它离开了心而有一个绝对的存在,那真是一种奇怪的想法……
>
> 同一个眼睛在不同的地位,或不同结构的眼睛在同一个地位,其所看到的形状和广延都是各不相同的。所以,它们都不能是任何存于心外之确定的事物的图象……
>
> 为什么我们不可以同样合理地说,运动也不是在心外存在的呢?因为大家都承认,如果心中的观念的连续过程变得快一些,则外物虽然不变化,而运动却会显得慢起来。①

至此,我们可以看到,经验论者面临十分危险的形势:感觉非但没有赢得客观真理性,非但不是沟通主体与外部事物之真相的通道,反而成了隔绝主体与外部客体的屏障;不是成了真理的发源地,反倒成了对真理的感性本质的否定。

---

① 贝克莱:《人类知识原理》,转引自《十六—十八世纪西欧各国哲学》,商务印书馆,1975年,第543—545页。

我们凭感觉所得的观念,完全可能相异于外部事物的本来性质。当然,感觉是由外物所引起的,没有无缘无故的感觉,并且,在不考虑感知者的个体差异时,我们可以把我们的感觉之变化归诸引起感觉的外物本身性质之变化,亦即,感觉变化是有在外物的客观实在性上的根源的,但感觉却依然不可能向我们揭示这个外部根源本身之真相。试想一下,假如我们人的眼睛具有和鱼眼一样的构造,那么,我们所感知到的外物之"第一性的质",必是在一种弯曲空间中的质,我们会把弯曲空间理解为唯一真实的外部空间之特性,而把三维空间看作是想象的空间。如此一想,我们便不敢断言我们对外部实在的任何直观有什么客观的真理性。

若再想一下,我们人类的感觉在其种类的数量上是那么有限(五种外部感觉),以及我们的感觉的范围是那么狭小(可视光线及可听声波都在一定的阈限之内),那么,我们可能有的知识难道不是建立在范围极为有限的"感觉观念"之狭窄的基础上的吗?

面对实际上非常狭窄的感觉范围,人类似乎免不了要灰心丧气,不过,伏尔泰曾虚构一个故事来说明这种沮丧是不得要领的。在他的故事里,天狼星上的"人"去访问土星,遇到了土星的科学院秘书长,问及土星上的"人"有多少种感觉,因为这位天狼星来客正在为自己星球上的"人"的感觉的有限性而深感不安。那位土星的科学院秘书长反问天狼星来客:"你们有多少种感觉呢?"天狼星来客皱着眉头回答说:"实在遗憾得很,才将近一千种。"土星的科学院秘书长惊呼道:"你们可真是幸运,我们一共才有七十二种感觉!"

是的,即使我们地球上的人类的感觉种类数超过"天狼星人",结果不还是一样吗?我们不是仍然会为感觉的有限性不安吗?

蝙蝠能听到超声波,人却不能。人知道这一点,并且还知道,人类无法感知到的外部自然事物之其他存在形态,可以是不计其数的,岂止是电磁波、红外线、紫外线等等!但问题的要点恰恰不在这里。要点在于:人竟知道了自己的感觉的有限性!动物根本不会有怀疑论思想,动物所在的世界,即是它们的感觉所及之世界,人却超出自己的感觉世界,而且,这种超出,就其本性而言,乃是无限超出。人对感觉限度的无限超出,是人的"认识心"之无限性。自然科学的每一步进展,都证明着这种无限性。例如电磁波的发现,一开始就不是依赖直观的证据,麦克斯韦偏微分方程组甚至在有可能获得相应的物理证实之前已经完成了对电磁波的数学描述。

现代自然科学的成就本身已经提示了洛克经验论的狭隘性。现代自然科学的基本特征是用对非直观实在的描述来解释直观的现象世界，而直观的现象世界与物理的实在世界之间的联系纽带，却已不复存在，例如，在相对论中，非直观的非欧几何学比起直观的欧几里得几何学，更适合于解释物理空间，而同时性概念的相对化也已使古典物理学中的时间直观失去其绝对性，这样就形成了四维弯曲连续空间之观念，但是在现象世界中并无对这种空间进行直观的可能性。当然，对非直观的实在世界的物理描述最后总是要求有相应的感觉证据，但这种描述本身无论如何不能说是起源于感觉。

　　自然科学的进步，不是由感觉的积累和丰富化所造成的，而是不能不归功于人类理智对于有限感觉而言所具有的至上性质，这一点已是一个基本事实。洛克经验主义的认识论试图根本否定理智对于感觉的至上性，他有一句名言是这样说的："凡是存在于理智中的，没有不是先已存在于感觉中的"。他的用意原是要通过理智在原始感觉中的起源来赋予理智（逻辑范畴）以客观性，但是，不料反而在根本上取消了理智对于感觉的超越性。然而，若无这种超越性，也即没有了理智的客观性，因为感觉的客观性本身恰是要由理智来赋予的。这正如插在杯水中的筷子，其弯曲本身只是感觉，正如其在空气中的笔直也只是一种感觉一样，这两种感觉，就其是感觉而言，是同样真实的；至于它们两者之间的确具有的不同的客观意义（即反映光线传递之不同的媒介），则是由理智所赋予它们的。所以，理智的客观性无论如何不可能源自感觉的"客观性"，感觉单凭自身，是无所谓客观性的；它会被赋予某种特定的客观性，但这全然出自理智之判断。

　　莱布尼茨是一个唯理论者，虽然他也没能解决理智的客观性之起源问题，但他却坚信知识的客观性即是理智的客观性，所以他对洛克上述名言提出的批评是：应当补充一句——"理智本身除外"。这也就是说，人类关于自然的知识确实不能没有得自感觉的材料，但这些材料本身永远不会是理智。

　　洛克虽然没能从感觉经验中推论出理智的起源和客观真理性，但其失败性的结果有着非常积极的意义，即，使理智对于感觉的至上性反而得到了彰显。但理智的这种至上性是如何可能的？甚至，还可追问：这种至上性是否仍是假象？休谟正从洛克失败的这一正面结果开始，对这一结果本身提出了前所未有的怀疑主义"拷问"，在认识论史上提出了著名的"休谟问题"，把认识论研究推向了新的境域。

思考题

1. 如何理解人类理智对于有限感觉的至上性质？
2. 为什么洛克从感觉中推出理智的努力最终还是失败了？

25. "休谟问题"

上一节的讨论引向一种结论，即，理智赋予人类认识以超越感觉的至上性。人类认识之所以可以不受有限的感觉的限制，借感觉的提示而发明出理论，用理论去通达不可感性直观到的实在，倚仗的正是理智。

我们前面也已经说过，所谓理智，即是人类思维所具有的一些基本的逻辑范畴，或者说最基本的理智概念，如实体、属性、变化、原因、结果、必然、偶然等等。洛克认为，这些理智概念归根到底是从感觉中来的，因为在未曾由对外物的感知赋予我们以"简单观念"之前，心灵是一块白板。莱布尼茨反对这种观点，明确认为理智概念与感觉异质。

假定我们现在既承认理智不同于、也不来自感觉，又承认人类认识的至上性是由理智赋予的，那么，我们仍得进一步说明理智本身的由来以及它的客观真理性之根据。

上面的讨论通过否定关于感觉的"客观性"之说法，实际上已经褫夺了感觉在构成知识中的确实可靠性。现在知识的确实性再度被归诸不同于感觉的理智。但理智的客观真理性来自哪里？既已经过洛克的认识论思想，我们不能简单地重返笛卡尔的"天赋观念说"了，这是洛克的贡献，洛克的白板说虽然在说明理智之本性方面无效，但仍然有力地拒斥了"天赋观念说"。

上述这一切为休谟的认识论思考提供了前提。一望而知，这前提其实已把对理智起源之探讨逼入了困境："天赋说"（笛卡尔）不行，"源于感觉说"（洛克）也不行。休谟不得不另辟蹊径。

"天赋说"的关键是把理智的客观真理性归诸纯思主体之先天推论的必然性，"源于感觉说"的关键是把理智的客观真理性归诸感性主体后天获得的感觉内容。

"休谟蹊径"起步于否定包含在经验知识中的理智（逻辑范畴）具有先天确实性。

休谟抓住因果概念来展开其论证。因果关系之观念，在人类的自然知识中是普遍有效和必不可少的。这是一个基本事实，不容否认，但对于认识论研究来说，关键的问题在于如何解释这一事实。因果观念的普遍有效性的根据是什么？是理智的先天必然性吗？如果是，那么，我们当能不借助任何对外部事物的感性经验而仅凭理智自身就从作为原因的事项中逻辑必然地推论出作为结果的事项来。理智做得到这一点吗？休谟的回答是否定的。

休谟认为，人类认识之对象可以分为两类，一类是"观念之间的关系"，一类是"事实"。对于第一类对象，人类所形成的知识具有先天确实性，即，其确实性不依赖后天经验。关于第一类对象的知识是数学知识。凡数学知识都具有客观真理性，这种客观真理性的根据在理智自身的逻辑特性中，这个逻辑特性即是观念之间的关系在形式上的必然联系。例如"直角三角形的斜边之平方等于其余两边的平方之和"这个命题，其所以具有客观真理性，是因为它是理智按其逻辑本性所作的纯粹的形式推断："直角三角形的斜边之平方"这个数量概念，在形式上已经包含了其余两边与斜边之间的数量关系，数学研究正是在于纯粹地通过思想本身的力量，使这类在逻辑中包涵着的关系由隐至显。又如在"3×5 等于 $30 \div 2$"这个命题中，"3×5"这一计算概念与"$30 \div 2$"的计算概念之间有必然的相等关系，这关系之客观真理性属于数量关系的逻辑本身。

上述"第一类知识"，其实是在逻辑本身中的知识，亦即，是在理智本身的纯粹的形式层面上的知识。这种知识是逻辑的矛盾律之运用的产物：发现观念之间彼此不矛盾的符合关系，即形成数学知识。此种发现，不依赖对外部事物的感知，而单纯依赖对数量关系之观念本身进行符合逻辑的思想。所以，休谟说："这类命题，只凭思想的作用，就能将它发现出来，并不以存在于宇宙中某处的任何事物为依据。纵然在自然中并没有圆形或三角形，欧几里得所证明的真理仍然保持着它的可靠性和自明性。"[①]

不过，研究"第一类知识"，并不是近代认识论的中心课题。近代认识论的中心任务，是要揭明人类关于外部现实世界的经验知识的客观真理性问题，也就是说，要研究休谟所说的第二类关于"事实"的知识。

在关于事实的知识中，我们是否也同样能够发现有来自理智的客观真

---

① 休谟：《人类理智研究》，商务印书馆，1999年，第19页。

理呢?

关于"事实"的知识,即是关于因果联系的经验知识①。这类知识有没有得自理智之保证的必然性呢? 比如,"火之燃烧导致水壶中的水沸腾"这一条经验知识有没有理智所保证的必然性呢? 休谟断然认为没有。在"火之煮水"中并不能先验地发现其中包含"水之沸腾"。思想凭借自身的力量,无论如何也不可能从"火之煮水"中分析出"水之沸腾"来。我们可以从"三角形"概念中必然地得到"一个只有三条边的图形"这一知识,因为"三条边"是本已包含在"三角形"之概念中的。但我们不能同样地说:"水之沸腾"本已包含在"火之煮水"中。因为这是两个不同的事件,对其中一个事件的感知本身,并不能保证得到对另一个事件的感知。在这两个感性事件之间,理智无论如何也发现不了某种必然的联系。假如在"火之煮水"之后,出现"水之结冰"的事件,这在理智看来,并没有什么可奇怪的,因为在"被火煮着的水壶中的水结冰了"这一事件中并不包含任何逻辑矛盾。对于这个道理,休谟自己的阐述是十分清晰的:

> 每个结果都是一件与它的原因不同的事件。因此,结果是不能从原因中发现出来的,我们对于结果的先验的构想或概念必定是完全任意的。即使呈现了结果之后,结果与原因的联系也还是同样任意的;因为还有许多其他的结果,依照理性看来,也同样是不矛盾的、自然的。因此,我们如果没有经验和观察的帮助,要想决定任何单个的事件或推断出任何原因和结果,那是办不到的。②

有人或许会这样想,如果人们只凭经验知道火必定能煮沸水壶中的水,但对这一因果联系的"实体性基础"未有知识,所以才会把这一因果联系当作或然性来解释,而物理学已经告诉我们,火之煮水,是燃烧所传导给水壶的热能加剧了水分子的运动,当水分子的运动剧烈到一定程度,必引致水的汽化。因而,物理学已经给出了这一因果联系的必然性。但是,这一反驳是完全偏离休谟要义的。物理学关于分子热运动的力学原理,并不是"煮水"与"水沸"之间的因果联系的"实体性基础",而只是把这一类因果联系之经验作了从特殊上升到普遍的理论描述而已。这种理论描述,尽管从狭窄的

---

① 康德不同意这一点,他说:"因果连结概念决不是理智用以先天地思维事物连结的唯一概念。"(见《未来形而上学导论》,商务印书馆,1978年,第10页)
② 休谟:《人类理智研究》,商务印书馆,1999年,第23—24页。

"煮水"现象扩大而至"从热能到动能之转换"的普遍现象,但终究还只是描述而已,还是未能说明这类经验联系究竟具有什么必然性。试想,休谟不是同样要问:燃烧若导致水分子运动减弱,为什么是不可能的?难道在这种联系中有什么必然的矛盾阻止我们去作如此的设想吗?

同样地,太阳以往每天都从东方升起,但明天偏偏就不升起来了,这有什么不可能的呢?你不能这样反驳说:这当然不可能,因为地球在其轨道上差不多每24小时完成一次自转,乃是天体运行之铁的规律。不,你这样的反驳是无效的,因为我们在这里所拥有的其实只是"铁的"信念,科学只是通过对之作简明而又普遍化、精确化的描述,将此信念化身为"规律",再硬塞给理智,让理智去接受而已!因为这些所谓"规律",没有一个是从理智自身那里必然地推论出来的。明天地球停止自转,即,那些致其自转的力学规律不再发生作用——这为什么不可能?

这就是休谟问题。它真是既惊人又难以对付!我们一向对于经验事物中的因果联系抱有不可动摇的信心,相信它是人类凭自己的理智所认识到的必然联系,现在它竟被休谟证明为与理智无关!这在西方认识论史上是前无古人的。康德后来在《未来形而上学导论》中感慨地写道:"自从洛克《人类理智论》和莱布尼茨《人类理智新论》出版以来,甚至尽可能追溯到自从有形而上学以来,对于这一科学的命运来说,它所遭受的没有什么能比休谟所给予的打击更为致命。"①

读者在这里切不可误以为休谟问题是打击了因果联系的普遍性本身。休谟并不怀疑对经验事物的因果说明是普遍有效的,因为这本是一个不容怀疑的事实。他也决不否认自然科学知识的存在及其有效性。他所怀疑的,是对这一事实所作的依据理智的解释。他否认这一事实源自理智。或者,既然这一事实毕竟已被表达在作为理智所有物的逻辑范畴中——"原因"与"结果"正是一对逻辑范畴——那么,重要的问题恰是在于:凡是用于构成经验知识的逻辑范畴不能证明是源自理智的,它们不是理智的所有物!

说逻辑范畴不是源自理智,这的确是够惊人的了。

不出自理智,那出自什么?

休谟的回答是,出自在知觉活动过程中各个知觉状态之间前后相继关系之重复。这种多次重复造成被固定起来的联想律。在经验中起作用的逻

---

① 康德:《未来形而上学导论》,商务印书馆,1978年,第5—6页。

辑范畴，其实正是这种联想律。

康德对休谟问题的重要性及其根本意义曾有很准确的概括：

> 问题不在于因果概念是否正确、有用，以及对整个自然知识说来是否必不可少（因为在这方面休谟从来没有怀疑过），而是在于这个概念是否能先天地被理性所思维，是否具有一种独立于一切经验的内在真理，从而是否具有一种更为广泛的、不为经验对象所局限的使用价值：这才是休谟所期待要解决的问题。这仅仅是概念的根源问题，而不是它的必不可少的使用问题。

> 休谟主要是从形而上学的一个单一的然而是很重要的概念，即因果连结概念（以及由之而来的力、作用等等派生概念）出发的。他向理性提出质问，因为理性自以为这个概念是从它内部产生的。他要理性回答他：理性有什么权利把事物想成是如果一个什么事物定立了，另外一个什么事物也必然随之而定立；因为因果概念的意思就是指这个说的。休谟无可辩驳地论证说：理性决不可能先天地并且假借概念来思维这样一种含有必然性的结合。不可理解的是：由于这一事物存在，怎么另一事物也必然存在；这种连结，它的概念怎么能是来自先天的。他因而断言：理性在这一概念上完全弄错了，错把这一概念看成是自己的孩子，而实际上这个孩子不过是想象力的私生子，想象力因经验而受孕之后，把某些表象放在联想律下边，并且把由之而产生的主观的必然性，即习惯性，算做是来自观察的客观的必然性。①

人们向来相信自然科学是人类理智的成就，是理智把感性经验做成超越感觉限度的、具有客观必然性的知识。现在休谟把知识的客观必然性归源于因知觉活动过程的形式而生的想象力，这样就使客观必然性走出了理智的王国，成为在想象力的基础上形成起来的非理性的信念。因果联系的必然性，无非是一种信念，而不是源自理智、能被理智加以证明的普遍必然之知识。

如此，科学知识便失去了它得自先天理智的尊严，它的通常被认为属于理智的要素——逻辑范畴——竟被归属于非理性的想象力的产儿。这种想象力所产生的唯一真理，归根到底就是：未来必定符合过去。自然科学归根

---

① 康德：《未来形而上学导论》，商务印书馆，1978年，第6、8页。

到底就建立在这一条其实是信念的真理之上，除此以外，岂有他哉！

休谟问题对于近代认识论是一个严重的挑战。超越感觉有限性的科学知识并不含有得自理性的必然性，这是对理性可借感觉材料形成关于自然世界的有客观真理性的知识表示根本的怀疑。科学大厦的理性基石被动摇了。我们看来不再能说，是理性赋予人类认识以至上性。纯粹的思维只在逻辑的形式范围内有效，它不能僭越逻辑界线而妄图进入经验世界。

笛卡尔那么信赖的纯思主体之为知识的确实性之根据，现在被发现根本无法将自己的确实性带入现实经验世界。

对认识主体之性质当另作理解，我们不可仓促地就把它等同于理性。

的确是认识主体在构筑着人所面对的经验世界，但它不是凭理性，而是凭诸知觉间的形式联系（联想律）之固定而成的"习惯"，在构筑着我们的经验世界。也就是说，想象力才是这个有秩序的世界之根据。

这个结论把对感觉和理智的认识论研究引入对非理性的想象力的心理学研究。真理问题被转换为心理问题。我们其实没有关于事实的真理，而只有关于事实的心理习惯。把人类对外部事物的认识归诸由心理习惯所造就的信念，这就从根本上取消了近代认识论的主旨。因为，我们固可继续信赖自然科学，但不再相信理性之获得客观真理的能力。这样，知识之为知识的本来意义被取消了。

这就是休谟问题的全部破坏力。

休谟问题的破坏力，其实应归结到这样一点：取消主体。

不过，这是就近代哲学的视野范围而说的。对近代哲学来说，主体意谓获取真理。主体因认识真理才有主体之地位。主体也意谓自由。自由不是别的，正是在于对真理的认识和运用。

在近代哲学的原则范围内，真理仅对于理性才存在。真理不是信念的别名。真理的本性是形而上的，即，主体的自由须与现实世界的理性本质相一致。由此来观信念，信念不是形而上的。休谟所说的信念违背了近代哲学所要坚持的真理观。

休谟问题的实质在于形成了这样一个局面：形而上学真理的可能性被破坏了，因为它证明理性并没有能力去思维现实世界的形而上本质。休谟以前的形而上学，自以为能够去作这种思维，但休谟指明，这种思维所用的诸概念，一旦脱离经验，就是纯粹的虚构，而它们在经验中则完全不具有形而上的意义，只具有为知觉经验的联想律所局限的信念价值。主体自由不可能建立在为经验所束缚的信念价值上,但若建立在理性之脱离经验的概念虚构上,则这种自由便具有全部的虚假性质,是人借形而上学所完成的自我欺骗。

上述局面亟待拯救,否则它将引致取消作为形而上之真理能力的"主体自由"这样一个后果。

这一后果,对于近代哲学的内在目的来说,是不可接受的。近代哲学不可能把理性与主体分开,亦即,不能把理性与人的自由分开(这种分开,仅在哲学的当代变革中,才可能出现;所以休谟意义之积极的一面,其实延伸到了当代哲学之中,只有在当代才能被发现。这是后话)。

康德作为真正理解休谟问题的最伟大的思想家之一,立即出来挽救这关系到近代哲学之命运的危险局面。他同时看到了休谟学说的重要贡献和巨大的破坏力两个方面。他这样写道:

> [休谟]断言:理性没有能力即使一般地去思维这样的连结[按:指经验事物之间的有必然性的连结],否则它的诸概念就会纯粹是一些虚构,而它的一切所谓先天知识就都不过是一些打上错误烙印的普通经验了,这就等于说没有,也不可能有形而上学这样的东西。
>
> 虽然如此,休谟也还是把这种有破坏性的哲学叫做形而上学[按:可以说是休谟式的新形而上学,即专司怀疑和破坏独断的形而上学思辨之职能的"形而上学"],并且认为它有很大价值。他说:"形而上学和道德学是最重要的科学部门;数学和物理学的重要性还不及它们的一半。"不过这位见解高明的人只注意了它的消极作用,即它可以节制思辨理性的过分要求,以便制止使人类陷于迷乱的许许多多无尽无休的讨厌的争论;但是这样一来,假如理性的最重要的一些前景被去掉了的话,他就忽视了由之而来的实际危害,因为只有这些前景才能使意志的一切努力有其最崇高的目的。①

康德的上述话语表明,他决不打算只做休谟式的消极的形而上学工作。思辨理性的过分要求,固然可由这种"消极的形而上学"去加以阻止,但"消极的形而上学"本身还应完成一次转换,即转换到它的积极的方面去,也即展示"理性的最重要的一些前景",以使人类的活动"有其最崇高的目的"。

---

① 康德:《未来形而上学导论》,商务印书馆,1978年,第6—7页。

在康德看来，人类最崇高的目的，仍是惟独理性才能揭示的，这就是形而上学这个科学部门存在的根本理由。理性在现有的形而上学形式中当然无法去执行自己的这项使命，这一点休谟讲得很对。但休谟之取消一切积极的形而上学的结论，却"下得仓促、不正确"①。新的、积极的形而上学是必定要有的，只是其奠基工作还未曾有人做过。休谟清除了旧形而上学的基础，现在，康德要在这块休谟留下来的被清扫过的基地上，开始为"未来形而上学"做奠基工作。

休谟问题已使理性是否有能力从事形而上学这一点成为巨大的疑问。因此，为未来形而上学做奠基的工作，无疑就应是对理性的能力本身进行彻底的考察。康德把这种考察称为"纯粹理性之批判"。

当然，休谟认识论因其对经验中的理智（逻辑范畴）所做的无情拷问和消解工作，无疑属于"理性之批判"，但他的批判产生的是否定性的结果。康德批判则是在休谟之后重新确定理智之根据，划定其范围，而这种批判要导向的是一种确定的积极成果：纯粹理性的自我阐明。

纯粹理性的自我阐明，才是真正意义上的"先验哲学"。这种阐明本身同时即是对现实经验世界之根据的阐明。这即意味着：先验哲学不仅是认识论，它在作为认识论的同时，又开辟本体论上的新路向。在下面几节的讨论中，我们将逐渐看出，先验哲学如何导向不同于古代"超越本体论"的"理性本体论"。

思考题

1. 休谟问题对近代认识论的挑战是什么？
2. 休谟问题的破坏力是否仅限于认识论范围？

26. 理性的隐秘判断

休谟把经验中的理智（逻辑范畴）归源于由知觉过程形成的联想律，即否认其出自理性，这样就实际上使关于"事实"的知识成为关于"事实"的信念。康德要考察理性的能力，首先就必须看一看知觉事项之间的必然连结

---

① 康德：《未来形而上学导论》，商务印书馆，1978年，第7页。

是否源自理性。

休谟曾以数学为例,指出理性单凭自身所达到的知识无非是确定观念之间不矛盾的相符关系。如在几何命题"三角形三内角之和为180度"中,主项"三角形三内角之和"是一数量相加的观念,谓项"180度"是一加数之和的观念。理性仅凭自己就可断定主项与谓项的必然一致,因为,在"三角形三内角"这一观念中逻辑地蕴涵"三角形的每一外角是与其不相邻的两内角之和"这一规定,而"一外角加上相邻内角即为一180度之平角"也出自"直线"与"平角"的相符关系,故而,命题中的谓项完全是根据逻辑的不矛盾律而从主项观念本身中推论出来的。这也就是说,谓项作为一条知识,原已包含在主项观念中,而"三角形三内角之和为180度"这一命题的作用,无非是使主项观念本身所包含的逻辑规定由隐至显而已。理性所能给出的具有必然性的知识,均属此类。

在这类知识中,虽可以说有主项与谓项的必然连结,但其实是谓项从主项中必然导出。之所以能有这种必然导出,是因为主项和谓项均为无感性知觉内容之观念,在这类观念之间自然可以"先天地"(即无涉感性经验地)判断它们有无相符关系。人类理性之可能作出的全部"先天判断",尽属此类。

按照休谟对先天知识的这种分析,观念之间的必然连结都来自观念之间的逻辑互涵。在逻辑互涵之外的观念连结,要么来自后天的知觉经验(在此情况下,连结没有必然性),要么来自理性自身之武断的任意思辨(在此情况下,连结的必然性是纯粹虚构的)。

康德把休谟的这层意思明确地表达为:凡先天判断均为"分析判断"。亦即,判断之谓项是从主项概念中分析地得出的。

若一个判断其谓项并不包含在主项中,则发生了两个没有逻辑互涵关系的观念之间的真正连结,康德把这叫做"综合",以别于"分析"。这类判断因此就被称为"综合判断"。

根据休谟的观点,综合判断除了源自后天经验之外,不可能有别的基础。这也就是说,凡发生真正的连结的判断,即综合判断,均为后天判断。我们不可能先天地连结两个没有逻辑互涵关系的观念,人类理性没有这种能力。

理性真的没有这种能力吗?康德向休谟发问。综合判断一定只能是后天的吗?"先天综合判断"是否可能?

洛克以为,观念之间的必然连结来自感觉内容本身。休谟已经驳斥了这种观点:连结的必然性不可能来自感性知觉本身。康德完全同意这一点。的确,连结本身绝非感性表象,我们如何可能感知到事物之间的关系呢?比如,因果联系可以被感觉到吗?

但是,超越感觉的连结本身,却也不能像休谟那样为了坚持其后天的起源而将之归源于知觉程式的多次重复所造成的"心理习惯"。

如何驳斥休谟的"心理习惯说"?亦即,如何证明"超越感觉的连结"来自理性?康德首先诉诸数学。因为数学是一门公认的纯粹理性的学问,它所讨论的对象,即使在经验世界中无相应的感性物,仍不妨碍其推论的有效性。休谟因此特别需要用这门学科来证明理性不凭经验所得的(即"先天的")知识只能是分析判断。

康德因此便要论证:数学判断固然是先天的,却还同时是综合的。在《纯粹理性批判》的简写本《未来形而上学导论》中,他把这一论证说得非常清楚,我们可直接采用他的表述:

> 首先必须注意的是:真正的数学命题永远不是经验的判断,而是先天的判断,因为带有必然性,这种必然性不是从经验中所能得到的。如果大家不同意我这种说法,那么好吧,我就把我的命题限制在纯粹数学上;纯粹数学这一概念本身就说明它包含的不是经验的知识,而是纯粹先天的知识。
>
> 大家可以把 $7+5=12$ 这个命题先想成一个分析命题,是按照矛盾律从"7"与"5"之和这一概念得来的。然而经过进一步检查就可以看出,"7"与"5"之和这一概念所包含的只是两个数目之合而为一,绝对想不出把二者合起来的那个数目是什么。"12"这一概念是决不能仅仅由于我想到"7"与"5"之和而能想出来的,不管我把我关于像这样的一个可能的和数的概念分析多久,我也找不出"12"来。我们必须超出这些概念,借助相当于这两个数目之一的直观,比如说,用五个指头,或者用五个点,把直观所给的"5"的各单位一个、一个地加到"7"的概念上去。这样我们就通过 $7+5=12$ 这个命题实际上扩大了我们的概念,并且在第一个概念上加上了一个新的概念,而这个新的概念是在第一个概念里所没有想到过的。因此算学命题永远是综合的,而且随着我们所采取的数字越大就越明显,因为那样我们就看得清楚,无论我们把我们的

概念翻转多少遍，如果不借助于直观而只是一个劲儿地把我们的概念分析来分析去，我们是一辈子也得不到和数的。

纯粹几何学的一切公理也同样不是分析的。"直线是两点之间最短的线"，这是一个综合命题；因为我关于"直"的概念决不包含量，只包含质。所以，"最短"这一概念完全是加上去的，用任何分析都不能从直线的概念里得出来，在这上面必须借助于直观，只有直观能使综合成为可能。

几何学家们所订立的其他一些原理虽然实际上是分析的，并且是根据矛盾律的，不过作为同一性命题，它们只作为在方法上连接之用，而不作为原理之用，比如 a＝a，全等于其自身，或者(a＋b)＞a，全大于分。而即使是这些命题，尽管单从概念上来说它们被认为有效，但在数学上它们之所以被承认，也仅仅是因为它们能够在直观里被表象出来。[1]

康德的论证有无道理？在"7＋5＝12"及"直线是两点之间最短的线"这两个命题中，谓项真的不能从主项的概念中分析出来吗？当代不少哲学家（主要是维也纳学派及几乎所有分析哲学的代表人物）对此进行质疑，他们的结论是否定在这些命题中有"先天综合"。但我们认为，康德的论证确有道理，因为"7"与"5"之和这个概念以及"直线"这个概念，都不能单纯依靠思维而知道它们的量的结果，这量的结果确乎要依凭直观。假如我们愿意承认这一点，那么，要问的一个问题便是，为什么这些数学命题所依凭的直观是"先天的"？

把"5"加到"7"上去，不是要凭借手指头或别的什么吗？至于直线是不是两点之间最短的线，不是要凭我们的眼睛对实际的直线进行直观吗？这些直观不是后天的吗？初想起来，应是如此。我们总不能不实际地数过数目，也总不能不实际地看到过直线。数学知识看来总是从我们对感性世界的经验中起源的。不过，康德立刻就要纠正我们的说法：不是起源，而是起始。我们确实要从感性经验"起始"，一如我们最初要让小孩扳他的手指来学算术，或在黑板上画直线让学生"看到"直线，但他们对命题之确实可靠性的领会，却并不"起源"于他们的这些"后天直观"。这也就是说，数学知识的

---

[1] 康德：《未来形而上学导论》，商务印书馆，1978年，第21—22页。

获得,可以说"起始于"、但不可说"起源于"感官对外物的经验直观。为什么?须知,当小孩在扳手指数数时,他对手指的感性特征所形成的感觉,是与数数本身毫不相干的。数数乃是一种纯然属于内心的观念活动,这活动就是——按康德自己的明确表述——"在时间里把单位一个又一个地加起来,用这一办法做成数的概念"①。须知,当学生注视黑板上老师所画出的直线时,他们从不会真的去实际观测老师所画的直线是否绝对地"直"——因为谁都永远不可能在感性世界中画出一条无可争议的直线来——他们在注视黑板时,与其说他们注视着那条实际的直线,不如说他们注视着自身心中的直线观念。当他们如此注视时,他们立刻就明白了直线无疑是两点间最短的线。他决用不着反复去画直线与非直线,然后对它们作测量上的感性比较;他们凭某种非经验的领悟就能确信那个命题。实际情况就是如此。但为什么会如此呢?我们在下面继续来作说明。

在时间上,数学知识确实要从对外物的后天的"经验直观"起始,这一点是无疑问的(在历史上,古埃及人丈量土地的需要及活动,确实给几何学知识的初步形成提供了推动),但是,对经验直观的可能性的探讨,恰能向我们说明,单单对外物的感觉,并不能构成对外物在空间和时间中的感性形式的经验直观。经验直观中确有感觉成分,如对一只皮球的直观,确实包含对此球之皮色、质地、纹路等等的感觉,但光是这些感觉的积累、相加,无论如何构成不了"球体"之直观。因此,我其实从未"感觉"到一只皮球,我是把如此这般一组感觉材料"判断"为皮球。此"判断"之根据即是我们心中的"球体"之纯粹直观。

我们通常总以为,我们在感性世界中先看到了各种各样的球,然后我们舍掉这些球的种种感觉特质,抽象出球之为球的共同形式,称这形式为"球体"。但我们却从不认真想一想,在舍掉所有感觉特质后留下的那个共同形式,源自何处?我们总不能说它源自我们对感觉特质的舍弃这件事本身吧。

它若不来自舍弃,就应在舍弃之前本已存在。舍弃只是使它被彰显出来。这被彰显出来的"共同形式",不是别的,正是使我们得以"看出"这些对象是球体的那个"看"的方式。我们若没有"看"的方式,光凭感官对外物的感觉,如何"看"得到各种各样的球呢?看到球,要以"看"的方式为前提,这"看"的方式本身显然不是感觉,而是使感觉材料如此这般组合起来的"纯粹

---

① 康德:《未来形而上学导论》,商务印书馆,1978年,第42页。

形式"。所以此"看"不是经验的看,而是先天的"看"。康德把这种先天的"看"称为"先天的纯直观":

> 如果从物体的经验的直观和物体的变化(运动)中去掉一切经验的东西,即去掉属于感觉的东西,剩下来的还有空间和时间,因此空间和时间是纯直观,它们是先天地给经验的东西做基础的,所以它们永远是去不掉的……它们是先天的纯直观……这些感性的形式必须是先行于一切经验的直观,也就是先行于实在对象的知觉……感官对象的经验的直观,其基础是(空间的和时间的)纯直观。这种纯直观之所以可能作为基础,就在于它只是感性的纯粹形式,这种感性形式先行于对象的实在现象,在现象中首先使对象在事实上成为可能。然而这种先天直观的能力不涉及现象的质料,也就是说,不涉及在现象里构成经验的感觉,它只涉及现象的形式——空间和时间。①

要注意,这里讲先天直观先行于经验直观,不是指"在时间上先于",而是指"逻辑上先于"。并不是说,我们在实际地直观经验对象之前,必先曾直观过感性的纯粹形式本身,仿佛我们不先是数学家,我们就不能直观到经验对象似的。这种想法是荒唐的。先天的纯直观,不是某种在时间上先于经验的先天知识。纯粹直观的先天性只有一个意思:它不源自后天的感觉,却是使经验直观得以可能的逻辑条件。经验直观并非始于先天直观,而是其可能性源自先天直观。

但还得追问:先天直观自身既不来自感觉,源自何处?这个问题不好回答,实在太难。太难也要回答,而且回答的路向似乎没有别种可能性,亦即,除说它来自"心",别无选择。

这实际上是在感官对外物的感受性之外另设一种认识之源泉,把先天直观能力归之于它,而且认为它是规范着感官的感受性、使被动的感受性转成为获取经验之能力的"绝对的行规定者"。这行规定者,康德称之为"心"。

此心,不是心理学意义上的心。休谟认为逻辑范畴出自知觉主体因联想力而把知觉程式习惯化,至于这知觉主体——即"心"——本身是什么的问题,他的答案是:心只能"是那些以不能想象的速度互相接续着、并处于永

---

① 康德:《未来形而上学导论》,商务印书馆,1978年,第42—43页。

远流动和运动之中的知觉的集合体,或一束知觉"①。休谟可谓一个最彻底的"后天经验派",连认识主体(心)都要被归结为感性知觉的集合!知识的根本成分——判断——也要从知觉的集合中来!

但康德不可能这样做。先天直观作为数学判断(命题)之根据,其源泉既然不是感觉经验,就必须与知觉异质。故"心"不可能是心理学意义上的知觉主体,也不可能是生理学意义上的某种物质器官的功能(因为物质器官的"功能"不可能是具有可错性的"行判断者")。所以,康德从经验论者那里拯救出一个非经验的、又是使经验得以可能的判断主体——心。

这个与感性异质之"心",其性质不能不是理性的。即使是在感性领域中,感性直观知识的可能性也还是理性(数学因此就是在感性领域中的一门纯粹理性的学问)。理性不是感官的感受性,而是作出普遍有效之判断的能力。康德现在证明,这种判断力,不光是知识的基础,而且首先是使经验对象得以呈现(如我们上面列举的皮球这一经验对象)的基础。虽然"心"为何物,尚不清楚,但它是"理性"——作判断——之能力的根源这一点已经清楚;而且,"心"在感官为它获取关于外物的感觉材料之前先已("形式在先")隐秘地判断了外物。人之心若无这种先行的隐秘判断,而只听任一系列感性知觉自行呈现,则连经验对象都无法获得。光是一连串的感觉知觉,永远构成不了经验对象。比如,作为一经验对象之直线(如画在黑板上的),非要有对直线之先天纯粹直观做基础,否则这条黑板上的线只是一感觉对象,永不能被直观为"直线"(作为感觉特征上的纯粹直线,是谁也画不出来的,并且在宇宙中的任何地方都不会存在)。

因此,几何学上的直线,正是一个纯粹的数学概念,它在我们"心"中。几何学教师在授课时,虽然在黑板上画了许多几何图形,却并不是要求学生凭感官去准确地感知这些图形,而是正在跟学生们讨论他们心中本来有的观念而已。几何学课不是关于外部世界感性形式的"观察实验课",而是纯粹理性之隐秘判断的展示课!"直线是两点之间最短的线",是一个自明性判断,一旦被说出,人人都承认,觉得不可怀疑。自明性判断是理性无须也无法用逻辑推理去进行证明的公理。纯粹数学的整个体系便是以公理为基础进行严密推理,证明出一系列定理与推论。

探讨自明性判断的根源,是哲学家的事业。康德并未完成这任务,却把

---

① 转引自《十六—十八世纪西欧各国哲学》,商务印书馆,1975年,第596页。

这任务提到了最突出的地位,亦即追问:"先天综合判断"是如何可能的?当代德国哲学家海德格尔把"先天综合判断"这一概念的意义揭示得更为深刻:

> 这种关于存在者应当告诉我们某种并非由经验从存在者中获得的东西,这就是告诉我们存在者的存在规定,就是先行关涉到存在者,就是告诉我们首先是何种纯粹的"与……相关"(综合)才构成了关涉者和这种视界,在这视界中存在者就其自身而言能通过经验的综合而被经验到。这种先天综合正需要在其可能性中得到澄清。一个涉及到这种综合之本质的研究,康德称之为先验的研究。①

按照海德格尔的上述说法,先天综合判断问题其实属于本体论问题,因为它指涉了存在者的存在规定。存在者的存在规定无法由经验获知,相反地,它却是我们有可能经验到存在者的前提。这个前提的根本意义在于表明,我们对外部事物进行认识的基本条件首先在于使外部事物成为认识的对象。

外部事物并不是直接现成地提供给认识的。在天然感官面前,外部事物其实仅是混沌一片的知觉状态,这种知觉状态并不是我们通常所说的经验世界。经验世界由经验对象组成。因此要问:杂多的知觉是如何成为认识主体可以去面对的一个个的对象的呢?我们通常总认为,一个个彼此分立的"物",是现成地给予我们的。但康德告诉我们,事情不是这样。对象或物,由心所造。我们一讲到物,便相信它不依赖于我们而独立存在。但独立自在的东西不是物,而是物质。所以,心之造物,不是造物质,而是造出可以进入我们的语言和思维的经验对象。

我们对外部世界的认识,从来不可能是认识物质本身。确实,外部物质刺激我们的感官,引起我们的感觉知觉,但感觉知觉绝非对物质本身的认识。我们在上节中谈到感觉的主观性及阈限时,已经说明了这一点。

把杂多的、茫然一片的知觉状态构成有秩序的经验世界,必要有超出感觉的构成者。没有这个构成者,我们连经验也不可得,更何谈在经验基础上形成有普遍必然性的知识?反过来说,要是我们毕竟可以不仅在纯粹数学中,而且在关于外部世界的经验知识中,获得有客观必然性的真理(这一点

---

① 见孙周兴选编:《海德格尔选集》上卷,上海三联书店,1996年,第93页。

已因近代自然科学的成功而成为一个基本事实),那么,经验知识之真理的可能性必定已在经验本身的构成中具有基础。康德讨论自然科学知识中的先天综合判断的目的,就是要证明这一点,即证明在形成自然科学知识之前,理性已将自己的"先天综合"(判断的主、谓项之间先于经验的必然连结)用于经验本身的构成。经验既然如此构成,则关于经验的科学知识便自然能够拥有由理性所保证的普遍必然性。我们现在简要地介绍一下康德如何证明这一点。

前面已介绍康德如何证明数学的基本命题均为先天综合判断。他在证明这一点时指出:判断的主谓项之间的必然连结来自先天的纯粹直观。在证明自然科学命题也以先天综合判断作基础时,他指出:在科学用作其材料的经验判断中,主谓项之间的必然连结来自先天的纯粹思维。

先天的纯粹思维是怎么回事?

康德首先区分了知觉判断与经验判断。比如,"太阳晒石头,石头热了"是两个知觉判断,而"太阳晒热了石头"则是一个经验判断。两种判断的区别是,知觉判断仅有主观有效性,因为它根据的是感官的直接知觉,而不同的知觉者对同一对象所获得的知觉是有相当大的差别的,我们在知觉上达不成一致是正常现象,故而知觉判断被给出后,并不要求人人同意;但经验判断却须有客观有效性,即它要求人人同意。比如,"太阳晒热了石头"之所以是经验判断,因为它不是简单地把知觉表象连结到主项之上,而是把知觉表象归属于概念。在前面那两个知觉判断中,有两个知觉表象被分别连结到两个主项上:"太阳晒"和"石头热"。在后一个判断"太阳晒热了石头"中,"晒"与"热"已不再单纯是主观上的知觉了,因为"晒热"作为及物动词,已被假定为必然属于所有的人的知觉。为什么能这样假定?因为"晒"和"热"这两份知觉被归属于同一个概念"晒热"(及物动词代表一个因果性概念)。知觉在此归属之举(纯思维的行为)中被客观化了,亦即成了必然地属于所有的人对"阳光照射"的知觉。

我们本来对于"阳光照射"可以形成千差万别的知觉,其中每一种在主观上均为有效,但因此也就无客观的有效性,也因此而无法成为经验事实。一旦把"阳光照射"表述为"晒热"概念,知觉表象虽还存留着,却已排除了所有可能的知觉差异,而使这份知觉获得一个普遍的规定。

所以,概念的本性是给知觉规定出它的普遍性来,使知觉成为普遍知觉。知觉一旦成为普遍知觉,虽然感性直观的表象还在(感性表象不能在,否则即成为超验的思辨),却立刻就含有一个判断的成分。知觉不再只是一个单一的主观表象,而是成了化身为知觉的判断。

因此,康德证明的关键之点是,知觉之上升而为概念,不是从知觉表象中抽取共同点,亦即,不是从知觉上升为知觉的共相(如洛克的观点),也不是从知觉的心理过程的重复上升为普遍有效的心理联想(休谟),而是通过给知觉以一个普遍规定而使知觉上升为判断。

概念不是感性表象之共相,这是康德证明中最为有意义的一点。传统的形式逻辑使我们以为概念无非是对感性表象的抽象化。康德创立先验逻辑,纠正我们这一想法,把概念本身理解为一个隐秘的判断,将概念赋予一个知觉,即是将知觉转换为判断!他告诉我们,倘无这种转换,知觉就永远是心理的东西,而不是经验。

康德自己还曾用另一个例子来说明这一点。例如对于空气,各人可以有不同的知觉,对这些主观知觉再怎么积累、相加、寻找共同点,都不能使其上升为概念。但倘若我们用"扩散性"来包摄关于空气的这些千差万别的感性表象,我们就获得了空气的概念。我们若再细想这空气之概念,可以发现,它原来是一个假言判断,亦即"如果我们所知觉到的是空气(而不是别的什么),它就一定具有扩散性"。

在此概念(一个假言判断)中,我们是否赢得了超出主观知觉的客观经验?显然是的,因为我们由此获得了空气这一经验对象。

若再细想一下,在通过此概念("空气")而使知觉表象成为经验对象时,我们是否实际上已经安置了某种"主谓项之间的必然连结"到经验中去?回答必须是肯定的:"空气"概念已先行地把"有扩散性的"这一谓项连结到主项"空气"上去了,因为"空气"这一主项本身已是一个先在的判断("它是有扩散性的东西")。所以,如下经验判断便必然具有普遍的客观有效性:"因为这是空气,所以它有扩散性。"于是,结论便是,当经验成为经验时,它已内含出自理性的先天综合判断。

康德这个例子表明,我们之所以能够对经验对象进行思维(这叫"经验思维",在此例中,是思维"空气是有扩散性的"),是因为我们已先行地让知觉关联于某种"先天综合"(正是这一步才使知觉成为经验对象的)。让知觉上升为概念,其实质就是让知觉去关联于出自先天的纯粹思维的判断(先天综合)。

所谓先天的纯粹思维,即是那用概念去表达知觉的先天能力,这种表达,就是让知觉成为隐含一个先天综合的普遍知觉。这就是理性在做成经验时的"隐秘判断"。

于是，通过康德，在洛克和休谟那里得到不同解释的理智概念（逻辑范畴），现在被理解为本质上乃是判断，是先行关涉到存在者的判断。这种判断之所以是隐秘的，是因为它们参与构成经验，故而是内在于经验的，而不是在时间上先于经验的。我们不是时间上在先地有纯粹的因果性概念，然后才有"太阳晒热了石头"这一条经验。我们在时间上一开始就直接地获得了这一条经验，我们于是便以为这一条经验本身具有自在的直接性，它就构成知识的源始起点。康德帮助我们去发现，在"晒热"中即已隐含一个因与果的先天连结，即隐含一个先天的纯粹思维，所以，这一条经验是被理性的隐秘判断建立起来的。

休谟认为因果性概念其实不是出自理性，而是出自知觉过程的形式，那么，康德上述先验的解释，比之休谟观点，有什么优越性呢？优越性在于这样一点：休谟观点中的知觉程式不可能摆脱主观性范围。即使我们把知觉置入知觉程式之中，知觉程式仍停留为主观个别性，而不能成为普遍知觉，即它不能成为真正的经验。但科学知识是不可能建立在主观知觉上的。

由此可以看到康德的真正贡献：由于自然科学的可能性建基于理性在感性自然界的范围内验前地构筑经验的自然界，所以，理性作为真正的认识能力，才再次得到确立。

如此被确立的理性，尽管是一种先验的能力，但并不先天地自行构成关于经验世界的真理，它必须运用于经验之构成，才为经验基础上的科学知识提供可能性。

被如此理解的理性，正是康德所称的"纯粹理性"。

思考题

1. 康德怎样解答休谟问题？在他的解答中包含哪几个关键点？

2. 为什么说将概念赋予知觉其实是将知觉转换为判断？这一转换的意义是什么？

27. 现象界与智思界的二分

康德提出"纯粹理性"（其能力为纯粹直观与纯粹思维）作为经验世界的

逻辑前提,这代表了近代哲学在认识论领域中的最高成果。对经验世界达到真理性认识之保证,在于"纯粹理性"参与构成经验世界本身。物既由心造(心施"先天综合"于感觉材料而造物),则心能认识那心造之物,是顺理成章的事。

但心所造的物是指经验对象,不是指物质实在。心不能造物质实在,因而我们也不能认识物质实在。不过,我们并不能因此而整个地否定掉物质实在,否则的话,我们就不能说明感觉的来源。感觉来自物质实在对感官的刺激,这一点不可否认,但与此同时,感觉,作为认识论定义下的感官的感受性,又不可能反映物质实在自身的真相,这一点也不可否认。所以,结论只能是:既要承诺物质实在,又要承认物质实在不可认识。康德把这种既须承诺、又不可知的东西叫做"物自体"。

假如我们再深入地想一想,我们立即会发现,关于物自体的上述说法是矛盾的。承诺物自体,即意味着物自体被我们思维到了,但我们同时又说这个被思维到的东西是不可认识的。康德是一个思考严密的哲学家,不至于看不到这个矛盾。他一定另有一个重要观点,即认为并非所有能被思维到的东西都是可以认识的东西。事实上,康德学说中那著名的"不可知论",就是讲那种虽被思及、但却超验的东西是不可认识的。这样讲可以是没有矛盾的,因为,假如这种东西本身未被思及,则关于它们可知与否的问题就会整个地无从发生了。不过,真正重要的,并不是在这种意义上的不矛盾。人类思维居然能脱离经验而思及某种超验的东西,这说明"纯粹理性"除了有内在于经验的用途之外,还有超验的用途。

关键的问题恰是在于:在康德看来,纯粹理性虽能超验地思及物自体一类的东西,却不可能对这类东西形成任何有确实可靠性的科学知识。这也就是说,认识在这类对象面前止步了。康德有一句出名的话说真正的知识必须是感性直观与理智概念的联合:"无感性,就不可能有对象被给予我们;无理智,就没有对象可被我们思维。思维无内容则空,直观无概念则盲。"他另外有一句话也说得明确:"理智不能直观,感官不能思维。仅当它们联合起来,才产生知识"。物自体不是感性的东西。比如,一只苹果由红、甜、脆、香、球体状等感性特征构成,但若抽去所有这些感性特征,我们还说这只苹果存在,我们无疑地就是在运用理性的超验的能力而思及了"物自体"——"苹果自身"。然而,对"苹果自身"我们无法形成任何知识。

显然,康德是为知识划定了界限:理性若不用于感性内容上,便做不出知识来；整个感觉经验的范围，便是知识之可能性的范围。这种划界，是康德认识论的特色，其直接目的在于阻止在经验范围以外的理性的思辨幻想，在认识自然的领域内驱散旧形而上学的思辨迷雾，以保证在感性经验基础上的科学探讨的纯正性。不过，这种划界还有虽然间接、却更为重要更为根本的目的，即，为科学的适用范围划定界限，阻止科学僭越其自身领地而去规范人的社会世界的价值尺度和标准。这一点，我们留到本节的后面部分再谈。

让我们再回到物自体的问题上来。康德关于物自体不可认识的原理总让我们不安。我们平素信赖科学的真理价值，是根据于这样一个信念，即，科学知识是在感觉经验的基础上，凭借理性去超越感觉局限，切中了物质实在自身的真相。但根据康德，物质实在的真相是无法被认识到的，除非我们断然地假定我们经验中的"纯粹理性"要素，直接也就是物质实在自身的要素（但这种假定有一个根本的、致命的谬误：它立刻就把"物质实在"偷换成了思想物）。

如此看来，假如认识的客体是指物质实在的话，那么，我们只能说这样的"客体"是不可认识的，因为它完全是心外之物。心去超越地切中心外之物，是不可能的。中国禅宗的惠能大师也明白这个道理。他在旁听广州法性寺的僧人辩论风吹幡动是幡动抑或风动时，即出惊人之语："不是风动，不是幡动，仁者心动。"离开心，既无幡，亦无风，更无言动，只有茫然混沌的知觉状态。动物即使有敏感的知觉，却永不知道有幡有风有动。幡动、风动都不是物质实在自身。知出自心之活动，把对物质实在的知觉判断为"动"，即是心赋"运动"范畴于知觉上，遂有幡动风动之现象。当然，这并不是对惠能此语的贴切的解释，因为这里借用的是康德的先验范畴学说，惠能并无这种学说。中国禅宗所讲的心，不是西方哲学意义上的逻辑的心，不是纯粹理性，这一点应当注意。不过，认为知出自心之活动这一条原理，是禅宗与康德的共同之处。

但是，如果我们认识的客体不是"物质实在"，那是什么？康德的回答很简单，即"经验实在"。认识客体的真实性是它的经验实在性，而不是它的物质实在性。"经验实在性"有两层含义，一是感觉材料自身的真实性（注意：不是"客观性"），二是把感觉材料综合起来的先验范畴的客观性。范畴的客观性加上感觉的真实性，即是经验的实在性。这种实在性，就是康德为真正的知识所确定的对象。这种对象的全体，即是"现象界"。

现象界与物自体世界相区分,前者是可被经验到的物的世界,后者是不可被经验、只可被思及的超验世界。既说这是两个"世界",便已承认它们都"存在"。但我们必须立刻注意到,这里虽同用"存在"一词,涵意却不同。说"一块手表存在",很自然,因为它可被感知、可被科学地研究、可被作计时器使用。但说"它作为物自体而存在",却很不自然,因为此时它就不可被感知、不可被科学地研究,亦不可用作计时器,我们却还要说它"存在"。不过,我们还是相信这句话有意义。意义来自哪里?来自纯粹理性的超验用法:思及一个绝对的、无条件的事物之存在。手表若作为一物自体,则加在它身上的一切条件规定——一定的感性特征、机械的力学构造、计时器概念等——都被撤除了,这时它当然是一个绝对的、无条件的超验事物。在认识论的范围内,一个绝对的超验事物,既不可言其存在,也不可言其不存在(对"狮身人面"的感性想象物,则可言其"不存在"),而只能言其"非存在",亦即"无"。但对"手表自体"(此语不通,"手表"定语此时不能用,但为叙述方便而勉强用之)我们仍坚持说其"存在",因为我们相信即使抽去对它的一切感觉和概念规定,它仍可以击破我的额头,使我的额头流血。当它作为一种伤害我的东西时,它即是一物自体,而被它伤害的"额头"其实也是无名的东西,也是一物自体。这是物自体世界中的一项事件。手表作为计时器概念,是不可能伤害任何东西的;额头作为生理学概念也不可能被伤害。而当"手表击破我的额头"这句话一旦被说出,立即就使一个物自体事件转换为现象界中的经验事件,它成了可以被科学研究的物理事实,其中已经含有先验范畴(如"击破"乃一因果性概念),至于"物自体的伤害事件"则消遁了。

所以,物自体事件虽不可言说,确仍有其确实性,但此确实性越出了认识论的范围,进入了本体论。在认识论的境域里,物自体实在是不可言说的,因为我们永远无法给物自体以先验范畴的规定,若硬规定之,即降其为一有限物,然后便对这原本无任何感性特征的"有限物"(这个说法本身即是一个矛盾)作出种种范畴描述,但这些描述其实是各种无限制的任意思辨,并且种种思辨之间必会发生矛盾。康德告诫说,唯感觉材料才构成对范畴使用的约束和限制,而有确实可靠性的知识正是在这种限制中才产生的。

然而,在本体论的境域中,物自体却不可避免地被言说了,因为本体论之为本体论,本来即是要去言说那绝对无条件的事物,这是它的本来使命。康德完全知道这一点。我们前面已说过他为知识划定了界限,现在可以看到,为知识划定界限,其实也就是为认识论划定界限,从而避免把认识论与本体论相混淆。指明在认识论领域内物自体这类绝对事物不可言说，是为了给本体论地言说绝对事物留出地盘。

从认识论批判开始其哲学的康德，必定还得追问：本体论地言说绝对事物为什么是可能的？这种言说的可能性在理性中有什么根据？

前面曾讲到物自体是心外之物，故不可知。但这样讲的"心"是指"认识心"，即用于综合感觉材料而做成经验实在的纯粹理性。说物自体在这样的心之外，是对的。"认识心"总不能超出感性直观的范围，一旦超出就不是认识之心，因为不能做成知识（概念无直观则空），所以它在这个意义上就是有限的，是受感性直观制约的。我们对物自体不能形成感性直观，所以物自体在"认识心"之外。

但物自体毕竟是被思及的，故有思及物自体之心，物自体不在此心之外，相反地，倒是源自此心之所得。此心与局限于感性经验范围的"认识心"相比，可以称为"无限心"。

人真有无限心吗？按理说，人的心灵是有限的，只能在感性直观划定的范围内认识事物，恰如水中之鱼，水中之鱼若能认识，便会以为水就是世界之全部，而不会想到水也为一特殊有限之事物，为非水的存在者——比如空气——所限定。鱼无法去认识空气，因为它不可能对空气有任何感性直观。它能认识的事物都必须以对水之感性直观为媒介。假如空气不能被"水化"，鱼就不能对空气形成任何知识；但若空气被"水化"，则所认识到的已非空气本身。

然而，人比我们所假定的有"认识心"的鱼还高明些，他竟凭自己认识感性经验事物的能力本身——理智概念（逻辑范畴）——发现了感性事物的有限性，亦即，人的理性可以展开其另一个方面，即通过它自己造就知识的能力本身，知道了有限的、相对的感性事物必以无限的、绝对的非感性事物作根源和基础。这就是说，人的心灵虽然是有限的，却能设想无限的东西。例如，我虽然知道，一只苹果的存在对于我的认识来说，必须是一组并非导源于我的心灵的感觉特征，若舍去所有这些感觉特征，它就空无一物。但我总不能相信，这些非由我心生发的感觉特征可以是无缘无故的；我必须相信它必定来自某种不可被感知的起因者，这起因者在可能经验的范围之外，不受经验法则的制约。当我这样想时，我的心就根据理性自身的原则做了一件事，即设定了非感性的绝对事物的存在，并且把这种事物叫做"物质"或"物自体"或"自在之物"。康德自己是这样描述有限的心灵如何有对无限的东

西的设想的:

> 理性以它全部理智概念和法则使用于经验——亦即感性世界内部——上是够用的,不过它不满足于此……理性看得明白:感性世界并不能含有彻底性;作为理解感性世界之用的一切概念:空间、时间以及我曾经在纯粹理智概念的名称之下提出的一切东西,也都不能含有彻底性。感性世界不过是按照普遍法则把现象连结起来的一种连锁,因此它本身没有自存性,它并不是自在之物本身,因而必然涉及包含这种现象的基础的东西,涉及一些存在体,这些存在体不是单纯当做现象,而是当做自在之物本身来认识的。理性的愿望是从被制约者向它的制约者前进……①

若细读康德的上述话,可以发现,康德把"理性"与"理智"作了区分。理智是理性(广义的理性)在感性世界中对感性直观形成概念的能力,而理性作为与理智有区别的认识能力(狭义的理性),则是发现理智之有限性、从而做出理念的能力。康德在广义的理性(人之理解世界的总体能力)中区分出三种能力——感性、理智、理性,这在西方认识论史上具有相当重要的意义。黑格尔对此给予了高度评价:

> 康德是最早明确地提出知性与理性的区别的人。他明确指出:知性以有限的和有条件的事物为对象,而理性则以无限的和无条件的事物为对象。他指出只是基于经验的知性知识的有限性,并称其内容为现象,这不能不说是康德哲学之一重大成果。……康德诚然使人知道重新尊重理念,他确证理念是属于理性的,并竭力把理念与抽象的知性范畴或单纯感觉的表象区别开。②

[这里要插入一个关于译名的说明。在上述黑格尔的原话中,理智(understanding)被译为"知性",这一译法如今在国内学界是比"理智"译名更为通用的。为方便阅读,本书至此便开始顺应这种通行的译法,一律用"知性"一词来取代前面不断采用的"理智"一词。]

感性经验之物,作为有条件的事物,是知性(理智)的对象;物自体,作为无条件的事物,是理性的对象。知性的对象是可以感性直观的,因为它在认

---

① 康德:《未来形而上学导论》,商务印书馆,1978年,第143页。
② 黑格尔:《小逻辑》,商务印书馆,1980年,第126—127页。

识过程的开端处是作为感觉的表象而存在的,但却没有自存性,而只是"现象"。理性的对象,因其没有感性规定性,故不可被感性地直观到,但却被理性作为现象之基础而被确认为"存在体"。这种确认,没有直观作根据,故只能说是理性凭自己的原则而智思(或云"意会")到的。理性在知性的形式中是有限的,但理性还同时知道这个有限性,因为它虽只能在感觉内容的制约下做出有限知识,然这做成知识的能力一经反观自身,便知道了自身原则的无限性。所谓无限心,即由此出。无限心乃是理性本身之自由性质的表现。

无限心即是与知性相区别的理性。但是,这理性虽云"无限",却不是真的能认识无限的、无条件的事物。因为,认识,按其严格的意义,必须做出知识来。理性光凭自己的概念而无直观作基础,是做不出知识来的。但理性本身却只有概念的方式(思辨)。倘若理性不光是概念方式,它还能为自己提供对于无条件事物的直观,那么它才是真正的无限心。在西方基督教的传统中,有真正无限心的,是上帝。上帝因其本身是无限的存在,故能直观无限的、无条件的事物。这种直观叫做"理智直观",因为它不是发自感性。人类是有限的存在,故其直观只能通过感性。人只有感性的直观,而无理智的直观,所以不能凭理智直观作根据而形成对无条件事物的知识。

因此,按照康德,理性的无限性质只表现在它能智思到无条件的事物。无条件的事物,按其为理性所智思到,其实乃是"理念"(即理性上的概念,区别于"理智概念"——知性上的概念)。故物自体原是一个理念,是理性之心的产物,归根到底是被理性视作有自存性的"存在体"。它就是我们通常相信其绝对存在的"物质实在",它其实也不在心外(虽然在"认识心"之外),而是人类理性之"智思"的产物。

像上面这样述说物自体,不正是"唯心主义"吗?难道击破我的额头的那块"物自体"只是一个理念吗?理念能成为刺激我们感官的源泉吗?这是康德"物自体"概念内含的矛盾。不少康德之后的哲学家正由此出发批判康德。然而,这个矛盾是由认识论概念与本体论概念的交叉造成的。康德把认识论研究引入先验哲学境域,即把经验世界本身看作由认识心参与构成,便必然留下不可还原为认识心的东西,即,除去感性的主观形式(它也来自认识心)之外,总还剩下给感官提供原料的那个无名的存在。它不能算认识的客体(认识客体必须由心参与构成),但又必须是客体之超验的基础。若不承认这个剩下的东西,人类认识的总体构成就不能完成。但这个剩下的东西本身却又逸出认识。逸出认识,自然就逸出认识论,但又是认识论本身必须承诺的东西。全部难题便由此发生。

物自体在认识论的承诺中不得不是一种提供感觉原料的东西，这样的东西不能是理念。在此情况下，物自体还是一个认识论概念。但我们知道有物自体，却不是出于"认识心"（知性），是由于我们的理性（与知性区别的理性），也就是说，这种无条件的事物的存在是理性所认定的，因而必然是理性所构造的理念。在此情况下，我们便走进了本体论。这就是说，通过本体论，我们把一个无条件的事物提供给认识论，作为对认识论本身而言的一个界限概念。于是，物自体概念一身而二任：既是认识论为完成自己所需要的界限概念，又是一个在其本性上属于本体论的理念。

物自体概念的这种一身而二任的尴尬处境，其实倒正是反映了康德学说的要义。康德正是要让物自体这一本体论概念同时充任认识论的界限概念。这一意图有其深意：在科学知识终止的地方，恰是另一个非认识所能及的世界开始的地方。这个世界不是科学的领地，但却是人超出现象界的局限而可能赢得自由的地方。自由是人的真正价值之所在。仅仅有科学认识能力的人，在智慧的观点看来，充其量只是现象界中聪明的成员，却仍是因果链条上的一环。但人的世界超出现象界，这个世界的价值在于人之高出于物的尊严。对于这个尊严来说，科学知识的价值仍是相对的。

若问人的世界的价值靠什么保证，康德的回答是：依靠高于知性的理性。理性虽没有对绝对的、无条件的事物的理智直观，却能凭自己的概念能力做出一系列关于无条件的事物的理念。物自体是这些理念中的一个。还有自由、灵魂、上帝，均为理念。人对这些理念没有直观，却能思及，思其为拥有自存性的存在体。因为这种存在体不是被直观到而是被理性思及的，故应名为"智思体"，也有称其为"意会体"的。经验事物没有自存性，所以是phenomenon（译为"现象"），其复数为 phenomena（可译为"现象界"）。理性所思及的存在体是 noumenon（译为"智思体"或"意会体"），其复数是 noumena（可译为"智思界"）。

"智思体"、"智思界"，听起来很神秘，其实一点也不神秘。凡一切存在物，就其作为社会存在这方面来看，即为智思体。比如一块手表，若单就其作为计时器看，它是一个经验上的科学概念。就其能够"击破我的额头"这一物自体事件（注意：这是一个还未表达为力学事件的事件，而是作为可能提供给"力学认识"的一个认识论上的"界限事件"）来看，它便是物自体。但它既作为物自体，亦即是智思体，即，若不以认识论界限概念来看它，表达为

"智思体"更明确。在这个层面上,它是社会存在,因为它是(比如,在私有制的社会里)私有财产,是作为"法权主体"的人(此时,人也不是生物学意义上的人,而是社会存在)的占有对象。我对一块手表的占有,可以有两种意义。一种是经验的占有,即它是戴在我的手腕上供我计时用的。另一种是法权的占有,即它是可由我出售或购得的商品。法权的占有,是对智思体的占有。此时我不是在科学上占有手表的金属的化学概念,也不是占有其机械构造的力学概念,我占有的是一种非经验的对象,它完全超感觉,却是作为社会存在的人都会承认的一种绝对的无条件的存在。康德"智思体"概念的本体论意义,由此显示。

能占有智思体的存在者,即是能意会到绝对的无条件事物的存在者,亦即,是有理性能力的存在者。可见,以无条件事物为对象的理性何等重要!这种理性并不是把智思体当认识对象来研究,以形成科学知识,即不是起理论的功用,它的功用是实践的,即建立社会关系。

由此,便有先验哲学的又一重要结论:社会世界也有其先验基础,这先验基础就是人的理性之超离现象界的自由。理性所构造的理念,虽然就认识论观点看,是空的观念(因无任何直观作根据),但本体论地看来,却构成人的社会实践的先验根据。所以从实践上看,它们并不空。

康德先验哲学之最伟大的功绩,可以说是论证了人的自由亦由理性开出,从而赋予人的社会存在作为智思界所固有的自由本性。这为近代西方人视资本主义发展为人的自由之实现提供了哲学上的论证。占有和发展私有财产,成了理性的实践运用的必然要求,这就为资本主义市场经济确定了法权主体的道德前提。

但社会现实本身更经常地不是自由的实现,倒是自由的阻碍。康德对此所作的解释很是明了:正像在物的世界里同一个对象既是感性经验上的物、又是理性上的智思体一样,人也是双重的存在者,他作为感性的生物体,是现象界的成员,受自然法则的支配;作为理性的社会主体,是智思界的成员,受出自他自身理性自由的道德律令的规约。人若光受自然法则支配,那么他就是自然冲动的奴隶,与动物无异。社会世界不是由动物组成的。好在人固有其出自理性(指区别于知性的理性)的先验自由,故能建立社会关系。但虽建立社会关系,人却对这先验自由本身还无自觉,这是因为他的现象界的那一面始终在起作用,他因此会把出于理性自由的社会关系用来为出自动物性的私利服务,这就是社会罪恶的根源。康德哲学因此便诉诸人的自由意识的觉醒,以先验自由为根据,把理性所构造的理念作为实践上的"应当"提出来,为现实世界悬一理想的目标。

至此,我们已可看出现象界与智思界之二分的根本意义之所在。

但康德在区分现象界与智思界的同时,也据此严格地在认识论与本体论之间划了界线。这一划界,即是把真理限制在认识论范围内,主张本体论领域内无真理,或更确切地说,只有真理之形式(康德提出的道德的三条绝对命令,即是理性之实践运用的逻辑形式)。理性所把握的理念,虽为绝对无条件者,但因无直观作基础,故始终空无内容,只能作为实践信仰之用。但道德律令的逻辑形式其实是充当不了信仰的,信仰不能没有内容。如果信仰没有得自理性的内容,那么就只能得自非理性的宗教。然而,这样一来,就与整个近代哲学的理性主义目标相悖。于是就有后继的一位哲学大师出来批评康德,这位大师就是黑格尔。他在著名的柏林大学开讲辞中明确地在原则高度上批评了康德哲学的这一方面:

……哲学已空疏浅薄到了这样的程度,即哲学自己以为并确信它曾经发现并证明没有对于真理的知识;上帝,世界和精神的本质,乃是一个不可把握不可认知的东西。精神必须停留在宗教里,宗教必须停留在信仰、情感和预感里,而没有理性知识的可能。知识不能涉及绝对和上帝的本性,不能涉及自然界和精神界的真理和绝对本质,但一方面它仅能认识那消极的东西,换言之,真理不可知,只有那不真的,有时间性的和变幻不居的东西才能够享受被知的权利。

……真理的王国是哲学所最熟习的领域,也是哲学所缔造的,通过哲学的研究,我们是可以分享的。凡生活中真实伟大的神圣的事物,其所以真实、伟大、神圣,均由于理念。哲学的目的就在于掌握理念的普遍性和真形相。自然界是注定了只能用必然性去完成理性。但精神的世界就是自由的世界。举凡一切维系人类生活的,有价值的,行得通的,都是精神性的,而精神世界只有通过对真理和正义的意识,通过对理念的掌握,才能取得实际存在。①

黑格尔这段话坚决地强调追求真理是哲学的本务,哲学不能放弃对绝对的无条件事物的认识,不能只限于去认识现象界的事物,因为维系人类生

---

① 黑格尔:《小逻辑》,商务印书馆,1980年,第33—34、35页。

活价值的东西是精神性的,而精神性的事物只有通过理性对理念作知识的把握才会取得其现实性。黑格尔这里说的真理,不是为科学所揭示的关于自然界的知性知识(他贬称这类知识为"消极的东西"),而是理性的知识。这意味着说,对智思界的本体论研究仍是一种提供出知识的努力。

这种努力有没有希望？它能不能给出引导人类走向自由的真理性认识？这必得到论证。这种论证就其实质来说,即是展示认识论的本体论维度,即把人的认识能力从它作为先验的纯粹理性之单纯的空洞形式中解放出来,使之同时被理解为人这种智思体的精神力量本身,亦即一种创造精神世界的现实历史力量。这即是理性之作为认识能力与实践力量两个方面的内在同一性。

这是一种新的本体论,它要求将理性的认识形式同时理解为精神的内容本身。这种要求对于单纯的认识论观点来说是不可能的。认识论的课题只有同时被理解为本体论的课题,才会提出这样的要求。

对这种要求的合理性,黑格尔有基本的论证,其要点是：真理不能是与内容无关的单纯形式,真理若无内容,便是空洞的"应当",与现实世界僵硬对立,因而也是绝对抽象的东西。单纯的认识论立场,其缺陷在于,只把人的认识能力当作规范感觉质料的形式看,而不知这种形式本身的精神起源和精神本质。但是倘若要探讨认识形式的起源与本质,这就是不把认识的主体和客体当作现成给定的东西。而单纯的认识论立场正是从现成给定的东西(主客体的分立)出发的,因而它必定对认识的主客体采取非历史的态度。

必须从单纯的认识论立场中走出来,必须把认识论的那个前提——主体与客体及其分立——当作历史地形成起来的东西,并且把这个历史形成过程即看作真理本身的形成过程。这就是从认识论走进本体论,同时把认识论通过康德而取得的成果融化为本体论自身中的一个分析环节,即在现实事物中分析出理性的先验要素,然后将此先验要素阐明为历史地形成起来的精神内容。一句话,这就是把理性的逻辑法则同时阐述为精神的自主发展过程。于是,认识论中的那个抽象的认识主体便转化为本体论中的具有社会本质的历史主体。

先验哲学在康德那里已开始导向新的理性本体论,但理性本体论在康德的先验哲学的形式中无法实现自己,因为在康德那里,历史的真实内容与理性的先验本质之间还处于外在的关系中。这个构建理性本体论的工作由黑格尔来完成,他把历史阐释为精神的实现过程,从而第一次把历史纳入了本体论境域。

历史之真正进入哲学,是理性本体论得以完成的关键所在。

哲学如何把自己的视野扩展到历史领域,如何把历史看作本体论研究之必不可少的本质环节?这正构成本书下一篇的主题。

思考题

1. 为什么可以说认识论的最高成果是先验哲学?
2. 怎样理解"物自体"是一个认识论的界限概念?
3. 按照康德,社会世界的先验基础是什么?
4. 为什么近代哲学必定要从认识论走进本体论?康德为此提供了怎样的动力?

本篇进一步阅读书目

1. 北京大学哲学系编:《西方哲学原著选读》,商务印书馆,1981年。
2. 康德:《未来形而上学导论》,商务印书馆,1978年。

五、历史哲学

28. 世界之为真理的过程

上一篇,我们从认识论讨论到了它的最高成果先验哲学。先验哲学的内在目标是要在近代理性主义原则中为本体论奠基。我们的讨论愈是深入,下述一点就愈是明显,即这种奠基工作能否成功,取决于历史世界能否与理性的先验性相容。

历史世界由社会实在(social reality)构成。社会实在与自然实在(natural reality)的不同之处在于,社会实在由人、人的活动及其相互关系构成。这种实在能否成为科学认知的对象呢?康德认为,在原则上不能。组成社会实在的人,不是生物学意义上的人,而是作为目的本身的智思体。当然,人作为现象界成员的那一面性质也进入社会实在,所以对人的行为作知性认识(现在所谓"社会科学",即属于这一类对社会存在的知性认识)也还是可能的。但社会实在之先验基础,不是知性,而是理性,这一点必须要坚持。

为什么说社会实在也有其先验的基础,且这个基础是理性呢?试以例说明这一点。设有一位手无缚鸡之力的老太太在街上摆食品铺出售食品,她之所以看到一些身强力壮且又饥肠辘辘的小伙子走近她的食品铺而毫不担忧,是因为她相信她看到的不光是生物的人(她当然也相信他们是生物的人,因为他们会饿,会需要食品),而且是有实践理性的人。这些小伙子有知道智思体存在的心:摆在食品铺里的食品是商品,他们必须用自己口袋里揣着的另一些智思体——货币——去把商品换来,而不是只听从胃的要求,拿起食品便吃。这是一种简单的、人人习以为常的商品交换。但其中有耐人寻味的哲学道理。商品交换不是一个自然界事实,不是一项物理事件,而是一个社会事实。当然,社会事实需以可感知的物理事件作载体,比如,小伙子在向老太太购买食品时,确实可看见某些物理的东西在空间中发生位移;但社会事实却不能被还原为物理事实。

试问,使一项物理事实变为一项社会事实的前提是什么?亦即,使社会事实得以可能的条件是什么?按照康德,这条件是构成社会事实的人心之先验的实践理性(与先验地构成物理事实的理论理性——即"知性"——相区别)。这就是说,先验原则对于理解社会实在之基础,是同样适用的。这原则可用一句简单的话来说,那就是:理在事先。

"理在事先"这一命题似与常识相悖。我们总是先经历事实,而后才看出其中的道理。这固然不错,但这仅仅是就个体对社会实在中的经验内容的认识过程来说不错。社会实在本身要能成立,却要有逻辑在先的条件,即人心中的先天的实践法则。可见,那在事之先的"理",不是含有经验的社会内容之理,而是使社会实在得以成立的先天之理。

对社会实在达到这一步先验哲学的认识,是很重要的。我们由此知道了社会事实成立的先决条件是一些理则。理则赋予某些物理事件以超物理的意义,才使其可以作为社会事实材料提供给新闻记者、历史学家或社会科学家去描述或研究。

但若停留在先验理解的水平上,是不行的,因为有一些更进一步的问题必然会提出来。其中最根本的问题是,社会实在之经验的历史内容哪里来?例如,商品、货币、资本固然是智思体,但却都是一定历史阶段上的智思体,并不是从来就有的。先天的社会理则,按其先验本性,必无时间性,但它如何做成有具体历史内容的智思体?难道这些具体的历史内容是外在于实践理性的吗?我们不正是凭着实践理性才"做出"商品、货币、资本这类私有财产的吗?它们如何可能外在于先天的实践理性呢?

因此,先验哲学的困境就显露出来:一方面,社会存在物虽是智思体,却都有历史性;另一方面,使智思体得以可能的实践理性因其先天性而不能有历史性。这个困境,即是我们在上节的结尾处所表达的:"历史的真实内容与理性的先验本质之间处于外在的关系中"。

黑格尔着手解除这个困境。解除之法,是立一种新本体论。先验原则没有被抛弃,而是被包含在一种更高的原则中,这种原则是一种新的本体论学说。黑格尔第一次公开阐释这一学说,是在他的《精神现象学》中。我们在这里试着以一种尽可能简明的方式来讲一讲它的基本道理。

这个本体论学说有三个基本要点。

第一，真理的内容并不有别于其形式，理性的形式即是事物的本质。

先验哲学阐明理性以其先天形式法则参与构成经验世界，其真实价值在于承认了人心的主体地位，但这主体地位限于真理之形式的一端，仿佛真理的内容却在理性之外，源自某种不可知的自在之物。这样，真理就似乎总是把自己的内容当作一种异己的他物从外部吸收进来，亦即，真理的内容不属于理性。那么，在理性之外的内容是什么呢？根据先验哲学，它只能是感觉材料。但感觉材料如何能享有真理内容之地位呢？感觉材料是受时间限制的、变幻不居的一堆感觉印象的聚集体，把这种东西当作真理的内容，实在是应被嘲笑的观点，黑格尔说："假如他［指主观唯心论者］的世界只是一堆感觉印象的聚集体，那么他就没有理由以这种世界自豪。"[①]世界的真实内容是它作为客观的普遍的理性的存在，这样，它的存在才与它的真实性统一起来。假如世界中的事物仅仅在时间上存在，那么这些事物"转瞬可以变为不存在"，"只是说事物的存在，对于事物的'真实性'并无帮助"[②]。事物的真实性只能从理性中获取，在理性之外无从谈论真实性。这是黑格尔本体论思想的起点。

这个起点，首先可以看到是来自康德关于理性的先验原则，但同时又是对这个原则的改造，即，不是把理性仅当作事物存在的先天形式理由，而且当作事物存在的真实性理由。光是理性形式，还不能说明事物的存在；只有当理性的形式同时是事物的真实性时，事物的存在才得到保证。

若把上面的思想再述说一下，可以这样讲：凡真实性均源自理性，故而，理性不是使事物得以向人呈现的形式上的根据，而就是事物存在的意义内容本身。

若问：在这种思想中，先验原则表现于何处？则可以回答说，理性的真实性逻辑地先于事物的意义内容之向人的呈现，并使这种呈现（即被人经验到）成为可能。我们立刻可以看到，这乃是先验原则之同时成为本体论原则，因为这是把事物的真实内容置入了先验原则中。

黑格尔《小逻辑》第43节的"附释"，可以帮助我们更为清楚地理解他的本体论学说的这一起点：

说范畴本身是空的，在某种意义下，这话是没有根据的，因为这些

---

①② 黑格尔：《小逻辑》，商务印书馆，1980年，第124页。

范畴至少是有规定的,亦即有其特殊内容的。范畴的内容诚然不是感官可见的,不是在时空之内的。但并不能认为这是范畴的缺陷,反倒是范畴的优点。这种意义的内容(即不是感官可见,不在时空内的内容),即在通常意识里,也早已得到承认的。譬如,当我们说一本书或一篇演说包含甚多或内容丰富时,大都是指这书或演说中具有很多的思想和普遍性的道理而言。反之,一本书,或确切点说,例如一本小说,我们决不因为书中堆集有许多个别的事实或情节等等,就说那本书内容丰富。由此可见,通常意识也明白承认,属于内容的必比感觉材料为多,而这多于感觉材料的内容就是思想,这里首先就指范畴了。③

黑格尔本体论学说的起点,已如上述所说,是将先验原则改造为本体论原则:先验的理性不仅是我们的主观的思想形式,同时也是客观事物自身的本质内容。不过,这只是起点。既说理性的形式其实也是事物的本质内容,这就等于说人心先验地具有事物的真实性。这一点究竟意味着什么?我们总不是通过黑格尔又返回到某种"天赋真理论"上去了吧?当然不是。说人心先验地具有事物的真实性,其实说的还是人心去把握事物真实性的逻辑可能性。所谓"先验地具有",即为此意。在此意中,"事物的本质内容"也是逻辑可能性,而不是其现实的本质内容。如何从"逻辑的"到"现实的"?对此问题的回答,即进入黑格尔本体论的第二个基本要点。

第二,事物的现实的本质内容源自理性的自我认识;理性的自我认识,即是"精神";精神历史地展开为一个现实的世界进程;这精神才真正的是人之存在,以及同时地,是现实世界本身向人的诞生,故此精神是"绝对精神"。

理性虽能"思及"、却如何可能去"认识"超验的绝对?这是康德留下的一个难题。但黑格尔认为,这只是貌似难题而已。康德的谬误在于先就把"超验的绝对"与"认识"对峙起来。与"绝对"对峙的"认识",是囿于认识论范围内的"认识",这种认识总有一个异己的他物(客体)与它相对,所以这种认识本身便必然地是有限的。有限的认识当然不适于去把握关于绝对的真理。但关于绝对的真理是人不可或缺的东西,因其乃是维系人类生活之价值的根本所在。这根本,不应在人的存在的本质之外,成为一种超绝的、彼岸的理想物。宗教信仰固是这样看的,但哲学不能这样看。哲学若认为真

---

③ 黑格尔:《小逻辑》,商务印书馆,1980年,第124—125页。

理不可知,便是让自己停留在宗教信仰中。哲学应该明白,绝对并不在认识之外,而就在认识之中,为认识本身所构筑。这构筑不是在幻想中构筑绝对,那是宗教,不是认识。认识是理性的自身活动。说理性能"思及"绝对,这只是意味着说,理性的先验性逻辑地保证了事物的本质内容。但在这"保证"中,"绝对"还是空的东西,而不是现实的东西,即不是人之存在的现实本质。人(不是作为生物的人)的现实本质,是理性的自身活动,这活动即是理性的自我认识(不是面对一个他物的知性活动)。理性的自我认识,绝非去认识一个异己的他物,而就是在自身中展现着绝对本身。在这个展现中,作为自我认识之活动的理性,不是没有作为他物的外部世界,而是在他物中即是在自己本身中。故"绝对"不在这种认识之外,而就是这种认识本身的产物。这就把"认识"概念从认识论樊篱中超拔出来,使其成本体论上的"精神"概念。

把认识表述为本体论上的"精神",是理性本体论的核心思想。理性,只有从其是自我认识的这一面来看,并且只有从其在自我认识时才构筑绝对的无条件事物这一点来看,才真正地有其本体论意义。若直接断言理性不仅是我们的思维能力,同时也是绝对的事物本身,这是康德以前的旧形而上学信念,不免是武断的,当然不是说没有道理。但这个道理却把人本身的精神存在——本体论意义上的认识活动——从真理中放逐出去了。离开人的精神存在,仅仅从逻辑上谈论人的世界和谈论关于绝对的真理,这只在先验逻辑中有意义,就现实的人及其世界来说,却仍是空洞的谈论。所以黑格尔在前面我们所引的那段"附释"后面接着说道:

> 但说到这里,另有一面必须注意的,就是认范畴本身是空虚的这一说法,也还是有它的正确意义。因为这些范畴和范畴的总体(即逻辑的理念)并不是停滞不动,而是要向前进展到自然和精神的真实领域去的,但这种进展却不可认为是逻辑的理念借此从外面获得一种异己的内容,而应是逻辑理念出于自身的主动,进一步规定并展开其自身为自然和精神。①

在"范畴本身是空虚的"这句话中,所谓"范畴本身",是指仅从逻辑上看范畴。至于讲范畴并非停滞不动,而是"向前进展",则已是从精神的一面来

---

① 黑格尔:《小逻辑》,商务印书馆,1980年,第125页。

看范畴了。

正因为从精神的一面看范畴,所以范畴之进展到自然世界和社会世界中去,不能看作是拿这两个实在中的现成内容去填充空虚的范畴,而是范畴总体在自身的主动活动中,规定和展开自身而成为自然世界和社会世界。

在这种理解中的范畴总体,已超出认识论和逻辑学的意义,而是本体论上的绝对精神之概念。

"绝对精神"概念,初看之下,是黑格尔哲学中的一个神秘的怪物,也曾遭来最多的非议。但说穿了,并不神秘,也非怪物。它无非是按理性本体论原则所理解到的人的存在之本质。脱离这本质,人就既无自然世界,亦无社会世界,连人自身也不复存在。理性主义从认识论原则转而成为本体论原则,要求的正是把理性看作是人的存在之根。

人之存在在人的活动中;人的存在的理性之根,就是他的活动的理性本质。这种本质之活动,达成世界之创造(注意:切勿理解为"物质实在"之创造)。人不是封闭在自身之内的孤独存在,他的理性本质在活动中展开为他的世界:自然世界和社会世界。

这种世界之创造,是有独立自存性的精神内容之创造。相比这种真实内容,世界中的感觉材料并无什么大不了的意义:"真正讲来,只有感官可以觉察之物才是真正附属的,无独立存在的……感官所知觉的事物无疑地是主观的,因为它们本身没有固定性,只是飘浮的和转瞬即逝的。"

现实世界就其真实内容而言,是绝对精神的造物,这正是黑格尔本体论学说的第二个基本要点。

绝对精神因其是人的存在的理性本质,故而它对世界的创造必遵循理性的必然性,亦即,此创造作为世界诞生的历史过程,有其内在的法则。这法则须用一种新的逻辑来表达,那就是辩证法。

辩证法是黑格尔本体论的第三个基本要点。康德的先验逻辑只能在纯粹形式中描述知性的先验范畴,无法把这些范畴表达为从精神之原始的种子中逐次生发出来的精神内容,亦即不能从范畴之精神的方面(即从其向前进展以构筑绝对者的那一方面)来本体论地描述范畴之运动。

所谓本体论地描述范畴的运动,即是把范畴的形成过程描述为现实世界之真理内容的形成过程。黑格尔的辩证法,绝不单纯是逻辑学,它同时就是本体论。

"精神的种子"何意?说种子,意即成熟后的全部内容原来均潜伏于其中,而不是从外面得来的。

在我们上面的讨论中,这个基本的思想已经显露出来,那就是,先验逻辑将之当成理性的现成形式的诸范畴,其实是在理性的自我认识活动即精神中形成起来的,是有特殊规定的精神内容,而这些内容的先后形成,即是世界历史过程。现在首先要讨论的,便是这个过程的起点。

历史既为人的活动,人的活动既以精神为其本质,则历史必以精神的存在为基础和起点。精神的存在与非精神的存在区别何在?看一个动物,虽说它多少也有一些意识,比如,至少是知道趋利避害的,但仍不能把它看作精神的存在,因为它的意识不管从动物心理学上分析可能是多么复杂,却仍与本能无区别。本能是自在的规定性,是意识在自然界中的形式,是自然生命的自保功能。一句话,动物的意识只是功能性的存在。动物意识作为功能性的存在,用哲学的话讲,就是单纯自在的存在,是被自然法则所规定的存在。假如按黑格尔的本体论来理解,则自然法则本身也是理性的,但即使如此,这种作为自然法则的理性也还是自在的,因为它是一种"冥顽化的理性",即不含自我认识的理性,亦即一种盲目的必然性。精神则不是这样。精神的本质虽说就是理性,但却是理性的自我认识。所以精神是这样一种存在:它倘若不知道自己,它即无法存在。也就是说,精神的存在与它的自我意识,乃是一回事。要言之,精神是一种只有通过认识到自己才能存在的东西,它倘若不认识到自己,它便不能存在。我们立刻可以看到,这正是自由之概念。

康德只是通过先验逻辑指明了人作为人的存在是一种智思体,但正因为他只在先验逻辑中讲,所以,作为智思体的人,还是带着逻辑上的自在性。黑格尔则把人从智思体提升为理性的自我认识本身,也就是提升为精神,提升为自为的存在。所谓"自为",即是自己意识到自己。

理性倘若只在其逻辑的形式中,就还是自在的东西;只有当它成为自我意识的东西时,它才是自为的,因而是精神。

黑格尔把精神与自由等同,即是在理性本体论的高度认定社会实在的基础是精神的自由本性。从近代哲学的原则看,这比康德前进了一步,因为康德只规定了社会实在的先验基础是实践理性,但实践理性在康德那里不是"认识",只是几条基本的形式公准("绝对命令"),故还不是真自由,而是形式上的自由。本体论意义上的"认识",是精神。精神的自由本性在于,它是通过自我认识而能生发出真理的内容的。

照这样说来,世界历史进程既以精神的自由本性为基础、为出发点,为什么社会世界不是从一开始就是自由的实现呢?既然社会世界以精神的存在为前提,借此把自己同动物世界区分出来,为什么不是一开始就是美好而完善的呢?黑格尔的辩证法就是对这个问题的回答。

正是精神的自由本性才把人的世界与动物的世界区分出来,这一点没有疑问。不过,光是这一区分本身,却只是"种子"意义上的精神存在。当人群从兽群演变为原始的社会共同体(如氏族、部落等)时,精神的种子便已成立。这种子固然被盲目的必然性包围着,但是,它哪怕是在部落的图腾崇拜形式中即已表达了人类共同体之最初的自我意识。即使是最原始的共同体,也是精神的存在,因为它是对某种绝对无条件事物的领会,这种事物可以化身为图腾,但已表现出原始理性的自我认识。所以当原始的劳动、原始的社会共同体、原始的精神形态(如图腾)一起发生时,精神的种子便构成世界历史的真正起点。

这个起点的本体论意义要以辩证法来揭示。

在这种子的周围,是盲目的必然性的广大王国,是一大片异己的他物世界。这表明了原始人类最初的文化工作之巨大的艰难。与盲目的自然力的争斗是为了维护共同体的存在,而不是为了单个人类个体的存活,因此,这种争斗超出了盲目的自然法则的范围,它是精神种子的最初萌芽。这种争斗的每一次胜利,都是在原本异己的他物身上建立了精神自己的家园,即,使自在的他物成为精神的为我之物——这就是黑格尔讲的理性的自我认识。精神即在这种自我认识中存在。

然而,并不是精神一旦成立,理性便完成其自我认识,因为这是不可能的,理性的全体,或如黑格尔所说的范畴总体(即逻辑理念),虽然在逻辑上并不经历时间,但既作为逻辑的存在,也就是空虚的,没有真实内容的。它一旦作为自我意识,即作为精神,才能有内容,而这内容超出逻辑形式,成为在时间中的历史存在。因而,精神注定要经历其漫长的历史,才能把理性全体之诸环节逐次展开为历史的真实内容。不过,历史的真实内容不在精神之外,不是精神从外部摄入自身的,精神在经历其全部的历史之前,以种子的形式便包含了历史的全体。对此,黑格尔是这样说的:

> 意识中有两件事必须分别清楚:第一,我知道;第二,我知道什么。在自我意识里,这两者混合为一,因为"精神"知道它自己。它是它自己

的本性的判断,同时它又是一种自己回到自己,自己实现自己,自己造就自己,在本身潜伏的东西的一种活动。依照这个抽象的定义,世界历史可以说是"精神"在继续作出它潜伏在自己本身"精神"的表现。如像一粒萌芽中已经含有树木的全部性质和果实的滋味色相,所以"精神"在最初迹象中已经含有"历史"的全体。①

所以,历史不在精神之外,精神则必定要展开为历史。它如何展开自己?如何把理性的诸环节实现为历史的真实内容?靠的是其辩证本性。

尽管精神是因为知道自己才能存在,但在它起始之初,它作为这样的自我意识却还完全是抽象的。例如,当原始共同体把这共同体的自由本性托付给图腾或酋长的个人意志,而在古代东方社会,按照黑格尔,是托付给专制君主时——这正是精神还在其最初的抽象性中表现自己的一种历史形态。在这种形态中,自由恰好是在自己的对立面中实现自己,也就是说,它是以一种自我矛盾的方式来实现自己的。黑格尔这样描述精神在其最初的抽象中的矛盾:

> 东方人还不知道,"精神"——人之所以为人的本质——是自由的,因为他们不知道,所以他们不自由。他们只知道一个人是自由的。唯其如此,这一个人的自由只是放纵、粗野、热情的兽性冲动,或者是热情的一种柔和驯服,而这种柔和驯服自身只是自然界的一种偶然现象或者一种放纵恣肆。所以这一个人只是一个专制君主,不是一个自由人。②

可见,精神即便是在其最初的抽象中,本质上已是辩证的了:精神若不是自我认识,便不能存在,但其自我认识之实现倒恰是离不开自由的对立面的。原始部落的图腾崇拜虽是精神的实现,是人类社会共同体之最初的自我意识,但图腾崇拜本身恰恰不是自由,而是对自然力的敬畏。因此,我们看到,作为自由之对立面的图腾崇拜,恰是由精神的自我认识所制作出来的。我们无论如何必须承认这一点。我们必须承认,图腾崇拜不是出自精神之外的异己内容,它就是精神自己的东西,是精神最初认识自己的一种活动方式,这种活动方式的本质,是精神在自己的对立面中实现自己本身,而这对立面正是它为实现自己而制作的。精神在其往后的历史中的一切活

---

①② 黑格尔:《历史哲学》,上海书店出版社,1999年,第18页。

动,无不如此。这便概括了所谓"辩证法"的根本要义。即便我们去想一想古希腊社会制度这种西方精神最早的辉煌形态,也立刻可以看到这种"精神的辩证法",这正是黑格尔下面这段话所说的:

> 希腊人蓄有奴隶,而他们的整个生活和他们光辉的自由的维持同奴隶制是息息相关的:这个事实,一方面,使他们的自由只像昙花一现,另一方面,又使我们人类共有的本性或者人性泯没无余……知道人类之为人类是自由的:知道"精神"的自由造成它最特殊的本性。这种意识首先出现于宗教,出现于"精神"最内在的区域里。但是要把这个原则也推行到现实世界的各种关系上,却是比较这个原则简单的培植要广大得多的问题。这一个问题的解决和应用,需要一种艰难的长时期的文化工作……这个原则的应用于各种政治关系上,拿它来彻底铸造和贯彻社会机构,乃是一种造成历史本身长期的过程。这一个原则之为原则,和这一个原则的应用,那就是把它介绍实施于"精神"和"生命"的现实中,那里面所包含的区别,我已经提起诸位的注意了。这是我们的科学上根本重要的一点,而且必须从本质上把它牢牢把握在思想中。……世界历史无非是"自由"意识的进展,这一种进展是我们必须在它的必然性中加以认识的。①

自由意识的进展要在它的必然性中加以认识,此即为世界之为真理的过程的原理。精神必定要在其自我矛盾的活动中展开自身,这正是精神的必然性,即它的辩证法。这辩证法正可用一个词来概括,即"矛盾发展"。

"矛盾发展"是精神将其自身潜伏的东西制作出来的真正动力。精神作为理性的自我认识,其展开的每一步都实现为一种文化成就,实现为世界进程的一个阶段,实现为人的存在之真理的一个现实形态。但恰在每一个这样的现实形态中,精神同时包摄着它的自由本性的对立面,而正是对这个对立面加以克服的需要,才推动精神去实现它的下一个步骤。这便是历史,是被本体论所把握到的历史。在如此理解的历史中,"自由"才不是在其先验性上空幻的"应当",而是与作为辩证法的"必然性"的统一。

如此,我们终于看到,黑格尔的精神辩证法第一次使关于历史的哲学成为可能,同时,若反过来说,它也才使近代理性本体论成为可能,即,摆脱先

---

① 黑格尔:《历史哲学》,上海书店出版社,1999年,第19页。

验哲学关于真理的逻辑形式主义,去获取必定只能属于历史维度的真理内容。

历史的东西与逻辑的东西的统一,是理性本体论要完成自己就必须达到的境界。我们在下一节中即要谈谈这个境界。

思考题

1. 囿于认识论范围的"认识"与本体论意义上的"认识"区别是什么?
2. 为什么黑格尔认为范畴既空又不空?
3. 精神的辩证本性与历史的现实展开之间的关系是怎样的?

29. 历 史 与 逻 辑

辩证法的本体论性质,可用一句话点明,那就是,它把人的存在的历史性置入了理性,使理性成为历史的归宿地。但这实在难以思议。历史在时间中,而理性之为理性,以逻辑为本质,逻辑是非时间的,因而,历史与逻辑是异质的东西,如何能够彼此相容?

历史哲学在其根本前提上要解决的,正是这个历史与逻辑的关系问题。

让我们先看一看"历史性"(historicity)这个概念。什么样的事物可称得上是有历史性的呢?是不是凡经历着时间、并在时间中发生变化的事物都是有历史性的呢?我们知道,感性世界中的每一样事物都不是永恒不朽的,都有其产生、变化和消亡,因此其存在不能不在时间中。一块石头仿佛很坚固,但大家都知道,它也同样有其成形而后风化的过程,尽管极为漫长。我们能不能说一块石头也有其历史呢?一般地可以这么说。地质学家便要考察石头的历史,借以追溯一部地球史。

不过,这种所谓"历史",从哲学的严格观点看,是与"历史性"概念无涉的。一块石头虽经历了时间中的变化,但它的这种时间中的存在并不构成属于它自己的历史,因为它拥有而后丧失某些属性的"故事",都不由它自己来编撰,而是种种外部力量对之起作用的结果。在一个有普遍联系的自然世界中,每一种感性存在物的"命运",就是它必得经历因普遍联系、普遍的相互作用而起的生成、变化和消失。这种"命运"就是由无限广泛而复杂的因果联系所造成的盲目的必然性。它是这种"命运"手中的玩物,这种"命运"并不是它的内在本质,"命运"成就它,又消灭它。它在它的历事过程中并无任何"主体性"可言,它的"历事",无非是获得或丧失某些属性与样态,在这种获得和丧失中,它始终既是它自己,又是他物,所以,它的故事其实不属于它。

一个没有属于自己的故事的存在物,虽说也经历着一个过程,亦即在时间中存在,但这时间却并不构成它自身存在的本质根据,时间外在于它的本质,它所经历的时间是由"命运"从外部施予它的规定,因此,科学也就直接地把这种时间作为一种对它进行测量的外部尺度。

这种作为外部测量尺度的物理时间,被形而上学化为一种"绝对时间",每一种存在物都分享这种绝对时间,但绝对时间却是自身独立的,并未进入特定存在物的本质规定中去。

说到这里,下述一点便是清楚的:之所以说感性的自然物没有历史,正因为时间不属于它的本质规定。它可以获得或丧失某些属性与形式(这即是所谓"变化")——仅就此而言,它才在时间中——但这些属性、形式本身是非时间的,而不是在时间中形成起来的。因而,这里所讲的"变化",不是属性、形式本身发生变化,而是不同属性、形式的先后交替。

另有一种存在物则与此不同,这种存在物的本质属性不是来自外部"命运"对它的赋形或去形,它必须自己形成自己的本质属性。这种本质属性的自我生成,使这种存在物的时间性即构成为它之存在的本质方式。这种存在物是什么?不是别的,正是人。古希腊的亚里士多德就知道这一点。他指出,一个自然事物之享有其属性,并不需要时间,但一个人不可能只在一瞬间便享有他的人生幸福;人之享有幸福,需要他终生的实践。

一个人在世界中若要作为人而存在的话,他便要求着这样的本质属性,即人生幸福。他不可能从外部现成地获取这一属性,这属性必须是他自身活动的产物,他的活动创生着这种属性,而不是由这种属性所规定和作为这种属性的体现。正是在自身活动创生着本质属性这一意义上,人的存在才在本质上是时间性的。

正是在这里,我们才发现了一种存在物怎样创生他自己的"故事",即怎样获得他自己的本质属性。于是,在单纯的自然存在物那里仅仅属于盲目必然性的"外部命运",在人那里则转化为"命运的自我生成"。人之作为人的生活,即是一种自我生成着的命运。在这种命运中,时间即是其本质的方式,而这种"命运自生"的时间进程,才真正地算得上是"历史"。

由此，作为事物存在之外在的测量尺度的时间性，并不是该事物的历史性。仅当事物本身作为命运生成之过程时，它的时间性才就是历史性。

黑格尔正是在此意义上断然地说，自然界本身没有历史。他有一句著名的话说："太阳底下没有新东西。"这句话似与我们现代人所具有的关于自然界发展过程的科学观念相悖。特别是进化论学说的深入人心，使我们坚信自然界有自己的一部历史。这部历史大体上是我们在地球上所看到的自然物从无机形式到有机形式直到高级生命形式这样几个阶段。通过这几个阶段，我们确凿无疑地看到了自然事物由低级到高级的进化。不过，这种进化绝不能看作是真正意义上的历史，因为自然事物并不是这种过程中的主体，它们不过是体现种种自然形式的事例罢了。在自然进化过程中，真正发生的事情，不是某种形式由于自身内部的一种动力而自我更新，而是这种形式为自然物采取另一种较高形式准备好了基础和条件。每一种自然形式都不会被另一种形式所淘汰，而是在空间中持续地陈列开来，与其他形式并置。大自然在这个意义上是储存各种形式的一个永不变化的大仓库。这个仓库本身并无时间性，它虽然仿佛也经历一个过程，但其实有如一列装载着全部"自然形式"货物的火车，在向前行驶的路途中，每到一站就卸下一些货物，亦即展开一部分形式。因此，所谓自然的发展，其实是既有形式的逐次展开，在此展开中，时间性乃是假象。假如一场灾变导致一切较高形式的毁灭，则自然界这列火车还将从始发站开始，重历相同的形式展开过程，并且最后还会导致像人这样的高级灵长类动物的出现。

但在社会实在的领域里，情况就与自然界大不相同。人类社会组织的各种形式类型，并非早就存在于一个固定的储存库里。这些形式类型本身即是人类自身的理想。这些理想没有一个是固定不朽的逻辑范畴。理想本身在变化，所以社会组织形式就在时间中自我更新，每一次更新都成为人类生活的时代更替。后一个时代都不与前一个时代断裂，相反地，后一个时代的特征来自包含在前一个时代之理想中的自我否定。

由此看来，人类生活无疑是一个自己编撰着自己的故事的历史进程。对这个进程的哲学洞察可以让我们发现，其中每一个新的阶段都不是任意形成的，而是受制于某种必然性的。但这种必然性绝非来自过程之外的规定，而就是这个过程自生的命运，是这个过程的一切先前阶段上的人类活动都给后面阶段确定了基本前提和条件。

我们由此获得了真正的历史观念。如果我们说一个过程是"历史性的",这即意味着说,这个过程是形式本身的自我形成、自我发展、自我更新,也就是说,这个过程在时间中创造着自己的规律(命运)。

佛学中的"业"之观念,正与这里所说的"历史性"观念一致。业是造作的意思。造作是人类的思与言行。众生在世必有造作,有造作便形成业力,业力产生果报,总称"业报"。业报即构成一个人或一个民族的命运。命运有两个方面,也即业报有两种——正报和依报。众生造业,就其所造是"不共业"来说,形成众生自体(个人性格);就其所造是"共业"来说,形成众生所依止的国土世界及民族性格。无论是个人,还是一个民族,其文化生命,其痛苦或幸福,都是由其自身形成的命运。他是自己造因,自己受果。在受果之时,又造新业。其自由在其中,其命运也在其中,这就是他的历史。

因此,社会实在的本质,即是我们在上面所阐发的这种历史性。说它是历史性的,即意指它是在自我认识、自我造作和自我受报中存在的。

对于这种实在,我们能否形成科学的知识?这个问题若换一种提法,就是对于历史性的生存者,能否贯彻一种逻辑的描述?在历史生存者的领域中,我们处处看到的不是普遍性,而是个别性,不是某种逻辑程式的重演,而是不会重复的独一无二的事件。时间在这个领域中具有本体论的意义。因此,历史的东西看来与逻辑的东西是绝缘的。长期以来,历史被认为是一个科学无法问津的王国。黑格尔的高足甘斯在为其老师的《历史哲学》所作的序中这样写道:

> 各帝国的此起彼落,各个人的朝荣夕衰,罪恶之战胜美德,历史上已不乏显例,最大的"罪孽"反而最有益于人类,以及人生祸福的变迁无定,凡此种种,都使人相信"历史"是建筑在捉摸不定的流水之上的,是建筑在喷涌无常的火山之巅的,以致意图从那里边去发现各种规律、理念、神圣的东西和永恒的东西的任何尝试,都可以被义正辞严地斥责为故意卖弄、或者先天的胡吹、或者空虚的想象。①

这是甘斯所发表的感慨,借以表达他对黑格尔之创立历史哲学的贡献的敬仰。确实是黑格尔第一次在哲学领域里为对于历史的逻辑解释赢得了地盘。黑格尔发明的辩证逻辑体系是理性地解释历史的基本工具。现在,关键的问题在于,我们应当考察黑格尔的辩证逻辑是否会实际上把社会实

---

① 转引自黑格尔:《历史哲学》,上海书店出版社,1999年,第1页。

在的历史性给牺牲掉。

逻辑地描述历史,总让我们不安,除非我们可以证明"造业"与"业报"的"历史命运"确实来自理性自身的法则,而不是把这个法则先验地规定出来,而后再塞给历史,以便借此"看出"偶然的历史事件之间的"必然"联系。

人们对黑格尔的历史哲学的主要批评,即是来自这种疑虑。就此,柯林武德写道:

> 既然一切历史都是思想的历史而且展现为理性的自我发展,所以历史过程在根本上便是一个逻辑过程。可以说,历史的转化就是逻辑的转化被置于一个时间标尺上。历史只不过是一种逻辑,在这里逻辑的先后关系并不是被变成为一种时间的先后关系所取代,反而是被它所丰富和加强了。因此历史中所出现的那些发展从来都不是偶然的,它们都是必然的;而且我们对一个历史过程的知识不仅仅是经验的,它也是先验的,我们能够看出它的必然性。在黑格尔的哲学中,最引起人们强烈的反对和敌视的,莫过于他把历史当作一种在时间中发展的逻辑过程以及把我们对历史的知识当作是先验的这一观念了。①

至于甘斯,作为黑格尔的忠实信徒,没有这种疑虑,他倒是坦率地承认,外部历史事件的内伏意义是根据理性的先天法则才被看出来的,而黑格尔的贡献恰就在于实现了这一点:

> 这里[按:指黑格尔的《历史哲学》]有的是对于那些(构成"历史"的)人类造诣,由逻辑的哲学所作的一种研究。各种范畴在黑格尔体系的其他各部门中早经表明过。唯一留待解决的,就是这些范畴能否在那显然难以控制的人类任性妄为中同样证实它们自己。……各种事变本身不曾由"思想"加以改变,不曾有任何歪曲或任何更改。各种事实都保持着本来面目——像它们在古今传说中出现的面目一样:"观念"是阐明它们的,而不是歪曲它们的;而且一方面,历史哲学所包含的既不过是理解那些外在现象的内伏意义,同时哲学的艺术便是要看出"观念"的神经系统位在这些现象的记录的哪一部分,而把它们表彰出来……这种哲学艺术还须鉴别,知道在哪里它应该升到思辨的最高度,

---

① 柯林武德:《历史的观念》,中国社会科学出版社,1986年,第133页。

或者在哪里它不妨像前面说起过的,安于纯属肤浅的事物。①

假如我们看出历史的必然性,须依赖理性的先天法则,那么,我们终究是把历史性当作了演示先验逻辑的材料,即使这逻辑被改造成了辩证逻辑。历史性作为过程自身的命运生成,它绝不会仅仅是某种逻辑的外部表现,否则的话,历史在根本上就成了某种预成的东西。这种逻辑预成的东西,没有真实的时间性,这样,未来,在其思想的要点上,应当是知识可以预先把握的。

黑格尔自己也深知历史性在这种逻辑必然性中会受到损害,所以他仍然把未来留给人的生活实践,他说过,未来不是知识的对象,而是希望和恐惧的对象。他在《法哲学原理》的序言中这样写道:

> 哲学作为有关世界的思想,要直到现实结束其形成过程并完成其自身之后才会出现。概念所教导的也必然就是历史所呈示的。……当哲学把它的灰色绘成灰色的时候,这一生活形态就变老了。对灰色绘成灰色,不能使生活形态变得年青,而只能作为认识的对象。密纳发的猫头鹰要等到黄昏到来,才会起飞。②

这就是说,哲学总是要在现实进程充分展开之后才能做到对历史的理性把握。如此说来,哲学便没有未来维度,它永远只是"事后的诸葛亮",对过去提供出合乎理性的认识。

如果哲学只是"事后的诸葛亮",那么,对于过去的理性把握又有什么实质的重要性呢?假如历史应该提供给始终面对着未来的人以宝贵的教训,那么,从密纳发的猫头鹰那里我们能得到什么?黑格尔似乎只给我们一个空洞的安慰:一切即将展开的现实进程终将符合理性,终将是自由的进展,因此,即使未来包含巨大的危险,我们仍不必担忧,历史终将呈示概念所教导的真理。

不过,我们仍应感谢黑格尔,因为他第一次在历史与逻辑的统一上作出了巨大的努力,这种努力的一个确凿的成果是,在历史的领域中改变了"必然性"的含义,使之从盲目的外部必然性转变为与自由统一的必然性。

的确,假如没有自由与必然的统一,历史哲学本身将永不可能。只是,

---

① 转引自黑格尔:《历史哲学》,上海书店出版社,1999年,第6—7页。
② 黑格尔:《法哲学原理》,商务印书馆,1982年,第13—14页。

黑格尔将这个统一的基础安置于理性的先天法则之上,这样就同时把"自由"与"历史中的必然"两个方面都逻辑地形式化了,从而包含了"历史性"本身的虚无化。但对于这个问题,我们在这里暂不作讨论,而是将它留在本书的"历史与自然"这一节。我们现在仍然感兴趣的是,黑格尔把个人在历史舞台上的作用同历史必然性联系起来,从而给予历史中的偶然性以哲学的理解——这就是下一节所要讨论的话题。

思考题

1. "历史性"概念的核心含意是什么?
2. 物理学上的"绝对时间"概念是怎样形成的?
3. 为什么说黑格尔的哲学没有未来维度?

30. 历史中的偶然与必然

历史领域的明显特征,无疑在于它是一个无数个人为实现其愿望而作出行动的舞台。这种特征使历史在直接的观察之下,表现为一个完全由偶然性统治的王国:各个个人都按照自己的愿望去行动,他们之间在行动动机以及个性力量上的差别是无法忽略不计的;而他们的个性力量及其发出行动的时机,对于历史进程发生的影响更是差别悬殊。因此,与物理世界不同,社会历史世界中的个体绝不能被化简为在力学法则支配下的质点。

因此,对历史的直接观感引导我们把历史确定为一个偶然性的王国,把历史进程看作一大堆偶然事件的堆积,其中每个细小的因素要是曾经并非如此,则整个历史进程便会大为改观。看来,在历史中,难以发现哪些因素是无关紧要的,每一个环节似乎都必不可少,而所有这些环节的如此相互配合地出现,仿佛暗示着某种不可思议的力量在起作用。而正因为这种假想的力量的不可思议性,我们除了称其为神意、天命之外,就只能说它本身是一种机缘巧合。

但这两种说法都放弃了对历史的理解和说明。把历史归诸神意或天命的产物,其实就是赋予历史以一种想象的必然性,从而取消了人的活动的主体意义,使人的活动成为为历史本身的神秘力量服务的工具,这实质上是割断了历史与人之存在的内在关联。把历史的每一种结果都看作是机缘巧合，虽说没有否认它是人自己活动的产物，却也从根本上使历史与人的活动的价值意义相脱离。这两种关于历史的想法，都只是说明我们对历史感到莫名其妙。

然而，人对于自己的过去，不能停留于莫名其妙的感觉中，人总是力图从过去中读出自己当下状况的来源，以便为自己当下的行动找到历史根据。这就是说，每一代人都是前辈遗产的事实上的承当者，他或努力去完好无损地接受这份遗产，或通过否定它的价值而拒斥它。无论是接受还是拒斥，都伴随着对历史的理解和说明。

在理解和说明历史的要求本身中，便包含了在过去中寻求某种必然性的尝试，以便使过去种种事件的结果成为一种可以理解的东西，使它具有某种确定的意义。在这种意义的规约下，当代人所承受的前辈遗产之价值才会得到确定的估量。意大利哲学家克罗齐的那句著名的话——"一切真正的历史都是当代史"——正是在此意义下道出了史学研究的真理。

估量历史遗产价值的目的，在于筹划未来。

人们对于遗产的态度其实就是对于未来的态度。但未来，正因为它是还未出现的某种状况，故而是思想（作为关于"应然"的思想）之对象。

然而，未来只是一种空洞、渺茫之物，故而是希望和恐惧的对象，要使它成为思想的对象，其前提只能是先将过去转化为思想，以便使思想渗入历史性的东西中去，这样，才能使过去与未来成为可以贯通的东西（这正是使史学得以可能并成为必要的先决条件；也正是在这里，我们确凿无疑地看到了史学对一种历史哲学思想的本质要求）。思想是意义之领悟，因而，历史就在此规定下被理解为人的生存之意义的必然展现。

所以，我们不得不坚决地拒绝关于历史只是一连串赤裸裸的单纯事实的想法，我们必得要在这些事实的背后看出其富藏的意义，而不满足于仅仅确定诸事实之间的因果关联。我们并且要把这些被看出的意义联系到当下如此这般状况的必然性上去。这同时也就意味着，过去所发生的一切，都必须被认作某种必然展开出来的历史进程。

即使我们摒弃黑格尔为历史的必然进程所设定的理性的先天法则，我们仍然必须在上述意义上承认历史的必然性。这也就是说，在历史中所发生的一切，不能不是人的生存意义的必然展开，除非人不是始终必须筹划着未来的存在物。

每个人都有对未来的筹划以及出自这种筹划的行动，但并不是每个人的筹划和行动都有同等分量的历史作用,并且,也不是同一个人在任何时候所进行的筹划和行动都有相同的作用。历史的偶然性面貌就表现在这里。因而,所谓个人在历史中的作用问题,正是一个历史中的偶然与必然的关系问题。

历史若离开无数个人的活动,无疑是一个纯粹的抽象。如果要把历史作为人的生存意义之必然展开过程来把握,我们就必须说明千差万别的个人活动是如何实现历史的必然进程的。在这方面,黑格尔的历史哲学提供了一个富于启发性的解释范例。他用"理性的狡狯"来说明历史理性与个人活动之间的关系。

黑格尔明白地确认,虽然人类自由的进展通过公理的实现为自己开辟道路,但是,公理作为在历史中的理性,其本身是没有任何力量的,因为它只是普遍的、抽象的东西,它作为精神的本性和概念,是内在的,是仅仅为自己而存在的东西。它要从内在性向外而达到"生存",必须通过真正有活力的另外的因素。这因素,黑格尔将其概称为"人类的热情"。历史的舞台并不把理性的原则按其必然的法则赤裸裸地展示出来,倘若如此,历史就是一种奇怪的东西,成了对自由之理念的诸环节的逐次图解。在历史舞台上,我们实际所见的无一不是利益的争斗、欲望的冲突、意志的较量。倘若幸运地有一段安详宁静的幸福时期,黑格尔就称之为"历史上空白的一页"。"'世界历史'不是快乐或者幸福的园地"[1]。为什么会这样的呢?因为历史世界的存在方式是现象界的存在方式。现象界是特殊目的的领域,在其中"各个人代表他们的个性而活动,使这个性能充分地展开和客观地实现,藉以求得这些特殊目的的完成"[2]。在这个意义上,人类是不存在的,存在的是一个个特殊的人。每个人寻找着自己的生存意义,视其为自己生死攸关的利益所在,并为之奋斗,这就是"热情"。

问题是,这些目标各不相同的热情不正是使历史成了一个由盲目冲突构成的舞台了吗?在这个舞台上,怎么会有精神的自由所要求的公理之实现呢?

在解答这个问题之前,必须先行澄清一个概念,那就是,"热情"虽说是非理性的,却不是非人类的。热情为之效劳的利益虽然是特殊的,却也是属人的。黑格尔自己说得非常分明:"单纯的欲望——粗暴的和野蛮的欲

---

[1][2] 黑格尔:《历史哲学》,上海书店出版社,1999年,第27页。

望——不属于'世界历史'的场合和范围。①"这样,表面看来的两个极端——特殊的、非理性的热情与普遍的、理性的观念——就不是全然互不相干的东西,而是有着内在相通的内涵。正是在这个根本的前提之下,才会在历史领域中有如下这种偶然与必然的结合为一:个人热情为各自的个别目的而彼此发生冲突,但冲突的结果却会使原先蕴蓄在个别目的和利益中的普遍东西被发现和实现出来,从而使各个个别目的的发现自身存在的适当性与实在性,这样,各个个别目的才提升为有普遍性和实体性的目的。

黑格尔自己在《历史哲学》中用了建筑的比喻,来说明历史的理性如何在无数偶然的个人热情之冲突的基础上成就了公理和秩序的"房屋":

> 建筑一所房屋,是一个内心的目的和企图。我们在另一方面要有铁、木、石各种建筑上需要的材料,来做手段或者工具。我们又用水火空气等元素来加工于这些材料:火用来熔铁,空气来生火,水来运转车轮,藉此截断木材等等。结果,凡是曾经帮助建筑这所房屋的各种元素,譬如,房屋阻断了风,暴雨和洪水也被防御了,这所房屋假如又是耐火的话,火灾也就被预防了。石和木是服从重力的——为重力压下去——高的墙壁因此才能够建筑成功。各种元素这样依照它们的本性而被利用着,共同致力于一种产物,又为这种产物所限制。人类的各种热情也是这样得到满足的,它们依照它们天然的趋向,来发展它们自己和它们的目的,并且造成了人类社会这个建筑物,这样却给"公理"和"秩序"造成了力量来对付它们自己。②

黑格尔在这里用造房屋的各种建筑材料以及水火空气等"元素",来比喻个别目的以及为实现这些目的而形成的个人热情。这就是说,对于建立公理和秩序来说,个别目的和个人热情都是必不可少的。在它们出现之前,"房屋"的建筑只是一个内心的目的和企图(理性本身的内在性和抽象性)。这些个别的目的和热情都必定按其本性而力图成就自身,所以它们必有冲突,但它们不知道,它们的努力及冲突,是被一个指向"房屋"的内在目的所利用着的(熔铁,生火,运转车轮,截断木材等等)。它们作为有限的和特殊的东西在发挥其热情时,便共同成为建筑"房屋"这总体目的的实现因素。

---

① 黑格尔:《历史哲学》,上海书店出版社,1999年,第29页。
② 同上,第28页。

反过来，它们只有帮助实现总体目的，才能实现它们自身，否则便有被弃之不用的危险。当然它们自己都并不自觉到这一点。它们或成功，或失败，或部分地成功，为此感到快乐或悲哀，但不知道这些结果的缘由。它们以为，它们的行动之结果只是它们自己所欲望的，而不知道它们的行动另有一个附加的结果。即使"他们满足了他们自己的利益，但是还有潜伏在这些行动中的某种东西，虽然它们没有呈现在他们的意识中，而且也并不包括在他们的企图中，却也一起完成了"①。

这些个别行动的附加结果产生了"房屋"的总体构造。行动者的热情、非理性的力量帮助造成了这个总体构造，但同时也就被这个总体构造所防御了。这个防御了他们的总体构造，原是他们自己不自觉地造成的。这个总体构造，即是人类社会的"公理"和"秩序"。所以，无数个人的行动，通过盲目的冲突而自己造成了对付自己的力量。

应该说，黑格尔的这个比喻是十分富于说明力又寓有深意的。

我们若就这个比喻继续追问：社会的"公理"与"秩序"这座房屋的建筑师是谁（因为个人热情不是建筑师，而只是被建筑师所利用的"元素"或"材料"）？黑格尔的回答是显然的，即"历史理性"。但历史的舞台既然仅由无数的个人热情所组成，难道历史理性是悬在这舞台之外的某种超越的东西吗？这又会导致关于历史必然性的神秘主义。不过，对这个问题，我们在前面已有说明：人类的热情虽曰"非理性"，但热情为之奋斗的个别目的和利益本身还是属人的，因而即已蕴蓄了普遍的原则（理性）。历史理性在房屋成就之前是潜伏在无数个别目的之中的，它要等到热情在彼此的冲突中消耗了自身之后才能实现为房屋的总体构造。所以，不能说，黑格尔以思辨的形式重又为历史注入了神意。

但是，黑格尔本人所用的那个概念"理性的狡计"，却仍然容易使人觉得他使历史理性超离了历史本身，仿佛历史理性是一种人格的存在：

> 特殊的东西同特殊的东西相互斗争，终于大家都有些损失。那个普通的观念并不卷入对峙和斗争当中，卷入是有危险的。它始终留在后方，在背景里，不受骚扰，也不受侵犯。它驱使热情去为它自己工作，热情从这种推动里发展了它的存在，因而热情受了损失，遭到祸殃——

---

① 黑格尔：《历史哲学》，上海书店出版社，1999年，第28页。

这可以叫作"理性的狡计"。这样被理性所拨弄的东西乃是"现象",它的一部分是毫无价值的,还有一部分是肯定的、真实的。特殊的事物比起普通的事物来,大多显得微乎其微,没有多大价值:各个人是供牺牲的、被抛弃的。"观念"自己不受生灭无常的惩罚,而由各个人的热情来受这种惩罚。①

的确,在黑格尔的这段生动的描述中,历史理性高居个人之上,个人是它所使用的工具,而且归根到底是供牺牲用的,最终要被抛弃的。在这里,黑格尔似乎把历史理性当成了历史的唯一人格,是历史之价值所系者,但这只是因其描述上的拟人手法而引起的理解。其实,这里真正相关的要义,不是在于把历史理性人格化,而是在于把个人的历史作用作为表现历史必然性之偶然"现象"来理解。

按照这种理解,作为偶然性的种种特殊事物,是必然性在其中展开自身的一条历史之路。这条路由许许多多特殊个人及其行为所构成,它们本身当然生灭无常,必定不能维持自己。但通过它们,一条历史之路却向思想显示出来。思想而后再把自己的逻辑法则赋予这条路,把这条路转变为一种只对于思想才存在的赤裸裸的必然性(历史理性),使之成为仿佛自在自为的东西。这就是黑格尔在历史哲学中所完成的关键一步。

当黑格尔完成这一步之后,个人在历史上如何以及在何种程度上起到作用的问题便迎刃而解了。因为,我们在这一步之后,可以回过头去理性地认识既往发生的一切,从而使历史中的偶然性可以根据必然性来得到理解。黑格尔由此而为我们提供了说明历史的一种基本思路。

例如,黑格尔自己在谈到恺撒这个人物的历史作用时,就是如此说明必然如何通过偶然来实现自己的:

> 本质上属于这类"世界历史人物"的有恺撒,特别当他有丧失他的地位的危险的时候……至少是要丧失他和政府领袖们的平等地位、而且是保不住要屈服于那瞬将成为他的敌人的时候。这般敌人——他们同时正在追求他们的私人目的——掌握着宪法的形式,并且奉着正义在表面上所授予的政权。恺撒为了保住他的地位、名誉和安全,正同他们抗争;由于他的政敌的权力包括着罗马帝国各省的主权在内,所以他

---

① 黑格尔:《历史哲学》,上海书店出版社,1999年,第34页。

的胜利同时就是征服了整个帝国;因此他便——不变更宪法的形式,成为"国家的独裁者"。那种使他达到目的的东西——这目的起初是属于消极的性质,就是取得罗马的独裁权——同时却是罗马历史,以及世界历史上一种必要的使命。由此可见,这个东西不仅仅是他个人的胜利,而是一种不自觉的本能,要来完成那时机已经成熟的事业。①

黑格尔称恺撒为"世界历史人物",是因为恺撒的特殊的私人目的恰好与世界历史进程的必然性相一致,而且他同时有着实现其目的的卓越非凡的力量。在这里,正是偶然性(恺撒的特殊人格与目的)为必然性("那时机已经成熟的事业")开辟了道路。如果我们进一步怀疑说,也许这"事业"的存在与成功也是偶然的,假如没有恰好出现恺撒这个"世界历史人物",这事业不也就是泡影了吗?这里必须弄清楚的,恰恰在于,事业之为事业,是被思想辨认出来的。我们回顾历史的目的,正是在于发现什么事件(或一组事件)因为它对于人的生存意义的展开而言具有"事业"的价值。如此被辨认出来的"事业",便享有了必然性之地位。如若不是如此,则历史就不是人的命运的自我生成。所以,我们必得要持有"历史事业"之观念,并因此而相信历史的必然性。恩格斯正是因为坚信这种"历史事业"的存在,才站在黑格尔的立场上来回答要是没有恺撒这类人物事情会怎么样的问题:

> 恰巧某个伟大人物在一定时间出现于某一国家,这当然纯粹是一种偶然现象。但是,如果我们把这个人除掉,那时就会需要有另外一个人来代替他,并且这个代替者是会出现的,——或好或坏,但是随着时间的推移总是会出现的。恰巧拿破仑这个科西嘉岛人做了被战争弄得精疲力竭的法兰西共和国所需要的军事独裁者,——这是个偶然现象。但是,假如不曾有拿破仑这个人,那末他的角色是会由另一个人来扮演的。这点可以由下面的事实来证明,即每当需要有这样一个人的时候,他就会出现:如恺撒、奥古斯特、克伦威尔等等。②

恩格斯论断的逻辑非常简明:每当历史的进程到了使一种"历史事业"时机成熟时,历史的必然性就会从茫茫人海中召唤出一批英雄来。这些英雄虽各有特点,有这般那般的身高、脾气、癖好等等,在这些个人特点方面,

---

① 黑格尔:《历史哲学》,上海书店出版社,1999年,第30—31页。
② 《马克思恩格斯书信选集》,人民出版社,1962年,第518页。

没有什么共通性可言，但他们都有一些相同的基本品质，如雄心勃勃，胆略过人，眼光敏锐，富于远见等等，使他们成为历史必然性挑选的潜在对象。这些人在时机未到之时，隐没在芸芸众生之中，如常人一般不被注意，即使他们内心充满渴望，同时又处境不佳，却也无可奈何。他们是历史必然性的候选人。他们之被选中的具体原因，可以千差万别，并且对他们个人来说，不能不说是一种偶然的幸运。然而，既然历史必然性所造就的时势已成，则他们之被选中本身就是必然的。

的确，只要深思一下，即可看到，被恩格斯引作根据的必然性，其实是思想在事后才发现的。不过，即使不被发现，这必然性却仍然是现实历史中的真实力量。

问题在于如何规定这一真实力量的本质。

在黑格尔那里，它当然就是精神的自由本性，而这种本性既是理性的自我认识，因而同时就是一种逻辑的力量。思想在回顾历史时能够在其中认识与自己的逻辑本性相一致的真实力量，是理所当然的。这就是黑格尔的历史哲学所给予我们的最终的教导，也是近代理性本体论的最后完成。

即使不承认黑格尔的理性本体论前提，即不把这种必然力量的本质规定为历史理性，对历史中的偶然与必然的关系作如下的理解仍是必要的：无数特殊的个人及其种种特殊的作为，作为历史中的偶然力量，其发挥作用的可能性、其真实性和真实价值，都是由历史中的必然力量所赋予的——可以说，一切历史哲学，归根到底只有从这一理解出发，才是可能的。

在这一出发点之后，重要的问题在于揭示这种必然力量的真实本质，亦即，揭示它如何是人的生存的历史性之根据。黑格尔的历史哲学，因其理性本体论的立场，对这个问题的解答是不能令我们满意的。假如我们跟着黑格尔相信历史中的必然力量是理性，那么我们从历史中获得的对于未来的信心就只能是一种逻辑上的信心：归根到底，未来无论发生什么，无论有什么灭顶之灾的危险，都是历史理性的必要途径，它们既是不可避免的，也是我们无须为之担忧的，反正最后的胜利者终究是理性。这样，我们也就实际上无法从历史中真正学到什么。黑格尔许诺给我们的历史知识，或许能使我们在梳理历史材料时有一种理智上的愉悦，却不能真正在思想上引导我们对未来作出价值上的抉择。

思考题

1. 人为什么需要了解和研究历史？
2. 历史中的偶然与必然之间的关系是怎样的？
3. 为什么说历史中的必然性即使不被发现仍是现实历史中的真实力量？

31. 历 史 与 自 然

在黑格尔理性本体论前提下的历史哲学中，尽管非理性的人类热情作为要素被包含到了历史进程中去，但是它却仅仅作为出自理性的历史必然性所用的"工具"而有意义。这"工具"给历史印上了偶然性的面貌特征，但也就因此只属于历史的现象层面。历史就其本质的一面来说，是属于逻辑的。黑格尔其实是把历史必然性、人的自由及理性的逻辑这三者统一了起来。这种统一确实给我们认识历史带来了丰富的启发，并且在理性本体论的可能限度内最适当地规定了"历史性"概念。

但是，黑格尔历史哲学的优点与它的缺点是直接联系在一起的。他虽然以历史性概念达到了近似于佛学中"业"之概念的"命运自生"观念，但历史进程之为"命运自生"，是对比着自然界在形式上的时间历程而被制定下来的，理性的自我认识所遵循的辩证逻辑，在这一制定中是唯一依照的原则。根据这一原则，"命运自生"其实转变成了"逻辑自生"，人的历史命运与人的现实奋斗没有实质的关联，历史命运成了逻辑命运，现实中的人成了理性逻辑的玩偶。

我们现在重又回到了本书第 29 节("历史与逻辑")末尾处所提到的问题。在精神的自由本性中规定历史性概念的黑格尔，重又把历史性牺牲掉了；从过去、现在直到未来的人类历史的全部进程，归根到底成了逻辑上预成的东西。这就是近代理性本体论发展之通过黑格尔把历史纳入本体论视野而最后达到的结果。

这最后的结果，同时即是理性本体论真实困境的显露。既然本体论之容纳历史性的努力最后还是失败了，那么，出路只能从本体论境域本身的革命性突破中去求得。

全部问题的焦点是在这样一点上：在近代哲学的熏陶下，我们向来毫不迟疑地信赖理性，我们相信它是真理的源泉——一切可靠的知识均因理性的逻辑本性而成为可能；但是，我们却从未真正去追问过理性本身的来历！

这个追问至关重要，正是在这个追问中，我们才可能找到黑格尔历史哲学失败的根源。

我们可以回想一下黑格尔区分历史世界与自然世界的那个分界点——精神的种子。

精神之为精神，在理性本体论的原则中，即是理性的自我认识。理性的自我认识要达到的是对绝对无条件事物的认识，这种认识不单纯是认识，超出了认识论范围，它同时就是人在社会世界中的历史作为，因此，它的内容同时就是历史世界的真正的现实性。这种现实性之展开是历史的，因而这内容是"历史性"的。精神在历史性地展开之前，处于种子的形态中，而它既为理性的自我认识，便在其逻辑本性中潜在地包含了以后展开的一切形相。

这"精神种子说"意味着什么？意味着，即使不经历历史展开的过程，人在自己的逻辑本性中也是已经完成了的。他作为理性的存在者，一开始即与其他存在物判然有别，即使这种区别还在其全部的潜在性中。他作为人，在逻辑上已是成功了的。这一点其实正是对于人之存在的抽象的知识论态度。在这种态度下，逻辑理性被引为当然的前提。它既为自然世界和历史世界预先确定了共同的本质（即在抽象理性中统一二者），也为这两个世界的分离和对立给出了同样源自理性的分界点——精神的种子。

"精神的种子"实际上就是一个在逻辑上完成了的人，这一完成的根据全在于理性。理性是世界的本质，也即是人的本质，而人的历史存在则是这种本质在时间中的展开。

这是一个在知识论态度下的本体论设定，究其实质，是用理性的逻辑所提供的抽象知识来保证一切，不仅保证人对自然界的认识，而且保证人自身存在的绝对真理及其历史展开的真实性，当然也就同时保证了人类的未来——尽管未来在每个有限的个人面前始终是希望和恐惧的对象，但对人类来说却不是这样。

这就是强大的黑格尔思辨为近代理性本体论所完成的一切。但它的强大却建立在一个虚弱的出发点上，那就是理性的无限性。理性为什么可以有无限性？不因为别的，只是由于我们人类的思想按其逻辑特性可以获得形式上的无限性。

我们不能根据思想在其逻辑形式上的无限性，来现成地接受一个逻辑上完成了的人。为什么不能？因为这将使历史化为乌有，将人的生存化为逻辑的外显。我们全部的历史体验、当下生存和未来展望，都明白无误地告诉我们，如果我们因为恐惧而用思想在逻辑形式上的无限性把自己伪造成神，那么，现实生存的全部欢乐和痛苦随时都在揭穿我们这个谬误、这种自我欺骗。当我们承认逻辑上完成了的人的时候，我们其实正是接受了一个被理性伪装起来的神！

但人不是神，人不仅在根本上是有限的，而且是未完成的。正是在人的未完成性中才展示出历史之意义，才揭明历史与人的存在的本质关联。历史的起点，不是逻辑上完成了的人，而是人对于自身有限性的感性意识。在这种关于有限性的感性意识中，首先生长出来的，绝不是理性关于无限性的逻辑设想，而是感性本身的受动与痛苦以及由这种痛苦所推动起来的感性活动。这正是马克思这位在本体论领域发动革命的思想家提供给我们的新视域。

人是未完成的。但人没有在人之外的任何力量来完成他。他必须自我诞生，自我完成。他在作为生物存在之意义上来自自然，在完成作为人的人之意义上也一样离不开自然。不过，在这后一种意义上讲的"自然"，不是在自然科学的意义上所说的"自在的自然界"，而是通过人的感性活动进入了历史的自然界。作为感性活动之对象的自然界，不是作为科学之对象的自然界。

由此，我们可以探寻到黑格尔哲学的一个根本谬误：把自然界从历史中放逐出去了。

黑格尔的卓越处在于把历史纳入本体论视域（这一点我们前面已反复讲了），历史在他那里成为本体论概念，但是，自然界在他那里却停留在认识论的范围内。他虽然也在本体论上规定了自然界的本质，即，使自然界成为在精神发生之前的"客观思想"（用在他之前的德国哲学家谢林的话说，是"冥顽化的理性"），但精神与这个自然界的关系却仅仅是科学认识的关系。这样，自然界其实并未真正进入本体论视域。黑格尔相信精神出现在自然界之后，正如我们通常也相信"在人类出现以前自然界实存着"一样，不过，这只是一个认识论的命题，而不是本体论的命题。

马克思的杰出洞见在于确认，作为本体论视域中的自然界，乃是一个历史概念，而不是一个自然科学概念。这在西方本体论史上是一个革命性的洞见。正是在这个洞见中,黑格尔哲学留下的一系列难题才可能得到解决。

例如,黑格尔无法在哲学上(不是在"自然发生"的意义上)说明人的起源,而只能无条件地规定,人凭其作为理性的自我认识(精神存在)这一点,已在逻辑上同自然事物判然划分。

但是,马克思在其著名的《1844年经济学—哲学手稿》中写道:"无论是客观意义的自然界,还是主观意义的自然界,都不是现成地直接呈现在属人的存在物面前的。正像一切自然物必须产生一样,人也有自己的产生过程即历史","历史本身是自然史的一个现实的部分,是自然界生成为人这一过程的一个现实的部分。""全部所谓世界历史不外是人通过人的劳动的诞生,是自然界对人说来的生成,所以,在他那里有着关于自己依靠自己本身的诞生、关于自己的产生过程的显而易见的、无可辩驳的证明。"①

马克思的这些论断虽然简短,却意味深长,打开了新的思想境界。其中含有三个要点。

一、自然界是在人的感性活动(劳动)中向人生成的,因而自然界也有一部历史,"自然史"就是自然界生成为人的过程,而单纯在认识论意义上理解的自然界只是一种抽象。(马克思在这部手稿的另一处写道:"抽象的、孤立的、与人分离的自然界,对人说来也是无。"②)

二、人之作为人的存在,不是直接自在和现成的,哪怕在理性的逻辑形式中也不是,人之属人的性质是他自己劳动的产物。

三、世界历史不是抽象的精神种子自我展开的历程,而是人在自然界中通过自己的劳动而自我产生的过程,这是世界历史的真正的本体论内容。

因此,历史的真实起点,是人在其感性意识的推动下所从事的感性活动。在感性活动中,自然、人、历史三者本体论地统一了起来。

这个本体论的新境域超出了近代理性本体论的视野。感性意识比先验理性更为根本。先验理性的来历倒是要通过感性意识及其在活动(即感性活动)中的展开(即历史)而被追溯。感性意识本身不能再度被逻辑化,而必须被理解为人在自然对象中实现自身的一种能动性,这种能动性必然展开自身而形成一部历史。

我们在这里无法详论这个本体论的新境域,特别是无法展开对"感性意

---

① 马克思:《1844年经济学—哲学手稿》,人民出版社,1979年,第84页。
② 同上书,第131页。

识"的本体论阐明,而且,这个阐明的工作迄今为止还只是刚刚开始,对于大多数在很大程度上仍受着近代哲学影响的当代读者来说,仍是很难理解的。我们在此满足于引证马克思自己在《德意志意识形态》中的某些较为简明的表述,特别是一些批判费尔巴哈旧唯物主义的段落,供读者思考:

> 费尔巴哈对感性世界的"理解"一方面仅仅局限于单纯的直观,另一方面仅仅局限于单纯的感觉:费尔巴哈谈到的是"人自身",而不是"现实的历史的人"。……他没有看到,他周围的感性世界决不是某种开天辟地以来就已存在的、始终如一的东西,而是工业和社会状况的产物,是历史的产物,是世世代代活动的结果,其中每一代都在前一代所达到的基础上继续发展前一代的工业和交往方式,并随着需要的改变而改变它的社会制度。①

在马克思的这段论述中,我们可以清楚地看到马克思的本体论思路的总体方向:自然界(感性世界)不是单纯直观的对象,直观者——人——也不是单纯的感觉,两者都是历史的产物;而历史则是世代相继的感性活动;在感性活动之历史相接的基础上,人们形成并改变自己的物质生产方式及相应的社会制度。在形成和改变生产方式和社会制度的活动中,当然有理性在起作用,但理性本身仍以感性活动为其根源:

> 人们是自己的观念、思想等等的生产者,但这里所说的人们是现实的、从事活动的人们,他们受着自己的生产力的一定发展以及与这种发展相适应的交往(直到它的最遥远的形式)的制约。意识在任何时候都只能是被意识到了的存在,而人们的存在就是他们的实际生活过程。
>
> ……那些发展着自己的物质生产和物质交往的人们,在改变自己的这个现实的同时也改变着自己的思维和思维的产物。
>
> ……甚至这个"纯粹的"自然科学也只是由于商业和工业,由于人们的感性活动才达到自己的目的和获得材料的。这种活动、这种连续不断的感性劳动和创造、这种生产,是整个现存感性世界的非常深刻的基础,只要它哪怕只停顿一年,费尔巴哈就会看到,不仅在自然界将发生巨大的变化,而且整个人类世界以及他(费尔巴哈)的直观能力,甚至他本身的存在也就没有了。当然,在这种情况下外部自然界的优先地

---

① 《马克思恩格斯选集》第 1 卷,人民出版社,1972 年,第 48 页。

位仍然会保存着,而这一切当然不适用于原始的、通过自然发生的途径产生的人们。但是,这种区别只有在人被看作是某种与自然界不同的东西时才有意义。①

我们要特别注意马克思在上述话中谈及的"外部自然界的优先地位"问题。马克思在这里把非历史的、自在的自然界与历史中的自然界区分得非常明白。如果消除感性活动,确实还剩下自在的自然界,其中包括生物意义上的人("费尔巴哈的存在"不是这种意义上的"人"),但是,这样的自然界,已不是本体论的话题。如果我们坚持说这样的自然界仍有本体论的意义,那么,诚如马克思所指出的,在面对这样的自然界时,就只能把人设想为与自然界不同的东西了。这是一种什么东西呢?只能是把自在的自然界当作认识对象的那种认识主体,即一种理性上的纯粹的精神存在物。然而,困境立刻随之发生:这样的主体是从哪儿来的?马克思说得非常清楚:感性的劳动和创造一旦停顿,认识主体(即使仅仅是"直观能力")也就随之不可能存在,而且,即便硬要设定这样的主体(这种设定正是出自知识论立场上的近代理性本体论),他也无法获得他的认识目的和认识材料。

在本体论上有意义的自然界,是在人的感性活动中的"历史的自然界"。这种自然界,是"感性地存在着的另一个人"。其实,惟有此种意义上的自然界,才是自然科学的真实对象。自然科学在近代理性本体论的抽象态度中以为自己研究的是与人无关的自在自然,但是,自然科学不明白,它的对象,是由表征着人与自然界之统一的感性意识提供给它的,是人的感性的本质力量的对象性存在。马克思在《1844年经济学—哲学手稿》中说得分明:

> 人是自然科学的直接的对象;因为对人说来,直接的感性的自然界直接地就是人的感性(这是同一个说法),直接地就是对他说来感性地存在着的另一个人……人的第一个对象,即人,是自然界、感性;而那些特殊的、属人的、感性的本质力量,正如它们只有在自然对象中才得到客观的实现一样,只有在一般的关于自然界的科学中才能获得它们的自我认识。②

这就是说,自然科学其实是人的感性的本质力量的自我认识。

---

① 《马克思恩格斯选集》第1卷,人民出版社,1972年,第49—50页。
② 马克思:《1844年经济学—哲学手稿》,人民出版社,1979年,第82页。

马克思的这些论述,已经向我们展示了一种新的哲学境界,在此境界中,自然科学摆脱了它之离开人的感性活动、离开历史的人类世界的抽象性,从而也就摆脱了它"唯心主义的倾向"。

这话听起来有些奇怪。自然科学不是向来有它坚定的唯物主义立场吗？自然科学家们不是从来都坚信他们所研究的自然对象属于不依赖于人的意识和意志的物质世界吗？但哲学上的深思让我们能够看清,科学家们自发的、常识的唯物主义其实建立在"抽象物质"的观念上,而"抽象物质"其实还是一种对自然界的唯心主义规定,因为这样的自然界失去了它的感性丰富性,成了逻辑范畴的规定物。

这样,我们看到,旧唯物主义与唯心主义其实是殊途同归,它们共同分享了主客体抽象对立的知识论前提。

唯有马克思的新本体论视域,才在克服近代理性本体论的意义上最终代表了唯物主义原则的胜利。旧唯物主义的失败,在于它是与历史完全脱离的唯物主义,而马克思的唯物主义恰恰应当被合适地称为"历史唯物主义"。对这一名称,不应望文生义地仅仅理解为把唯物主义贯彻到社会历史领域中去的历史观。它其实是一种新的本体论原则。按照这种原则,以往一切哲学学说的共同谬误在于造成了自然界和历史之间的对立,即,把人对自然界的关系从历史中排除出去,这样,既造成了对历史的唯心主义抽象,也造成了对自然界的唯心主义抽象。

马克思的本体论革命,是对近代哲学的当代批判之先声。这种批判所形成的基本视野,已如上面所述,而它将带来的全部革命性成果,正是要由我们当代人的历史实践来逐步加以展现的。我们人类在今天的科学活动、社会制度,以及在政治经济方面的实践,都还处在近代理性主义原则的规约之下。我们既享受了科学进展带来的种种福利,也同时忍受着抽象的知识论态度对我们的精神生命的戕害。因此,马克思关于共产主义的学说,在其作为由本体论革命所推论出来的人类前景的意义上,是对于当代人类异化状况的积极的批判。这种批判同时具有未来向度,因为它是从当下批判出发,经由历史而向未来的贯通,体现了一切真正富于意义的哲学思想的革命的灵魂。

历史之趣味,属于本体论的根本旨趣之所归。本体论作为论道之学,原就是要揭发和阐明体现在人的文明实践及其产物中的道之领悟,这就是人在根本上所要达成的自我认识。但人的文明实践及其产物是历史性的,没有一种实践形态及其成果是脱离历史的前后相继关系而孤立地发生的,因此也没有任何一种文明形式具有终极真理的价值。文明的本性是辩证的,它在形成自己的特定形态的同时,也创造着消灭这种形态的力量——这就是人之历史。人不可能像神那样脱开自己的历史境遇和时代特征,从外部审视自身,以一劳永逸地达成自我认识。人的本质在其历史中显露并证明自己。正像一个人不能在没有写诗的历史的情况下,就先验地认定自己具有诗人的本质。如果他想知道他能不能写诗,就必须实际地写几首试一试,看看它们是否能打动人。在这个意义上,历史也就是人力图认识自己而曾经做过的事情,即一种在感性意识的层面上实践着的自我认识。回顾历史,阐发其中的意味,在根本上就是要重新认识人的自我认识所曾完成过的事情,引为筹划未来之依凭。在对历史的阐发中,本体论思想起着最为关键的作用。哲学在这里与史学会通。在中国思想传统中,历史原就是与哲学合二而一的。这是中国智慧成熟的表现。

本篇的讨论使我们看到,历史哲学领域既是近代哲学发展的必然归宿,也是近代哲学根本困境的显露场所。马克思也正是在这个领域中揭橥了对传统哲学的本体论革命。在马克思之后,更有一系列革命性的哲学家出现,逐渐汇成哲学变革的洪流,对传统哲学形成了全面的质疑和批判。

哲学的旧形态正不可挽回地死去,新的形态是在孕育之中,还是一种在根本上不可能的东西?这些问题十分重大。传统的宗教和传统的哲学都已经失败,当代人失去了精神的家园。哲学本身会不会随着它的旧形态一同死去?哲学在当代面临着它有史以来最严峻的考验。

但我们坚信哲学不死,因为哲学的死亡即意味着人类文明精神的死亡。只要人之去向人生成的要求尚存,哲学的当代困境就不会是它的绝境,它的犹如凤凰涅槃一般的新生,就是可以期待的。

思考题

1. 按照马克思的观点,历史的起点是什么?
2. 马克思的"自然史"概念的含义是什么?
3. 为什么说自然科学在其目前的形态和方法中具有"唯心主义倾向"?
4. 什么是马克思哲学的革命的灵魂?
5. 如何理解哲学与史学的会通?

本篇进一步阅读书目

1. 黑格尔:《历史哲学》,上海书店出版社,1999年。
2. 柯林武德:《历史的观念》,中国社会科学出版社,1986年。
3. 马克思:《1844年经济学—哲学手稿》,人民出版社,1979年。
4. 悉尼·胡克:《历史中的英雄》,上海人民出版社,1964年。

结束语:哲学的当代变革

人类生活世界的历史长河蜿蜒流淌,哲学作为人类精神的自觉表达,是这条长河河面上金色的闪光。但是,今天,这闪光却不如先前耀眼,哲学面临着困境。

在西方近代之末,黑格尔以其非凡的思辨力汲取了自古以来各种最重要的精神表达,将它们全都融入到一个庞大的理性主义体系中去,这使他成为在古希腊的柏拉图之后又一个哲学之王。19世纪的一位德国学者曾这样回顾黑格尔哲学的影响达到鼎盛时期的情景:

> 在现在活着的人们当中,还有不少人清楚地记得那样一个时候:那时全部学术都从黑格尔的智慧的丰盛餐桌上得到滋养;那时一切学科都为哲学学科服役,目的不外是想从绝对者的领域的最高监督以及著名的辩证法的无所不通的威力那里给自己弄到一些什么东西;那时任何一个人,如果他不是黑格尔的信徒,他就必定是一个野蛮人,一个愚人,一个落后的和可鄙的经验主义者;那时人们都认为,国家本身所以在不小的程度上感到安全和巩固,正是由于黑格尔老人已经论证了它的必然与合理……大家必须回忆一下这个时代,为的是能够懂得,一个哲学体系的真正统治和受到推崇是意味着什么。必须想象一下1830年黑格尔的信徒们在严格、认真地研究这样一个问题时的那种热情,那种坚强的信心,这个问题是:宇宙精神在黑格尔的哲学中达到自己的目的——自我认识——之后,世界将会变成什么样子。[①]

然而,好景并不长久,随着生活世界本身矛盾的渐趋尖锐化,黑格尔哲学体系在解释真理上的垄断权很快就丧失了。

---

① R.海姆:《黑格尔和他的时代》,转引自奥古斯特·科尔纽:《马克思恩格斯传》,生活·读书·新知三联书店,1963年,第78—79页。

信赖理性具有无所不能的力量的西方人，曾经在黑格尔的哲学中找到了对于现实和未来的信心，但是，与感性生命相分离的抽象理性，只能掩盖而不能消除生活世界内部的深刻矛盾与冲突。对理性本身是否真有力量的怀疑，早就由与黑格尔同时代的德国哲学家叔本华表达过了，但是人们在当时并不相信他的非理性主义学说。欧洲的资本主义社会正处于它的繁荣发展时期，西方人陶醉于理性在人类经验的各个领域（自然科学、经济、政治法律和社会风尚）的凯旋般的进军之中。表面的繁荣，使西方社会看上去是人类有史以来最健全的社会。然而这种社会的"健全性"的基础，乃是资本追求"价值一般"的无限增长之本性。这种本性所据之"道"，正是抽象的理性原则。在这种原则之下，人的感性生命仅仅被用来增长以经济学上的价值尺度来计算的抽象的物质财富，这样，它就不可避免地降格为动物式的存在。劳动成了肉体的苦役。至于物质财富，在资本家一方，是其社会权力的象征和运用，在劳动者一方，则代表了单纯动物式的存活或享受。同感性生命相脱离的理性，一旦作为原则贯彻到人类社会生活中去，便成了对人的生命价值的歪曲和破坏，从而走向自己的反面，成了追逐资本这种现代类型的社会统治权的无限欲望。这种形式的"非理性"，本身是抽象理性的产物，因而它是深扎在现代文明根子里的病症。

　　这一病症的大爆发，是20世纪中的两次世界大战。这两次大战以其空前的规模和残酷性，震惊了西方人。他们所受到的精神打击使他们猛醒过来：抽象的理性不但不能保证健全的人性，不能提供精神的信仰，反而使人陷于赤裸裸的罪恶之中。

　　西方人曾经跟着黑格尔相信，人性的完美是可以通过理性的普遍运用而在历史进程中逐步实现出来的；而他们也曾同样相信，战争是历史理性借以实现自己的一种必要手段，故而它不是一种绝对的恶，而是善之实现的必要代价。这种信念其实一直隐藏在西方哲学传统的背后，即，对一个完全合理的宇宙的信仰。黑格尔把这一信仰贯彻到历史中去，在这一点上，他是整个西方哲学传统的代言人。

　　但是，西方人现在不再能这样相信黑格尔哲学了。这两次世界大战同以往战争的根本区别在于，战争双方的目标都不具有为新的人类精神开辟道路的意义，而是一种为资本发展争取世界权利的"帝国主义"。这种恶，不可能成为善的先导。法国存在主义哲学家萨特在二次大战后不久曾这样写道：

> 我们已经被教会了如何认真地对待"邪恶"。……夏多布里昂,奥拉杜尔,索塞耶街,达豪和奥斯威辛全都向我们证明,邪恶并不是一种表面现象,知道了它的原因并不一定就能消除掉它;邪恶同善良,也不像混乱观念同清楚观念那样对立;邪恶既不是可以消除的情欲、可以克制的惧怕的结果,也不是可以谅解的偶尔过失、可以开导的愚昧无知的结果;它无论如何也不可能转移、返回、还原或合并进唯心主义的人本主义,就像莱布尼茨关于阴影曾说到的,它对于反衬日光的耀眼是必需的……或许将来会有这么一天,那时,幸福的时代在回首往昔时,会把这种苦难和羞辱看作导向和平的途径之一。但是我们并不站在既成历史一边。正像我所说过的,我们是这样置身于情境中的:我们活过的每一分钟在我们看起来都是不能化简的。因此,尽管我们自己不愿意,我们还是要得出这个将会使高尚的灵魂感到震惊的结论:邪恶是无可救赎的。①

萨特的这段话直接针对着黑格尔的历史哲学,它尖锐地反对把历史看作由理性的逻辑所担保的通向自由、幸福之路。一切在生活世界中发生的邪恶,都无法用理性来救赎,邪恶一旦发生,就无可挽回地成了人类的耻辱和罪孽,它不可被逻辑地还原为必然性的一个环节,然后轻松地把它抹去。高尚的唯心主义灵魂,在把邪恶化简为逻辑环节之后,可以保持理性的镇静,却永远医治不了心灵的创痛和深刻的罪责感。

这段话传达了一种新的哲学思考:历史中所发生的一切,不是逻辑底板上的花纹,而是人类在面对未来时选择自身生存可能性的决断。每一次决断,都是当下造业,留给后人以必须承当的业报。决断不是出自理性的沉思,而是一种面对虚无而孤注一掷的勇气。决断的实际后果构成了无法用知识论的态度去予以还原的责任。正是对这种责任之根本性质的思考,构成了当代哲学运动的基本主题之一。

在对这个主题的探讨中,关于理性前的"存在"(Being)和"生存"(Existenz)之概念,开始居于哲学的中心地位。一个被一般地称为"存在主义"的哲学运动随之兴起。其中公认的代表人物是海德格尔、雅斯贝斯和萨特。尽管海德格尔本人拒绝被说成"存在主义者",但是,他所提出的"基本本体论",其实把存在主义运动引入了哲学思想最深刻的层面,从而对几千

---

① 转引自威廉·巴雷特:《非理性的人》,上海译文出版社,1992年,第254—255页。

年的西方思想传统构成了彻底的批判。一种前所未有的哲学变革,在海德格尔那里表现为对形而上学的刨根究底的追问。追问的目标只是一个:为什么人类对自身生存之根的探求最后会落实到作为概念思维的理性上面?

彻底的追问要能实现,就必须返回西方哲学思想的起源处。于是,第一个对存在进行思考的哲学家巴门尼德就具有十分重要的意义,他作为西方形而上学的最初的表达者,是重新探讨古希腊思想之路的起点。海德格尔在他那里发现了对存在的最早的形而上学解答:把"存在"等同于思维范畴("能被思维者与能存在者是同一的")。海德格尔在这种解答中辨认出西方哲学的基本的知识论态度:文明必须建立在对存在本身的概念的把握之上。只有在概念的思维中,我们才有关于存在的真理。

把存在本身转变为概念所能把握的本质,这正是西方本体论思想的知识论路向。在这一路向上,西方人几千年来一直力图在客观知识中寻求安身立命之本。其在现实的文化世界中的最终结果,便是近代以来科学思维及其客观性理想在人类生活的一切领域的广泛渗透,终于造就了其影响波及非西方民族的一个技术的世界文化。在技术的世界文化中,自然界成了由概念的逻辑和技术的思维加以处理的对象,而社会世界也成了由抽象的理性法则加以安排的一个领域。在这个领域中,个人虽说具有理性存在者之资格,但他们仅仅在能够领会抽象的理性法则的意义上是这样的存在者。他们并不是社会真理的发起者,而是被早已成功了的客观真理所规范的相互分离的原子。也就是说,原先试图在客观知识中安身立命的人,现在反倒成了这种客观知识的"客体"。

成为客观知识之客体的人,不再记得客观知识在人的生存状态中的根源,因为知识成了一种在他们之外的、异己的力量。在这种力量的支配之下,个人在精神上就成为无根的了,他们不可能拥有如康德的"实践理性"所要求的自由、自律,他们内心还具有的理性,其实是外部知识力量的内化,即工具理性和技术理性。当代人就是这样在精神上变得赤身裸体,变得无家可归。

说当代人无家可归,绝非耸人听闻之语。自近代资本主义工业的兴起直至今日,现代社会的核心目标就是永无止息地追求经济效率。社会生活及其组织的合理性原则都是围绕着这个目标而被确立的。的确,在这个目标的引领下,西方人终于过上了人类有史以来最富足的物质生活,但与此同时,他们也愈来愈严密地被组织到庞大的社会机器中去了,成了这架机器上的齿轮。这架机器为每个人指定了一条安全、稳妥的人生道路,但要他们付出的代价是,终生成为物质福利的不停息的追逐者;即使是他们的闲暇时间,也成了现代文化产业的市场对象,他们的精神生活内容是由文化产业所规定的,他们作为精神产品的消费者,是由这种产业生产出来的。终于,人的共同体生活的绝大部分都被纳入到经济运行的庞大系统中去了。

于是,海德格尔大声疾呼:用理性去把握存在,其实正是遗忘了存在!

古希腊的巴门尼德,抓住"存在"(to be)这个判断句中的系动词,将其表述为第一个纯思范畴,从而开创了西方的本体论。这同时也就确立了西方哲学的知识论态度:思想存在,即是把存在转变为理性中的范畴。这个系动词被名词化(being),以便能在本体论的表达中充当主语。对这个主语的思辨的讨论,使"存在"成为一切存在者的一个共同本质,这本质指的是它们之被概念地思维的可能性。它们的这种可能性,即是它们的存在。于是,"存在"就成了对客观思维之绝对权力所作的肯定本身。在这种肯定中,所谓"存在者",即是它在概念思维中的直接存在。这其实是把"存在"实体化了,排斥了它作为动词的意义,从而把存在本身等同于由客观思维所把握到的存在者。这就是海德格尔所讲的存在之被遗忘。

通过建立概念思维与存在之间的同一性,西方人就一直专注于存在者,而淡忘了"存在者的去存在"(the to be of being)。这就是西方的知识论态度在本体论中的根源。西方人如此地去领悟道和阐发道,彰显的是语言的逻辑特性,取之为文明创造之根据,这同时便遮蔽了人与世界之逻辑前的原初关联。这就是西方几千年的文明发展所具有的基本的理性主义倾向。

在理性主义的倾向中,人与事物的关系,是知识论上的关系。人与事物打交道,即是去认识事物,而认识事物便意味着用理性所造好的概念去征服事物。人如此看待自己与周围事物的关系,就必定也在这种看法中规定了人自身的本质。人的本质就是一种由理性所赋予的普遍性。在这种规定中,被遗忘的恰是人之逻辑前、概念前的"原初在世",即"生存"(Existenz)。

人首先"生存",而后才谈得上对事物的理性的了解。这"生存",绝非指生物学意义上的"存活于自然界中"。"生存"是指人之为人的生存,但并不是像唯心主义所以为的那样,人只有靠着理性所赋予的普遍性,才使自己从动物的感性个别性提升为人的"生存"。相反地,假如没有人的感性存在本身所包含的人与世界的原初关联,人与世界的理性关联就会是无根的。正是在这种原初关联上,我们才深入到人的文化生命的感性层面中。西方传统在本体论上的知识论态度,其失误之处就在于用理性的逻辑遮蔽了人的感性的文化生命。

在本体论上拯救出人的感性的文化生命,是当代哲学变革的根本主题。在这个主题上,马克思早在19世纪就悄没无声地贡献了他的"巴黎手稿",但这部手稿及其真实意义,却要等到20世纪才逐渐被人们发现。至于海德格尔,则以"基本本体论"的创新工作使这一主题得到了鲜明的表达。

"基本本体论"是对西方传统的本体论或形而上学的一次彻底的反叛:使本体论的基本路向由知识论转到生存论上去。所谓"生存论",即是通过对"此在"(Dasein——海德格尔以这个词表示"人",以便在一开始就避免从理性上先行规定人的固有本质)的生存状态的描述,重新记起被遗忘的存在。

记起被遗忘的存在,就是揭明人与世界的原初关联。在这种原初关联中,人不是某种既定的实体和本质(即,不是或为"生物存在体",或为"理性存在者"),而就是"此在",即"在那儿的在"(在德文里,Dasein直接从字面上讲,就是"在那儿的在")。海德格尔选用此词表示"人",含有本体论上的深意:人并非已经是"什么"。因此,此在乃是这样一种存在者:它并无任何其他的规定性,只除了这个唯一的"规定"——对存在的领悟。海德格尔写道:"对存在的领悟本身即是此在之存在的规定性。"[①]这规定性,既为对存在的领悟,此在因此就同其他存在者判然有别,它不是简简单单地在存在者状态上存在着,而是以领悟着存在的方式存在着,它是靠着对存在的领悟方能存在的。因此,"领悟存在",即是此在的"生存"。于是,至关重要的一点随之显露:此在乃是存在得以在其中敞开自己的场所。这样,被作为"此在"来理解的人,就具有最不同寻常的意义,即一种最真实的本体论意义,如海德格尔所说:"此在作为存在者的与众不同之处在于它本体论地存在。"[②]

海德格尔赋予人的生存以如此的本体论意义,导致了一系列有巨大革命性的后果。

存在是由人的生存所领悟的,这种领悟即是人与世界的原初关联。人之为人的生存就在这种领悟中,或就是这种领悟本身。这种领悟完全是逻辑前的、概念前的,我们可称其为"存在体验"。古希腊哲学由于巴门尼德的本体论开创工作,确实摆脱了"器"之牵累而真正地走上了论"道"之路,但其

[①②] 海德格尔:《存在与时间》,商务印书馆,1987年,第16页。

代价也十分巨大。论道成了只在逻各斯的反思形式中思考存在,而不是在其直接的呈现中思考它,然而,一旦经过反思,被思考的已不是"存在",而是已具概念本质的"存在者",也就是说,"存在本身"被转变为"事物之客体化"。

海德格尔因此就说,传统的本体论或形而上学的实质,就是不能思想存在,亦即,不能思想 to be,只能思想 being。

这种说法立即会使我们的心中发生震动:难道思想除了思考事物之客体,还应能更进一步地思考客体前的某种什么吗? 如果思想不就是概念地把握事物,还能是别的什么吗?

要消除这种震动和疑问,就必须重新认识我们的世界经验。构成我们的世界经验之基础的最源始的东西是什么? 当然,不会是我们作为生物对于外部事物的囿于个别性中的感性,因为它不能构成关于"世界"之经验,也就是说,在这种"感性"中没有普遍性。巴门尼德知道这一点,所以他诉诸语言。但他诉诸的是语言的形式,因为在形式中,我们可以找到范导具体言语的普遍规范力。正是在语言(language)对言语(speech)的普遍规范力中,巴门尼德确定了思想的本性:思想在其纯粹的逻辑形式中把握到事物的形而上的本质。这样,从巴门尼德开始的西方本体论,就把事物的"真正存在"理解为"思想"按其逻辑形式可以直接接受的"本质"。

然而,就是在这种理解中,包含在语言中的最根本的存在体验隐而不见了。

人对存在的体验其实凝结在人的语言经验中。语言是一个领悟着存在的生存者与另一个生存者之间的基本协调。在这种逻辑前的语言经验中,事物不是概念之对象,而是它之对人来说的存亡攸关的"在场性"。这种在场性,不是单纯个别的、一次性的,而是携带着"世界"作为一个视域向人的展开性。这种世界视域之伴随着事物的在场性而向人的展开,同时就凝结在语言中,从而为语言构成其语法上的逻辑规范力确立了源始基础。

因此,必须把存在本身从它对于概念思维的从属地位中解放出来。存在一旦被理解为存在者(beings),它就是一个最一般最空洞的概念。但存在不是一个空洞的抽象概念,而是某种我们全都从头到脚地陷入其中的东西。这"陷入",即是我们对它的概念前的领悟,我们自己的存在就扎根于这种领悟中。因为,我们的存在,始终意味着我们超越自己的生物个别性而站在一个在我们面前展开的世界里。清晨,我们睁开眼睛,世界就展开在我们面前。一个人甚至根本没有想过要对世界特别地加以理性的把握,他仍然获得这种展开性,舍此,他就无法存在①。

我们可以细察一下我们的日常生存,使我们真正去存在、去活动的真理,并不是概念、判断、理论,而是一些无声的领会。对于判断句中的那个"是",我们大家都有一种前概念的理解,但传统的本体论却没有记住判断词"是"首先是动词——去存在(to be),而是把它名词化,从而将真理看作是对存在者(beings)的正确判断。因此,传统的本体论就把真理归属于理性。但真理是"显现"(根据海德格尔的词源学考证,古希腊语中的"真理"一词 a-letheia 的原义是"无遮无蔽"),而非判断。判断的真理,其实是一种更根本的真理的派生物②。

在日常生活中,我们会碰到某种被发表出来的理论与我们对存在的领悟相悖,我们很可能说不出反对它的理由,因为它在逻辑论证上相当完美,但我们还是发现它其实根本不值得给予反驳,因为这种理论一开始就让我们觉得荒谬,觉得它在我们本来拥有的某种不待言传的领悟面前站不住脚,所以我们不待论证就知道它是假的。如果我们没有这种逻辑前的领悟,我们就永远无法说出任何一个命题是真的或假的,我们在思想上就成了无根的了③。

因此,在逻辑的思想之前,有扎根于存在之领悟中的思想。逻辑的思想,是这种在生存根基中的思想的派生物。海德格尔在这一点上又一次借助词源学的考证说话。在德语中,denken("思想")与 danken("感谢")是同源词,因此,对海德格尔来说,思想、感谢和纪念都是同源概念。据此,思想存在,就是感谢存在,亦即怀着感激的心情铭记存在④。

如此理解思想,为的是从理性的真理对存在的遮蔽中拯救出人的文化生命在逻辑前的根。海德格尔因此说出了一句惊人的话:"只有我们终于认识到,被颂扬了几个世纪的理性,其实是思想最顽固的敌人,只有这时,我们才有可能开始思想。"⑤

西方传统本体论因为无法以理性的概念去思想存在就把它偷换为存在

---

① 参见威廉·巴雷特:《非理性的人》,上海译文出版社,1992 年,第 225、234—235 页。
② 参见同上书,第 227—228 页。
③ 参见同上书,第 235 页。
④ 参见同上书,第 249 页。
⑤ 转引自同上书,第 218 页。

者而忘却它,这样便形成了一条遗忘存在的命运之路。存在的被遗忘,同时即是人的生存的无根性。无根的生存,即是人的物化状态。

人怎样对待物,便怎样对待他自己。正如马克思所说的那样,"只有当对象对人说来成为属人的对象,或者说成为对象化的人,人才不致在自己的对象里面丧失自身。"他还说过这样一句极为精辟的话:"只有当物以合乎人的本性的方式跟人发生关系时,我才能在实践上以合乎人的本性的态度对待物。"①

在海德格尔的语言中,以"合乎人的本性的方式"与物打交道,即意味着以"领悟着存在的方式"与物打交道。根据海德格尔的基本本体论,理性的思想是把物仅仅当成了科学考察的对象,它以人与物之间的距离为前提。在这种前提下,人的生存(对存在的领悟)就与物的基础无关,物的基础被理解为等待着理性的逻辑这把刀去刺入其中的单纯质料。人因此成了凭借理性的先验形式创造客体世界的创造者。不过,这样的创造者同时就把自己在科学认识之外的生存状态本身,当成了一种物的状态。这就是说,人在逻辑前的"生存本身"也被客体化了。马克思曾在其"巴黎手稿"中描述过人的生存的客体化。按照马克思的理解,持抽象物质观点的科学之对待物的抽象态度,在作为资本关系的社会世界中正有其相应的表现:对物的感性的占有,仅仅被理解为对物的直接的、片面的享受,仅仅被理解为享有、拥有,而物本身只表现为一种"赤裸裸的有用性"。"私有财产使我们变得如此愚蠢而片面,以致任何一个对象,只有当我们拥有它时,也就是说,当它对我们说来作为资本而存在时,或者当我们直接享有它,吃它,喝它,穿戴它,住它等等时,总之,当我们消费它时,它才是我们的。"②

马克思所描述的这种对待物的抽象占有态度,正表明了人的生存本身的客体化或物化。人固然可以凭借理性成为客体世界的创造者,但此客体世界是无根的,因为人的生存本身在这样的世界中已被连根拔起。人可以创造作为逻辑存在物的存在者,但不可能创造存在本身,因此人才反过来又被自己的创造物所统治,使自己被物化。

海德格尔在对凡·高的绘画作品所作的基本本体论的(即生存论的)分析中,也得出了与马克思相近的结论。他在《林中路》中,以凡·高的作品为

---

① 马克思:《1844年经济学—哲学手稿》,人民出版社,1979年,第78页。
② 同上书,第77页。

例,来讨论艺术品的存在根据。他问自己这样一个问题:物在艺术品中的出现意味着什么?比如,凡·高画中的那双农民的鞋意味着什么?这双鞋呈现在画中,它既不是我们概念思考的对象,也不是我们可以拿下来穿用的实际器具,那么,在此情况下,它有怎样的意义呢?海德格尔回答说,我们借它寻获了农鞋之为农鞋的存在:

> 从凡·高的画上,我们甚至无法辨认这双鞋是放在什么地方的。除了一个不确定的空间外,这双鞋的用处和所属只能归于无……只是一双农鞋,再无别的。然而——
>
> 从鞋具磨损的内部那黑洞洞的敞口中,凝聚着劳动步履的艰辛。这硬梆梆、沉甸甸的破旧农鞋里,聚积着那寒风料峭中迈动在一望无际的永远单调的田垄上的步履的坚韧和滞缓。皮制农鞋上粘着湿润而肥沃的泥土。暮色降临,这双鞋在田野小径上踽踽而行。在这鞋具里,回响着大地无声的召唤,显示着大地对成熟的谷物的宁静的馈赠,表征着大地在冬闲的荒芜田野里朦胧的冬眠。这器具浸透着对面包的稳靠性的无怨无艾的焦虑,以及那战胜了贫困的无言的喜悦,隐含着分娩阵痛时的哆嗦,死亡逼近时的战栗。这器具属于大地,它在农妇的世界里得到保存。正是由于这种保存的归属关系,器具才得以出现而自持,保持着原样。
>
> ……夜阑人静,农妇在滞重而又健康的疲惫中脱下它;朝霞初泛,她又把手伸向它;在节日里才把它置于一旁。这一切对农妇来说是太寻常了,她从不留心,从不思量。虽说器具的器具存在就在其有用性之中,但有用性本身又植根于器具之本质存在的充实之中。我们称之为可靠性。凭借可靠性,这器具把农妇置入大地的无声的召唤之中,凭借可靠性,农妇才把握了她的世界……因为器具的可靠性才给这素朴的世界带来安全,保证了大地无限延展的自由。①

我们应注意海德格尔这里所讲的器具的"可靠性"。所谓"可靠性",是指器具在人对存在的领悟中得到的"充实"。器具之单纯的有用性,并不在人的生存之根上。"器具的有用性只不过是可靠性的本质后果。有用性在可靠性中漂浮。"② 在上述例子中,农鞋的可靠性,在于它是农妇的世界中的

---

① ② 海德格尔:《林中路》,上海译文出版社,1997年,第17—18页。

一部分，是农妇借以在生存(不是"概念地思考")中把握住她的世界的方式，她借着它响应了大地无声的召唤，并为自己的人生命运获取了本己性。

正是在艺术作品中，物的存在的这种源始本质才被开启出来，才走进它的存在的光亮里。这样，物的基础才不是它的抽象的物质性，才不是它之作为理性逻辑施于其上的"原料"的存在，也不是它之作为人对人的统治关系的中介(商品、资本)的存在。人与物有一种亲密的本体论关系，物在人的存在场中。

如果说，我们还确实能够在艺术的作品中看到对存在的感激和铭记的话，那么，在当今人类生活的其他领域，我们只能到处都看到对存在的遗忘。这种状况，用马克思的表达，就是异化①。所谓"异化"，即是人所创造的对象反过来否定人自身的生存。在异化中克服和扬弃异化，是马克思的"共产主义"概念的本体论涵义。

无论是马克思关于异化之扬弃的共产主义思想，还是海德格尔关于重新记起被遗忘的存在的要求，都表明了当代哲学在对待传统哲学的革命态度中所隐含着的一个内在渴望，即要求着"世界转世"。当代哲学，在此意义上，可以说是这个转世前的世界在思想上的自我忏悔。马克思甚至早在1843年就这样写道："问题在于忏悔，而不是别的。人类要洗清自己的罪过，就只有说出这些罪过的真相。"②凡今日之哲学，只要是真正具有当代意义的，就一定在叙说着这些真相。

的确，倘若人的一切文化事业及其创造的文明价值，归根到底以人对存在的遗忘作代价的话，或者说，以人之物化、人的生存之客体化为代价的话，那么，一切文化的成就终将归于虚无。倘若我们企图寄身于理性的客观知识中，企图在其中达到人之去向人的生成，那么我们恰好就走在了与此方向相反的道路上。在此情况下，我们自己就面临着被作为客观知识之无情的处理对象的危险，我们作为人的存在之根基，就有被铲除的可能。

因此，我们必得探寻和表达那能够守护我们的存在之根的思想，这是当代哲学变革的根本使命，其崇高的旨趣在于重新发现人类文化创造最基本的原动力。

---

① "异化"虽然是一个近代哲学的术语，但马克思在其著作中已将其阐发为一个生存论的概念。关于这一点的论证，本书不可能加以展开。我们情愿把它留给读者自己对马克思原著的阅读。但是，我们在这里已将马克思与海德格尔之间作了初步的比较，或许算得上有意义的提示。——作者
② 《马克思恩格斯全集》第1卷，人民出版社，1956年，第418页。

哲学的当代变革仍在其艰难的行进之中。从对黑格尔哲学的批判起始,当代哲学运动呈现出极大的分歧。我们在此作了主要介绍的海德格尔基本本体论思想,只是当代运动的一个方面。虽然在我们看来,海德格尔代表了一个主导的方面,但有不少当代学派就不这么看,他们当中还有对海德格尔提出了猛烈的批评的。不过,这对于本书的讨论来说,并不十分重要,因为,我们的目标十分局限,它只集中于这样一点,即借助海德格尔思想所固有的鲜明特征,把当代哲学的困境及其努力的真实缘由与动力突出地显示出来,以利于牢牢地记住哲学在其当代的艰难探索中,如何与人类对于未来的生死攸关的抉择内在相联。

就人类文明的前景而言,海德格尔哲学并没有提供给我们任何确定的答案,其他的当代哲学家也没有。海德格尔自己说,他的著作不是完成了的作品,而是一条道路。我们正是应该在"道路"的意义上,来理解当代所有富于意义的哲学作品。

道路是这样一种东西,它不是固定的,而是可供人们在上面来回移动的,还可供人们继续开拓。在它上面,人们不能希冀捡取任何现成的果实,但它却标示了代表着希望的方向。

因此,我们可以用这样一句话来结束本书的叙述:哲学在当代,正走在半途中,它向一切思考着、关怀着人类的前途和命运的头脑与心灵发出了呼唤。

主要参考文献

米夏埃尔·兰德曼:《哲学人类学》,上海译文出版社,1988年
汉斯-格奥尔格·伽达默尔:《真理与方法》,上海译文出版社,1992年
汉斯-格奥尔格·伽达默尔:《伽达默尔集》,上海远东出版社,1997年
牟宗三:《中西哲学之会通十四讲》,上海古籍出版社,1997年
理查德·泰勒:《形而上学》,上海译文出版社,1984年
冯友兰:《阐旧邦以辅新命——冯友兰文选》,上海远东出版社,1994年
莱斯利·A. 怀特:《文化科学——人和文明的研究》,浙江人民出版社,1988年
恩斯特·卡西尔:《人论》,上海译文出版社,1985年
谢遐龄:《文化:走向超逻辑的研究》,山东文艺出版社,1989年
谢遐龄:《砍去自然神论头颅的大刀》,云南人民出版社,1989年
布莱恩·麦基:《思想家》,生活·读书·新知三联书店,1987年
L. J. 宾克莱:《理想的冲突》,商务印书馆,1983年
R. G. 柯林武德:《历史的观念》,中国社会科学出版社,1986年
威廉·巴雷特:《非理性的人》,上海译文出版社,1992年

后 记

复旦大学哲学系为本科学生开设"哲学导论"课程,始于1996年,迄今已有十八年。这十八年的教学经验说明这门课程确有其存在之必要。对于哲学专业的学生来说,它是一个入门的引导;对于非哲学专业的本科生来说,它有人文修养上的意义。

在今天的时代状况里,哲学的孤独很是自然。但在教学过程中,作者并没有感受到孤独。这十几年来,有那么多对人类的思想事业抱有很高热情与崇敬之心的年轻的大学生,成了这门课程的知音和充满活力的对话者,真是令人欣慰。

近代以来的人类思想,特别是作为现代文明之根据的西方思想,正面对人类生存的现实困境的严峻挑战。人类在今天的精神痛苦,已在当代文学和艺术的创作中被一无遮掩地呼喊出来。当代人渴求真理,但已缺乏把它辨认出来的心灵和将其现实地展开出来的力量。因此,重新记起并守护住人类本己的文化生命,就成了哲学事业在当代的首要使命。今天,大学里的教师们正是在这种情势中讲授哲学类课程的。

本书成于2000年。它严格说来不是"教材",而是路标,标示了我与年轻学子之间为守护思想的事业及其尊严而展开的对话历程,其中的痛苦和欢愉,是凡听过我讲课的本科学生都曾体验过的。我怀着深深的感激之情铭记着这段经历。

本书初版于上海人民出版社。当年在复旦大学教务处任职的方家驹老师和方晶刚老师,是使本书从讲稿提高为可正式出版之教材的最有力的推动者。他们对复旦大学哲学系的"哲学导论"课程的建设,从一开始就给予了最大的支持和帮助。在本书的这一新版将成之际,我要再次表达对这两位老师的由衷感谢!

此外,还有一个郑重的声明:本书所体现的哲学观,在许多重要方面得自远比作者更具见识的学者的启发;本书的"主要参考文献"书目列出了作者所得启发的来源,有兴趣的读者可以到这些文献中去与这些学者直接对话。作者在此要向这些明哲之士表示真诚的感激和倾慕。至于他们的哲学观点经由作者的理解而在本书中形成的表述方式,自然应由作者来负责任。

"路漫漫其修远兮,吾将上下而求索"。屈原的这句话应能表达本书作者与本书读者之间的共同愿望。

王德峰

2014 年 5 月 26 日记于上海市万安路明珠苑

图书在版编目(CIP)数据

哲学导论/王德峰著. —上海:复旦大学出版社,2014.6(2024.6重印)
(复旦博学·哲学系列)
ISBN 978-7-309-10412-7

Ⅰ.哲… Ⅱ.王… Ⅲ.哲学-高等学校-教材 Ⅳ.B

中国版本图书馆 CIP 数据核字(2014)第 039827 号

哲学导论
王德峰 著
出 品 人/严 峰
责任编辑/陈 军
复旦大学出版社有限公司出版发行
上海市国权路 579 号 邮编:200433
网址:fupnet@fudanpress.com http://www.fudanpress.com
门市零售:86-21-65102580 团体订购:86-21-65104505
出版部电话:86-21-65642845
浙江临安曙光印务有限公司

开本 787 毫米×960 毫米 1/16 印张 13.75 字数 214 千字
2014 年 6 月第 1 版
2024 年 6 月第 1 版第 16 次印刷

ISBN 978-7-309-10412-7/B·498
定价:35.00 元

如有印装质量问题,请向复旦大学出版社有限公司出版部调换。
版权所有 侵权必究